建筑企业成长能力

傅俊元 著

人民交通出版社

内 容 提 要

本书首先从建筑企业成长能力的内涵和构成分析入手,提炼出建筑企业成长能力的四个核心子能力,即市场识拓能力、组织管理能力、技术创新能力和网络合作能力;其次运用理论模型并结合建筑企业操作实际,对建筑企业成长能力的形成和作用机理、培育和提升、评价方法和体系等展开研究;最后以实证的方法对上述理论研究进行了验证。

本书可作为建筑企业管理、研究人员的参考书。

图书在版编目(CIP)数据

建筑企业成长能力/傅俊元著. —北京:人民交通出版社,2009.8
ISBN 978-7-114-07910-8

Ⅰ.建... Ⅱ.傅... Ⅲ.建筑企业-工业企业管理 Ⅳ.F407.96

中国版本图书馆 CIP 数据核字 (2009) 第 123533 号

书　　名:建筑企业成长能力
著 作 者:傅俊元
责任编辑:李　农
出版发行:人民交通出版社
地　　址:(100011) 北京市朝阳区安定门外外馆斜街 3 号
网　　址:http://www.ccpress.com.cn
销售电话:(010) 59757969,59757973,85285659
总 经 销:北京中交盛世书刊有限公司
经　　销:各地新华书店
印　　刷:北京鑫正大印刷有限公司
开　　本:787×980　1/16
印　　张:16.5
字　　数:302 千
版　　次:2009 年 8 月 第 1 版
印　　次:2009 年 12 月 第 2 次印刷
书　　号:ISBN 978-7-114-07910-8
定　　价:30.00 元

序

PREFACE

建筑业是国民经济的重要物质生产部门，它与整个国家经济的发展、人民生活的改善有着密切的关系。我国近三十年来在房地产开发、公路、铁路、港口、机场、电站等基础设施建设方面的投资，促使我国建筑业无论是在企业数量、从业人员，还是产值、增加值或国际工程承包额等方面，均获得大幅地增长。但在我国建筑业蓬勃发展的同时，我们也清楚地看到，与德国的豪赫蒂夫公司(Hochtief)、瑞典的斯堪斯卡公司(Skanska)、法国的万喜公司(Vinci)等世界前十大国际承包商来说，我国建筑企业在资本、技术、人才、管理等方面确实还存在较大差距。

当前，受美国次贷危机影响，全球陷入严重的经济危机中，各国包括建筑企业在内的企业实体面临着严峻的生存压力。为抵御国际经济环境对我国的不利影响，国务院研究部署了进一步扩大内需、促进经济平稳较快增长的十项措施，计划在2010之前投资4万亿于民生工程、基础设施、生态环境建设和灾后重建等方面的工程建设。对我国建筑企业来说，这是一个成长发展的良机。但对于我国建筑企业究竟应如何成长以及怎样获得这种成长这一问题，理论界和实务界都缺乏深度和系统性的研究。

可喜的是，北京交通大学傅俊元博士从企业能力的角度，在汲取前人对企业成长相关问题的大量研究的基础上，结合我国建筑企业的发展实践以及自己长达十数年的建筑企业管理经验，对中国建筑企业如何获得健康、有序、持续地成长进行了全面而系统地研究。

该书首先梳理了我国建筑企业的发展历程，概括了我国建筑企业的成长困境，指出了解决成长困境问题的核心在于如何使我国建筑企业的成长保持健康、有序和持续。紧接着，作者通过对企业成长和企业能力等相关文献的研究，提出了建筑企业成长能力的内涵，并在分析和验证建筑企业成长的影响因素的基础上，认为建筑企业成长能力实质上是由市场识拓能力、组织管理能力、技术创新能力、网络合作能力构成。由此，作者采用演化经济学和隐喻的研究方法，通过大量严谨的理论模型推理和丰富的案例分析，系统深入地研究了建筑企业成长能力的形成机理、成长能力对建筑企业的作用机理、建筑企业成长能力的培育方法、如何评价建筑企业成长能力等问题。

作为在建筑企业工作十数年的管理者，傅俊元博士深谙其道，该书就是在其博士论文的基础上，通过大量引用我国建筑企业成长过程中的经典案例，将复杂而抽象的企业能力研究浅显化和具体化了。从整体上看，该书结构合理、逻辑严密、内容充实、分析准确、行文流畅，不论是作为建筑企业能力方面的理论研究，还是作为建筑企业管理方面的实践指导，本书均具有较高的参考价值。当然，作者力图构建的理论框架还留有诸多的研究空间，有待于更深入的研究。但瑕不掩瑜，该书的出版，将有助于我国建筑企业管理者、研究者，以及建筑行业的监管者进行研究和决策，有助于我国建筑企业在新的经济形势下抓住机遇、迎接挑战，超越国际领先同行，真正实现健康、有序和持续的成长态势。

于清华大学经济管理学院

2008年12月

前言

FORWORDS

建筑企业作为我国国民经济和社会发展的一支重要力量，其成长发展一直以来都是社会各界重点关注的话题之一。我国建筑企业在经历初步形成、曲折混乱和恢复重建等发展阶段之后，通过引入工程施工竞争机制、建立新的劳动工资制度、加快管理体制改革和大量使用新材料、新设备、新技术、新工艺，如今步入了新的发展阶段，表现为建设能力不断加强、生产规模迅速扩大以及对外承包市场大幅拓宽。

2000 年～2007 年，我国建筑企业实现增加值由 5,918 亿元增至 14,014 亿元，年均复合增长率约 13.11％。在全球建筑行业享有广泛声誉的权威性杂志美国《工程新闻纪录》(Engineering News Record，简称“ENR”)评选出的全球最大 225 家建筑承包商中，1997 年我国仅有 26 家入选，2008 年即增至 51 家，可见，我国建筑企业生产规模在迅速地扩大。在规模扩大的同时，我国建筑企业对外承包市场大幅拓宽。2000 年～2007 年，我国对外承包工程项目营业额由 83.79 亿美元增加至 406.43 亿美元，新签合同金额则由 117.19 亿美元增至 776.21 亿美元，年均增长率分别约为 25％和 31％；2000 年，我国对外承包工程单个项目金额达到和超过 1 亿美元的不到 20 个，但在 2007 年达到 138 个，其中 10 亿美元以上的项目数量达到 5 个，可见，我国建筑企业对外承包工程的规模和技术含量都在不断提高。

但是，我国的建筑企业依然面临着成长困境，表现为：建筑业市场有待于进一步完善和规范，建筑企业对市场机会的识别和开拓能力有待于进一步提升；建筑企业管理水平较低，内涵成长无序；技术管理水平和技术创新水平不高，阻碍企业持续成长；建筑企业资金运作和融资能力亟待加强，资源整合能力有待提高。上述问题概括地来说，其实就是我国建筑企业在市场识别和开拓能力、组织管理和技术创新水平，以及建筑企业与其利益相关者之间合作关系的构建等方面存在不足，使其生存与发展在建筑市场化发展和对外开放的进一步深入过程中，面临着极大的挑战。因此，如何使我国建筑企业获得健康、有序、持续地成长，是当前建筑企业界一个十分重要的命题，也是理论界一直以来的研究热点。

事实上，影响建筑企业成长的因素很多，包括国民经济的发展情况、国家固定资产投资水平、银行信贷政策、施工技术和工艺，以及企业所拥有的资源和能力，等等。这些因素从各个方面促进或阻碍建筑企业的成长，并由于各影响因素本身在不断变化，使得在其作用下的建筑企业的成长具有很大的不确定性，以至于陷入成长的混沌态，形成“成长上限（Growth Limit）”。但笔者相信，在这些影响因素中，肯定存在一种起主导作用的因素，它决定着建筑企业朝着健康而非紊乱、有序而非随机的方向成长，并使得这种成长具有持续性。多年来，笔者一直在找寻这一影响建筑企业成长的主导因素。最近，借助于近年来国内外学者关于企业理论的大量研究成果，并结合自身十数年来在建筑企业中的工作经验和管理实践，笔者认为，成长能力是决定建筑企业成长方向、成长速度、并使其突破“成长上限”、最终实现健康、有序、持续地成长的主导因素。

笔者从建筑企业成长能力的内涵和构成分析入手，在提炼出建筑企业成长能力的四个核心子能力，即市场识拓能力、组织管理能力、技术创新能力和网络合作能力之后，运用各种理论模型、并结合建筑企业操作实际，对建筑企业成长能力的形成和作用机理、培育和提升、评价方法和体系等展开了研究，最后以实证的方法对上述理论研究进行验证。笔者试图在本书中构建建筑企业成长能力的一个系统的研究框架，以解释建筑企业成长能力对建筑企业获得持续、健康、有序成长的作用及如何培育建筑企业成长能力等问题。希冀本书的出版能够对建筑企业的研究分析和管理实践有所裨益。

本书的完成离不开前人辛勤研究的丰硕成果，遗憾的是，本书所参考的大量中外文献和借鉴的众多中外学者的研究成果不能在文中一一指出，在此一并致谢！在本书付梓之际，对关心与帮助笔者的诸位专家、学者表示诚挚地感谢！由于时间和水平有限，书中肯定存在不当甚至错误之处，恳望学界同仁和广大读者批评指正！

目录

CONTENTS

第1章

企业成长相关理论

导读

企业成长问题相关论述的提出，最早可追溯到亚当·斯密(Adam Smith)。亚当·斯密在《国富论》中，用劳动分工和专业化产生的规模经济来解释企业成长问题。他认为，单个企业的成长与分工的程度正相关，分工、市场—技术结构决定了企业成长及规模，而市场容量则最终决定了企业成长的可持续性。尽管斯密没有区别社会分工(一般分工)和企业分工(特殊分工)，但从他的分工理论中仍然可以同时解释国民经济中企业数量增加和单个企业规模扩大这两个范筹的企业成长。

马歇尔在坚持规模经济决定企业成长这个古典观点的同时，通过引入外部经济、企业家生命有限性和垄断难以持续这三个因素，使"稳定的竞争均衡条件"与古典的企业成长理论协调起来。他认为，企业的成长取决于企业的外部经济和内部经济，外部经济给企业提供了成长的足够的市场空间，内部良好的管理给企业带来了超额利润，而企业家是影响企业成长的决定因素。

约瑟夫·熊彼特强调了企业家在企业成长中的作用，认为企业成长是一个"创造性毁灭"的过程，企业成长过程具动态性、非连续性，企业家的出现及其创新是企业成长的源泉。

此后，理论界对企业成长的问题进行了更为深入地探讨，其中，具有代表性的几种观点以及笔者对其在解释建筑企业成长的合理性的阐述如下。

1.1 新古典经济学的企业成长理论综述

在新古典经济学派的理论框架下，企业被抽象成一个生产函数。企业成长的动力和原因就在于对规模经济（以及范围经济）的追求。作为一般均衡理论的一个“暗箱”，企业内部复杂安排均被抽象掉，“代表性企业”概念排除了实际企业之间存在的各种差别，因此该理论中不存在针对行业进行研究的企业成长论。仅有的关于企业成长思想是作为成本分析的一个附带内容，即静态的最优企业规模，在这种最优企业规模的分析中，企业的成长就是企业调整产量达到最优规模水平的过程，或者说企业从非最优规模走向最优规模的过程。而且这个过程是在利润最大化目标既定、所有约束条件已知情况下，根据最优化规则进行的被动选择，企业没有任何主动性的余地。在新古典经济学理论中，成长的企业基本因素均是外生的。如果企业面临的成本或需求曲线变动了，企业就会扩大规模。成本变化的原因通常来自技术变革或要素价格变化。需求变化则是由于收入变化或偏好变化所致。需要引起注意的是：在长期均衡条件下，企业成长与利润之间没有预期的关系，只是在短期会出现资源向利润率高的企业或产业移动，这时形成企业成长与利润之间的正向关系。

新古典经济学理论下的企业成长，建立在企业完全理性、信息充分、零交易成本的理论假设之上对利润最大化的追求，这显然与现实之间有较大差距。对于建筑企业而言，由于建筑设计和建筑施工之间信息转换的效率较低，使其有沿着产业链纵向扩张以加速生产流程、缩短生产周期、降低转换成本的动力；而建筑产品具有固定性、多样性和施工生产的流动性，以及生产力负荷的不连续、不均匀，容易产生大量无效的生产耗费，又使得建筑企业有横向扩张以追求规模经济的欲望。新古典经济学能够在一定程度上解释建筑企业上述纵向和横向扩张现象，但建筑企业进行规模扩张的动因并不仅仅局限于此，获取企业持续成长所需的战略资源、提高企业承包资质、遏制竞争对手以在招投标中占据有利地位等都是建筑企业规模扩张的理由。此外，单纯地依赖规模的调整并不能使建筑企业获得持续的成长。实际上，从历年 ENR 的统计数据来看，相比其他进入 ENR 225 强的企业，我国建筑企业的总资产和职工人数较大，但人均营业额、人均利润、新签合同额占国际市场比率等指标则较低，说明其国际竞争力较低，持续成长性较差。可见，新古典经济学理论既不能很好地解释建筑企业成长的动因，也不能解决如何使其获得持续成长。

1.2 新制度经济学的企业成长理论及评述

以科斯为代表的新制度经济学派在一定程度上打开了新古典经济学理论的企业“黑箱”。科斯认为，既然价格机制如此完美，那么企业就没有存在的必要；但由于市场交易存在诸如签约、监督履约和追索违约等相关的交易费用，这种情况下通过形成一个组织，并允许由企业家权威来支配资源，就可以节约上述利用市场机制的交易费用，因此企业得以出现。在科斯看来，企业组织是市场机制的替代物，“企业的本质特征就是对价格机制的替代”，二者之间的选择依赖于市场定价的成本与企业内官僚组织的成本之间的平衡关系。企业的边界或规模由市场交易费用与组织协调管理费用的比较来确定，当企业内耗的交易费用低于市场上的交易费用时，企业的边界得以扩展，直到两者的交易费用相等为止。企业成长的动力来源于对市场交易费用节约的考虑。但是，一般而言，市场交易费用是与市场的发达程度成反向关系的，即市场发达程度越高，交易费用越低，反之亦然。科斯的交易费用理论能够较好地解释 20 世纪 70 年代后我国企业的兼并现象，但按照科斯的预测，市场发达程度越高，企业规模的成长动力越低，这与市场交易和企业组织呈同步扩张的事实不符。实际上，就我国建筑企业而言，由于市场化程度及信息化水平的提高，市场交易费用大大降低，但企业的经营规模却在逐步扩大，突出的表现是建筑企业开始朝综合化方向调整，如中国铁路工程总公司的经营范围已经延伸到建筑业的各个领域，包括铁路客运专线、扩能改造、跨海大桥、过江隧道、城市地铁、房屋建筑等工程领域；中国铁道建筑总公司已突破铁路行业，将主业拓展到高速公路、水电、机场、港口、矿山、城市地下工程、工业民用建筑等领域。

科斯之后，威廉姆森、格罗斯曼和哈特等从不同侧面进一步完善和发展了交易成本理论。威廉姆森在研究交易费用时，指出交易性质的三个维度，即资产专用性、交易所涉及的不确定性、交易发生的频率，是影响交易费用的重要因素，也是确定企业规模的主要变量。企业资产的专用性越强，和其他企业之间交易行为的不确定性越大，交易发生的频率越高，这类企业的市场交易费用也就越大。此时需要签订一系列的合约，但由于信息的不完全和不对称，签订的合约不可能是完全合约。这就给经济主体的机会主义行为提供了条件，从而导致专用性资产事前投资不足的问题。为解决这个问题，企业会通过前向或后向的一体化，把原来属于市场交易的某些阶段纳入企业内部。这种情况下的企业成长就表现为企业纵向边界的扩展。格罗斯曼和哈特通过强调资产所有权的重要性，进一步明确了企业纵向一体化的含义，认为纵向一体化的水平取决于一方或另一方当事人控制专用型资产的程度，并且提出了物质资产专用性和人力资产专用性对于纵向一体化具有不同的意义。交易性质的三个维度理论解释了企业规模的纵向扩大的动因，但对于企业之间横向并购、混合并购的情况却无法作出回答。

因此，按照新制度经济学的观点，企业成长过程就是企业边界扩大的过程，分析企业成长的影响因素也就是探讨决定企业边界的因素，企业成长的动因在于对市场交易费用的节约。在企业的纵向边界、横向边界、多样化经营边界中，新制度经济学的企业成长论主要分析的是纵向边界的扩张，对企业边界的横向扩张并未论及。另一方面，尽管新制度经济学从外部市场交易费用和内部组织交易费用的角度对企业成长的动力进行了解释，却没有明确地指出如何使企业获得持续、健康的成长，至少不能作为判断建筑企业朝综合化方向发展是否为一种可持续或健康的成长方式的依据。

1.3 企业竞争战略成长理论及评述

企业竞争战略成长理论以安索夫和波特两者的理论为代表。安索夫在《企业战略》一书中论述了企业产品—市场战略决策过程，探讨了企业发展的范围和方向问题。安索夫认为，企业成长战略有四个属性，即规划适当的产品—市场范围、根据发展的范围和方向划分与选择战略类型、运用竞争能力的优势和灵活应用协同效应。可见，安索夫强调企业对自身“能力概况”和“协同作用”的把握。前者表现企业现有技能和资源的特征，是直接反映企业强弱的现实能力；后者反映企业现有经营项目和新开发经营项目之间的关联性，实质上是企业的一种潜在的实力。它预示着有利于企业的发展方向和范围，因此是一种“成长向量”。进一步地，安索夫提出，企业成长要向良性的特长领域发展，尽可能向有关联的经营项目发展，以取得较竞争对手有利的位势。他将产品和市场需求作为二维参数，确定了四类具体的企业成长战略以及相应的子战略。这四类成长战略分别是：扩大现有经营项目和市场占有率战略、开发新产品战略、开发市场战略和多样化经营战略。

同样着眼于企业外部，哈佛大学教授波特借助产业经济学经典的SCP(Structure-Conduct-Performance)分析范式，于 1980 年提出了行业的五种竞争力模型，此后，又进一步地提出了三种一般战略（即产品差异化、成本领先和市场集中战略），并引入了价值链分析工具，形成了一个系统的竞争战略理论。我们可以这样解读波特的竞争战略理论与企业成长之间的相关性。首先，竞争力量模型是企业在市场中角逐并不断获取强势竞争地位的重要手段与工具，从而促进了企业的成长；其次，竞争战略对于明确企业定位、满足市场需求、提高资源利用效率具有积极的作用，从而保证企业不偏离轨道地向前发展。同时，个性化道路是企业持续发展的必要条件，而中庸道路不利于企业成长；另外，价值链和价值系统是企业取得和保持竞争优势的基本工具。

安索夫的战略理论可以认为是核心能力理论的原型，能够较好地解释我国建筑企业朝着综合化方向发展的现象。但由于过于强调外部环境的重要地位，安索夫的这一观点被认为是“借着自由意志的外衣表达相当宿命的观点”。而波特的竞争战略理论在 20 世纪 80 年代后期就受到了很多学者的质疑，其中，鲁梅尔特（Rumelt）、库尔（Cool）、斯琴德尔（Schendel）、沃纳菲尔德（Wernerfelt）和汉森（Hansen）等人就注意到了产业内长期利润的分散程度比产业间的分散程度要大得多的事实，实际上，两者之间的差异要达 3～5 倍。“很明显，最重要的超额利润源泉是企业自身具有的特殊性，而非产业间的相互关系”，即承认企业的异质性是企业持续竞争优势的来源。彭罗斯（Penrose）将企业的异质性归结于企业资源的异质性，认为企业成长并非由市场的均衡力量所决定，而是因企业使用自己拥有的生产资源所产生的服务所推动。那么，对建筑企业来说，其制定的竞争战略需要何种资源来实现？如何整合企业的内外部资源以使其能够持续、健康成长？这些问题尚待深入思考寻求解决方案。

1.4 企业能力成长理论及评述

沃纳菲尔德在彭罗斯的资源基础观基础上提出了企业资源理论，

他在题为“A Resource-Based View of the Firm”的文章中把资源定义为“任何可以被认为是一个给定企业的力量或弱点的东西。更正式地说,一个企业的资源可以被定义为企业所永久性拥有的(有形和无形的)资产”,认为企业是由异质性的资源构成的,不同企业之间由于异质性资源的差异所形成的资源位势障碍(Resource Position Barrier),是导致企业获得持续竞争优势的根本原因❶。巴尼(Barney)则把企业的资源定义为“一个企业所控制的并使其能够制定和执行改进效率和效能之战略的所有的资产、能力、组织过程、企业特性、信息、知识等等”,认为决定企业持续成长的战略资源应该具有“VRIN”特性,即价值性(Value)、稀缺性(Rareness)、不可模仿性(Inimitability)和不可替代性(Non-substitutability)。格兰特(Grant)认为资源是生产过程的投入要素,但这种以拥有或可控制为标准的观点势必会忽视一些不能或不易为企业所控制的资源(或者说企业仅能对其施加影响的资源),如企业的社会认知资源及其他外部性资源;同样,如果以投入要素作为标准,则一些经投入后再生产出来的有价值的无形资源也可能被忽略。但不论如何定义,他们均以两个假设作为分析的前提:①企业所拥有的战略资源是异质的,这样某些企业因为拥有其他企业所缺乏的资源而获得竞争优势;②由于路径依赖(Path Dependency)、因果关系模糊(Casual Ambiguity)、时间压缩不经济(Time Compress Dis-economy)等隔离机制(Isolating Mechanism)的作用,使这些资源在企业之间不能完全流动,所以竞争优势得以持续。企业资源理论过分依赖均衡分析,具有强烈的静态分析倾向,没有对资源优势产生的过程,即资源的获取、使用和更新等问题进行深入的研究,也没有回答动态环境下企业如何保持持续成长的问题。在对此问题的深入研究中,企

❶在不作严格区分的情况下,追求企业的持续竞争优势与追求企业的持续成长是一致的,但两者确实存在区别,笔者将在比较企业成长能力和动态能力时对其进行区分。

业能力和动态能力等概念相继被提出来。

企业能力的提出源于迪瑞克斯(Dierickx)和库尔,他们在探讨资源积累的途径问题时,提出了资源优势主要是通过企业自身积累而形成的这一重要命题。最早提出"企业能力"概念的经济学家是理查德森(Richardson),他在"The Organization of Industry"一文中,使用"能力"(Capabilities)概念来指企业的知识、经验和技能。此后,企业能力理论经普拉哈拉德(Prahalad)、哈默(Hamel)以及罗纳德·巴顿(Leonard-Barton)研究的推动,以提斯(Teece)等的研究为正式形成的标志。

普拉哈拉德和哈默在题为"The Core Competence of The Corporation"一文中提出了"核心能力"(Core Competence)概念,并将其定义为:"组织中的积累性学识(Collective Learning),特别是关于如何协调不同的生产技能和有机结合多种技术流派的学识"。他们认为,企业内部的资源、核心技术、技能等核心能力对企业的成长具有重要作用,企业所拥有的核心能力的资源类型及其发生作用的机制不同决定了企业在成长路径的选择上的不同。核心能力概念的提出曾一度产生轰动效应,但也开始受到越来越多的质疑,企业界评价核心竞争力概念难以把握:"像一座海市蜃楼,从远处看,五光十色、充满希望;一旦接近,就成了砂砾一堆";更多的学者则将其视为巴尼(Barney)提出的战略资源,并用"VRIN"特性等资源理论观点来解释和研究核心竞争力问题。此外,由于核心能力存在刚性,使其无法应对技术快速变迁和不确定性所形成的超级竞争环境。于是,提斯和匹萨若(Pisano)提出了动态能力的概念,认为动态能力是企业整合、建立和再配置内外部能力以适应快速变化环境的能力,"动态"指的是与环境变化保持一致而更新企业的能力,"能力"(Capabilities)强调的是整合和配置内部和外部资源和职能能力(Functional Competence);并提出了如表1-1 所示动态能力的分析框架。

动态能力分析框架　　表1-1

动态能力	功　能
过程	通过过程可以识别企业是如何行动的，识别其惯例、目前的行为与学习模式
位置	通过企业在生产和上下游间关系中的位置识别企业目前的战略性资产，以及顾客关系与供应商关系
路径	通过企业的发展路径依赖识别其可能战略选择以及未来的机会

Teece等认为，由于能力含有隐性知识从而具备内部结构的模糊性、多种能力之间互相牵动，以及能力形成的历史特殊性等原因，导致能力难以复制和模仿。其他一些因素，例如知识产权保护、商业秘密、商标和企业风格等方面的限制，也会阻碍竞争对手的模仿。由此，他们得出结论，企业的动态能力是企业持续竞争优势（或持续成长）的决定因素。但是，有的学者并不认同这一观点，认为动态能力本身并不是企业持续竞争优势的决定因素，而动态能力所配置和调整的资源结构才是决定因素。艾森哈特（Eisenhardt）和马丁（Martin）认为，尽管动态能力在很多细节方面具有特异性，但是从一些关键性的特征来分析，企业之间的动态能力具有很大的一致性或者类似性。尽管不同企业培育某一动态能力的起点和路径不同，但是，对于某一项动态能力，存在一个行业的最佳标准，因此最终不同的企业都将趋于类似水准的动态能力，从而使得该项动态能力不再成为企业持续竞争优势的来源。与此一脉相承，韦勒（Wheeler）认为动态能力是可模仿的，可以通过多种学习途径发展而成。在不同的企业乃至不同产业之间具有共同点，因此，动态能力本身不是持续竞争优势的决定因素。随着各类市场机会的出现、碰撞、演化和消失，动态能力成为一种获取熊彼特租金的手段，可以为企业带来短期的竞争优势。丹尼尔（Daniel）和威尔逊（Wilson）以及纽波特（Newbert）等学者通过实证研究也发现，不同企业的动态能力确实存在共性。温特（Winter）则从一个新的角度探

讨了动态能力与企业持续竞争优势的关系，他认为企业应对内外变革，存在一种动态能力的替代机制，他将其命名为“应急型问题处理”(Ad Hoc Problem Solving)模式，两者之间在成本结构上具有较为明显的差异，因此，动态能力能否为企业带来持续竞争优势还得看其投资成本与所得收益的权衡。左特(Zott)通过计算机仿真模型研究发现，企业进行变革搜索的方向对绩效差异具有重要影响，企业之间的微小差异可能导致巨大的绩效差异。

企业核心能力和动态能力理论对企业资源论作了进一步引申，认为企业的竞争优势来自于企业配置、开发与保护资源的能力。然而，紧接着的问题是，究竟又是什么决定了企业配置、开发与保护资源的能力？也就是说，隐藏在能力背后的又是什么？企业知识理论认为，隐藏在能力背后，决定企业能力的是企业的知识以及与知识密切相关的认知学习。

哈耶克(Hayek)最早意识到了知识对社会组织的重要性，也认识到了知识的离散分布的性质，他将知识区分为科学知识和“特定情势的知识”，认为除了科学知识之外，有一种非常重要但未经组织的知识体系，不可能以知识的一般规则称之为科学知识，这就是关于时间、地点的特定情势下的知识。在哈耶克看来，知识在个体间的分布状况就在很大程度上决定了社会的组织形式，同时也决定了组织内的组织结构和权力分配关系。波兰伊(Polanyi)在哈耶克的基础上进一步将知识分为编码知识和未编码知识两大类。他认为，未编码知识是企业竞争优势的来源，因为这种知识是个人的、内隐的、难以言传的，甚至是不自觉的，是一种默会性的知识(Tacit Knowledge)，很难交流与转让，只能从“干中学”得到；而编码知识是系统的知识，以显性的形式存在，可以在组织内和组织间传递和转让，并能得到法律的保护，但是这种知识非常容易被模仿，因而很难形成企业的竞争优势。德鲁克(Drucker)认为，“隐性知识(即未编码知识)，如某种技能，是不可用语言来解释的，它只能被演示证明是存在的，学习这种技能的唯一方法是领悟和练习”。日本学者野中郁次郎（Nonaka）等进一步从认识科学的角度出发，对未编码知识进行了分析，他们认为个人未编码知识是企业知识创造的起点，而个人未编码知识向组织编码知识的转化是企业知识创造的关键。纳尔逊（Nelson）和温特在构建一个经济变迁的演化理论的过程中，充分认识到了知识作为一种生产性资源在解释组织变迁中的重要性，认为企业不仅能够创造知识，而且具有储存知识的功能，是一个储存知识的蓄水池。德姆塞茨（Demsetz）也同样认为，企业可以看作各种专业化知识的仓库，以及使这些知识与生产相结合所必须那些条件的大仓库。柯格特（Kogut）和赞德（Zander）则认为，企业作为一个专业化的、默会性的知识的储存室，可以凭借其默会性的知识所产生的异质性和核心能力，实现企业的成长，而不用过分担心企业核心竞争优势被模仿。

“资源基础理论”、“核心能力理论”、“动态能力理论”和“企业知识理论”被称为企业能力理论的四大流派。按照这四大流派的观点，企业资源尤其是无形资源中的知识所产生的能力（核心能力或动态能力）是企业成长的决定性因素。这种理论注重于企业内部，并将内外部结合起来，深入地论述了企业如何获得持续成长的问题，能够较好地解释我国建筑企业遭遇到的不能持续成长的困境；但对企业成长的另一些方面——企业健康、有序地成长却鲜有论及。建筑企业如何健康成长？建筑企业如何在混沌成长中走向有序？这些问题尚需作进一步研究。

第2章

建筑企业成长能力的内涵及构成

导读

建筑企业成长能力是建筑企业积累、整合、有效利用内外部资源，以应对乃至创造市场变化，从而使建筑企业获得持续、健康、有序发展壮大的流程。建筑企业成长能力以资源为基础，具有价值性、稀缺性、不可模仿性、不可替代性以及动态性和持续性。但由于建筑企业产品、生产和交易过程的独特性，使其成长能力与一般企业的成长能力有所不同；而建筑企业成长过程的复杂性和动态性，则意味着其成长能力具有综合性，是一系列能力复合的结果。那么，建筑企业成长能力内部又是怎样的一种构成呢？这是本章要解决的问题。

本章研究了建筑企业成长能力的基本内涵及构成要素。综合目前对企业能力的研究观点，笔者提出建筑企业成长能力概念，并对建筑企业成长能力的特点进行分析，就企业成长能力与动态能力、核心能力进行比较。建筑企业成长能力由市场识拓能力、组织管理能力、技术创新能力和网络合作能力组成，每一个子能力都是建筑企业成长能力的有机组成部分，是建筑企业持续、健康、有序成长的决定性因素。其中，市场识拓能力决定了建筑企业的成长方向，技术创新能力是建筑企业成长的内在提升力，组织管理能力和网络合作能力则分别是建筑企业整合内外部资源，使其健康、有序成长的作用力。

2.1 建筑企业成长能力的基本内涵

2.1.1 企业成长能力概念

“成长”的概念来源于生物学，它一般是指生物有机体由小到大发展的机制与过程。最早明确地将企业比作生物有机体的是马歇尔(Marshall)，他在其名著《经济学原理》中用森林中的树木生长规律来阐述企业成长的原理“一个企业成长、壮大，但以后也许停滞、衰退。在其转折点，存在着生命力与衰退力之间的平衡或均衡”，指出了企业成长是一个适者生存、自然淘汰的过程。

关于企业成长的概念，理论界尚未形成统一的定义。彭罗斯认为，企业是在特定管理框架之内的一组资源的组合，企业成长是由于企业有效地协调其资源和管理职能的结果。巴辛格(Baysinger)则认为，企业成长是“通过谨慎的管理决策使得企业资源现值增加”。我国学者杨杜提出，企业成长不仅是经营资源的蓄积、扩张过程，而且是其结构调整和特性革新的过程。与此相似，刘学军认为，企业成长可理解为企业可持续成长，是指企业在一个较长的时期内由小变大、由弱变强、由稚嫩变成熟、结构优化、不断变革的过程，也是企业不断与外部环境相协调、相适应的过程。尽管理解角度不同，但他们在一点上达成了共识，即企业成长过程是量的成长和质的成长相结合的过程。为了使企业成长的概念具体化，人们采用了不同的方法或指标对其进行描述，如以往的文献中常用销售额增长、产品产量和种类增加、员工人数增加、组织机构扩大或公司股票市值的增加(对于上市公司而言)来描述企业成长。

根据前文对企业能力成长理论的综述，企业成长的能力决定理论为许多学者所接受，由此企业成长能力(或可持续成长能力)概念的提出可谓顺理成章，但除了在财务报表分析时被经常使用之外，国内外对其并无深入的研究。国内方面，郭蕊等将企业可持续成长能力的内涵概括为三个特征：成长性（Growth）、持续性（Duration）和创新性（Innovation），其中成长性表现为企业经营业绩的提高、组织规模的扩大、资产数量和质量的增长，从而实现企业价值的增长，体现价值维度的发展；持续性是指企业在时间维度上的发展，超过同行企业的平均寿命；创新性是以技术、产品（服务）、管理、组织、文化的变革为指标，知识和创新是企业发展的基本动力。汤学俊分析了企业可持续成长能力的构成与本质，认为企业可持续成长能力是企业内外因素交互作用的结果，它的强弱取决于企业的产业力、技术力、制度力以及市场权力等四个要素力量及其交互作用的大小；企业可持续成长能力的本质是企业独特的知识，是产生于企业内外部、具有价值性、稀缺性、难以模仿和难以替代的知识。刘学军分析了企业可持续成长的本质特征，即“量”和“质”的统一、持续性和动态性的结合、较长时期表现出来的过程和趋势、受诸多因素影响的复杂概念，并在此基础上提出了企业持续成长机制要素框架。

基于艾森哈特和马丁将企业能力定义为企业使用资源的流程的观点，笔者认为企业成长能力是企业积累、整合、有效利用内外部资源，以应对乃至创造市场变化，从而使企业获得持续、健康、有序发展壮大的流程。企业成长能力具有如下特点：

（1）以资源为基础。企业成长能力是“积累、整合和有效利用内外部资源的流程”，对内部和外部有形或无形资源尤其是对默会性知识的积累，并通过对其整合和有效利用，形成了企业成长能力。按照 Penrose 的观点，企业的成长主要取决于能否更为有效地利用现有资源，企业拥有的资源状况是决定企业能力的基础。这些资源不仅是企业内部的资源，外部资源同样是企业成长能力形成的基础，企业可以通过动态联盟或者建立虚拟组织来增强其市场风险识别控制能力，实现稳定成长。

（2）具有价值性、稀缺性、不可模仿性、不可替代性。企业成长能力必须为顾客带来价值,能够满足顾客的某种需要,具有价值性。另一方面,由于成长能力以资源为基础,而资源尤其是知识,是企业长期学习积累的结果,这种资源是异质的,这就决定了企业成长能力的稀缺性;同时,由于路径依赖、因果关系模糊、时间压缩不经济等隔离机制的作用,使得这些资源在企业之间不能完全流动,因此,企业成长能力不可模仿或替代。

(3)具有动态性和持续性。企业要"应对乃至创造市场变化",则需不断地整合和有效利用其内外部资源,改变核心刚性,使之与市场环境相协调、相适应,也就是说,企业成长能力具有动态性。与外部环境相协调和适应则意味着企业能够不断地对其产品或服务进行创新,延长生命周期,不断突破成长上限,即成长能力具有持续性。

企业成长能力的价值性是企业持续成长的基础,决定了企业具有潜在竞争优势;稀缺性则使得企业具有相对的竞争优势,能够保证企业短期内的成长;不可模仿和不可替代性进一步增强了企业成长和竞争优势的持续性;而动态性和持续性则最终决定了企业成长和竞争优势的长期性。企业成长能力的这几个属性与企业竞争优势层次的关系可用图 2-1 来表示。

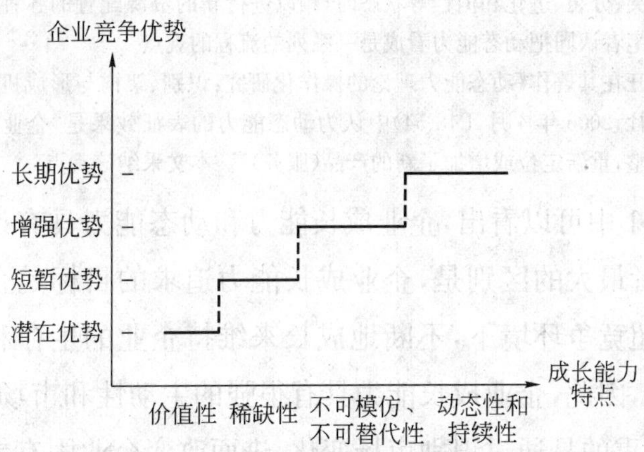

图 2-1　企业成长能力特点与企业竞争优势的层次关系

为了区别企业成长能力与动态能力及核心能力，笔者分别从外部环境、作用范围、作用对象、本质、表征效果和目标六个方面对其进行比较，见表 2-1。

企业成长能力与动态能力、核心能力的比较　　表 2-1

维度＼能力	成长能力	动态能力	核心能力
外部环境	超竞争环境	超竞争环境	非动态复杂性环境
作用范围	企业内、外部	企业内、外部	企业内部
作用对象	企业内外部资源	企业内外部能力	核心产品（服务）
本质	一系列流程	一系列流程①	积累性学识
表征效果	企业质与量的成长	企业战略或业务已作调整，重新定位或增加了新的产品（服务）②	获得较长时期的垄断优势或出现核心刚性
目标	健康、有序、持续成长	持续竞争优势	持续竞争优势

注：①根据提斯等(1997)的定义，动态能力是企业整合、建立和再配置内外部能力以适应快速变化环境的能力，但用能力来定义能力有重复之嫌；艾森哈特和马丁(2000)则认为，动态能力是指企业使用资源的流程，特别是有关整合、重塑、获取和放弃资源，以适应乃至创造市场变化的流程(processes)，是企业在外部市场出现机会，呈现冲突、分裂、进化和消亡等状态时，赖以进行新的资源配置的各种组织和战略流程。笔者认同把动态能力看成是一系列的流程的观点。

②李兴旺在其著作《动态能力理论的操作化研究：识别、架构与形成机制》(经济科学出版社，2006 年 4 月，P48-54)中认为动态能力的表征效果是“企业战略或业务已作调整，重新定位或增加了新的产品（服务）”。本文采纳该观点。

从表 2-1 中可以看出，企业成长能力和动态能力具有许多的相似之处，但两者最大的区别是，企业成长能力追求的目标是企业的持续成长，是在超竞争环境下，不断地成长来维持企业的生存和创造企业的竞争优势，因此，企业成长能力具有很强的主动性和市场开拓性；动态能力则注重的是通过识别市场变化、进而改变企业固有能力来维持企业的竞争优势，体现了较强的应变意识。

2.1.2　建筑企业成长能力内涵

基于对建筑企业成长要素和企业成长能力概念的阐述，笔者将建筑企业成长能力定义为：建筑企业积累、整合和有效利用内外部资源，以识别和开拓建筑市场，提高技术创新、项目管理、工程质量和安全水平，以及提高企业经营管理效率，从而促使建筑企业健康、有序、持续发展壮大的流程。基于上述定义，对建筑企业成长能力的基本内涵的理解可概括如下：

建筑企业成长能力以资源为基础，这些资源包括建筑材料、施工设备、厂房、土地等实体资源，现金、银行存款等财物资源，技术人员、施工人员等人力资源，设计技术、施工技术、施工工艺、管理经验等知识资源，各种需求、计划、指令和反馈等信息资源，施工资质、企业形象等品牌资源。建筑企业通过资源积累、整合和有效利用，形成独特的成长能力，从而实现其持续成长。

建筑企业成长能力应能识别和开拓建筑市场，提高技术创新、项目管理、工程质量和安全水平，以及提高企业经营管理效率。前已述及，获得建筑项目是建筑企业进行价值创造的第一步，也就是说，市场开拓位于建筑企业内部价值链的前端。因此，成长能力应使建筑企业在充分识别市场机会和风险的前提下，进行市场开拓，以提高其在国内外建筑项目招投标过程中的中标率（即“企业年度中标数/企业年度投标数”）和工程项目承包率。获得项目后，成长能力应能使建筑企业解决各项目中遇到的技术和管理问题，进行技术创新和优化项目管理水平，提高工程质量、保证施工安全。同时，对于企业层面的管理，成长能力还应能提升建筑企业战略决策水平、改善组织运作机制，从而提高建筑企业经营管理效率，使之能够健康、有序地成长。

2.2 建筑企业成长能力因素分析

2.2.1 建筑企业成长能力的影响因素

关于建筑企业成长能力的影响指标，目前已经有多个研究文献。李启明、谭永涛、申立银提出了在中国建筑市场环境下中国建筑企业核心竞争力参数模型，此层次模型由六个方面组成：即社会影响力、技术能力、工程管理能力、市场开拓与营销能力、融资与财务能力以及资源管理能力。邢艳芳等在分析影响建筑企业竞争力的因素的基础上，给出了建筑企业竞争力综合评价的指标体系和评价方法，提出了提高建筑企业竞争力的途径。其观点是在市场竞争中，企业首先是生存，在生存的基础上才能求发展。因此，他们认为评价指标应分为两大部分，即生存能力指标和发展能力指标。生存能力指标包括企业人均资金装备水平、建筑施工装备的先进程度、企业建筑产品的销售率、企业建筑产品的市场占有率、企业建筑产品的价格系数、企业内部管理水平以及企业外部协作水平；建筑企业发展能力指标包括企业利润增长率、资金利润率、技术开发费比重、技术开发人员比重、战略性建筑产品的品种数、企业自有资金增值率以及企业固定资产增值率。吕文学在分析建筑市场竞争机制的基础上，运用波特的价值链模型，分析了建筑企业竞争力与价值链和价值系统的协同作用，并建立了建筑企业竞争力的指标体系及系统评价方法，提出了提升建筑企业竞争力的动态战略管理方法。

在总结上述文献的基础上，根据建筑企业成长能力的鉴定标准，笔者提出了影响建筑企业成长能力的四类因素：

1. 市场因素

(1)市场营销能力因素

建设市场是典型的买方市场，建筑企业必须改变自己以适应建设市场的需求。在买方市场条件下，市场营销能力是指建筑企业主动向建筑产品和服务的买方（项目业主）推销自己，让买方认知并认可本企业提供的产品和服务的能力。市场营销能力可以通过建筑企业的营业额和生产能力利用率进行评价。营业额高，生产能力得到充分利用，则表明其市场营销能力强。

(2)市场营销网络因素

建筑企业通过多年经营活动积累下的市场营销网络和营销手段是企业获得项目信息的重要资源，它与企业的市场营销能力相结合，就有可能在建设市场获得工程项目。

建设市场的营销工作比较复杂，除一般的市场营销内容外，还应结合各市场的特点，在更大范围内开展社会营销。社会营销是指不仅要满足消费者的需求和欲望并由此获得企业利润，而且要符合消费者自身和整个社会的长远利益。其主要内涵：一是发现消费者的现实需要和潜在需求并设法满足它们；二是考虑社会和个人长远利益。这是开拓发达国家市场必须采取的营销战略和取胜之道，在这些发达地区，政府和公众不会只顾及眼前的需要，而造成对资源的浪费和环境的污染。

2. 企业管理因素

(1)人力资源管理能力

作为主动性资源的人才，是构成企业管理能力的来源。它可以分为战略管理人才（企业的领导者和决策者）、一般管理人才和技术人才。人的主观能动性使其具有了管理自己和其他资源的能力，并进一步形成了建筑企业管理能力。它能调动和整合被动性资源，使之达到最佳配置，它既是企业拥有的核心资源，同时也是企业所拥有的一种管理能力。

建筑企业如何留住人才和最大限度地发挥人才的主观能动性，为企业创造经济效益是企业人力资源管理要解决的主要问题。人力资源管理包括人力管理和业绩考核制度的完善、岗位责任与权利的清晰程度以及有效的培训体系。如湖南建工集团六公司，建立了企业内部人才市场，以优秀的企业文化吸纳和吸附市场中的人才资源。按照“天下人才不求所有、但求所用”的用人理念，公司以德才兼备和工作绩效来考核、使用人才。打破企业人才界限和用工形式，努力营造良好的用人环境，做到以事业留人、待遇留人、感情留人、环境留人、政策留人。通过建立薪酬激励机制，实现“竞聘上岗，各尽其能，责权统一，能上能下，岗变薪变”的用人机制，优化人才资源结构和配置，激励员工充分发挥才能。中铁十八局曾经是一个人员流动性很强的企业，但在人力资源管理上却探索出了一套独特的具体用人机制。①积极营造任人唯贤、公平公开的用人导向和人人奋发、人尽其才的用人氛围。②建立和完善科学的考核评价机制。根据职责差异、责任大小完善评价标准、考核指标和测评技术，按照一定的程序和方法，采取定性与定量相结合的方式进行综合评价。③改进创新人才引进、培养和选用机制。制定优惠的经济政策，采取引智合作、兼职招聘等形式多渠道引进企业急需的高层次人才；通过重要岗位锻炼、基层实践锻炼、“先进后出”、“内部交流”等方式，全面培养选拔年轻优秀大学生；建立人才库，实行轮训教育深造，集权管理调配，杜绝待岗，有计划、有控制地培养管理专业技术干部。改进人才选拔方式，大力推行竞争上岗和公开招聘，改“伯乐相马”为“赛场选马”。④坚持和强化精神与物质相结合的激励保障机制。对优秀科技人才，试行知识、技术、能力入股的激励分配方式，鼓励技术、专利、成果等生产要素参与分配。对引进的高层次和紧缺人才，实行协议薪酬，“特才特薪”。对从事国外工作的管理、技术人才，实行与国外市场接轨的分配政策。在变更设计、推广新技术、开发新工艺等方面为企业节约成本、创造效益的，按一定比例给予奖励；设立“人才专项奖励基金”，专项经费鼓励科技创新和技术攻关。

各级人事部门可通过建立“直通式”服务机制，定期组织召开年轻大学生座谈会，加强交流沟通，倾听意见呼声。评先进选优秀和入党考核时，增加优秀年轻大学生的指标或比例。对在施工一线特别是边远地区工作的年轻大学生，努力改善生活条件，多开展有益于身心健康的活动，合理安排休息、休假和健康检查。通过采取这些措施，最大限度地发挥了人才的作用，营造出了人人发奋、岗位成才、就地成才、公开竞争的环境。

(2)供应链管理能力

根据波特的价值系统理论，建筑企业同样也有一个价值系统。在供应商、分包商与承包商之间就形成了多条供应链，供应链的有效管理可以大大降低建筑企业的施工运营风险和成本，为企业创造潜在价值。

在建筑合同条件中规定，承包商与供应商、分包商和运输商等分别签订合同并在施工期间对他们进行管理。就项目业主和承包商而言，供应商、分包商和运输商的任何违约均视为承包商违约，承包商必须对由此为项目带来的任何损失或损害承担全部责任。这里的关键问题是承包商向业主支付的赔偿费往往不能从违约的供应商、分包商或运输商那里全部收回来。承包商与业主签订的合同中违约赔偿的费用额要比承包商与分包商签订的分包合同的赔偿额高很多，因此供应链的管理是非常重要的。

(3)工程项目管理能力

建筑企业经营方式的特殊性表现在工程项目建设地点的不断变化、受地理和气候条件的影响大、受外界环境的影响大和交易时间长。这些特点要求建筑企业对工程项目必须有很高的管理能力。

工程项目的管理能力表现在项目组织与人力资源管理，工作范围管理，质量管理，进度管理，费用管理，沟通管理，采购管理，安全、健康和环境管理以及风险管理。

3. 技术创新因素

(1)研发与技术创新

企业的研究开发是企业发展的源泉和动力,是企业取得核心竞争技术和核心产品,保持长期竞争优势和获得长期利润的保证。国际企业界普遍认为,研究开发经费占销售额的5%以上企业才具有竞争力;占2%仅够维持;不足1%的企业则难以生存。同时,我国企业间、企业与科研院所之间的技术转移水平和速度都比较低:专利水平无论从数量、质量和产出效益方面都与发达国家的企业之间存在较大差距。

技术创新对企业竞争力的作用是提高生产效率,获得超额利润,并实现可持续发展目标。从上述的分析可以看出,从产生创意的人到是否采纳创意并变为创新的决策者,人仍然是产生创新的根本源泉。而创新产生的直接结果是建筑企业利润和劳动生产率的提高。

以中铁隧道股份有限公司为例,说明技术创新对提升建筑企业竞争力的重要作用。中铁隧道股份有限公司实施"科技兴企"战略,重视企业技术管理,建立健全了科技创新体系和运行机制,通过不断的技术攻关和创新,攻克了"秦岭特长隧道TBM修建技术"、"高压富水岩溶深埋特长隧道修建技术"、"软硬不均匀地层及复杂环境隧道复合盾构的研究与掘进技术"、"富水砂质粉土地层超浅埋小间距大跨城市隧道修建技术"等施工技术难关,取得一系列有价值的科研和工法成果,拥有六项专利,同时引进并培养了一大批技术和管理人才。企业的技术装备水平也不断提高。企业技术资源的积累,使企业的整体实力和可持续发展能力大大提高,市场竞争力大幅提高。

(2)技术资源因素

技术是获得竞争力和项目成功的推动力,建筑企业的技术资源水平可由以下几个方面反映:设计技术、施工技术、专利技术数量、管理技术及信息技术。

例如对 EPC(设计、采购和建造)/Turkey(交钥匙工程)项目,承包商的设计技术是能否中标的一项重要指标,承包商必须提交一份业主认可的设计建议书,其内容包括设计的具体内容、完成设计的时间及设计采用的软件类型和版本等。对于大型、复杂、施工难度大的项目,承包商应具有完成项目的关键技术。

承包商要想在竞争中获得胜利,就必须降低成本和缩短工期,而这两者都直接与承包商所采用的施工技术密切相关,特别是在恶劣环境下施工所需要的特殊技术。如在小浪底水电站施工中,国外承包商使用传送带远距离输送混凝土的施工技术,该项目因在山区施工,在作业面附近没有足够面积的可利用平地,承包商只好将混凝土搅拌站设在较远的地方,如果使用混凝土车运输,一是山路陡峭,行车速度慢,无法满足大体积混凝土浇注的要求;二是山路狭窄,转弯多,行车盲区多,行车很危险。在这种背景下,承包商在中国第一次使用了输送带输送混凝土的技术。该方法的难点是必须保障混凝土在输送过程中,不能因为振动而产生离析现象导致混凝土的质量降低。这一技术的使用大大降低了施工成本。又如国家体育场——“鸟巢”,其外罩由不规则的钢结构构件编织而成,里面的混凝土结构与钢结构相互独立,建筑师在混凝土看台和钢结构外罩之间的空间里,设计了很多倾斜的混凝土柱子来支撑建筑。如何既保证这些混凝土柱子的结构要求,又不影响“鸟巢”的整体美观,成为摆在承包商面前的难题。几经论证,一个两全其美的方案诞生了。先像其他混凝土结构一样绑扎好钢筋笼,然后再从上面一节一节套上方钢管,钢管连接好后再在钢管里浇筑混凝土,形成与钢管一体的混凝土柱。这样一来看不到混凝土柱,既安全又美观,但也加大了施工难度。边长 1m 的方钢管被连接成 120 多根长短不同、倾斜角度多样的钢柱,70% 以上都是双斜柱——一根柱子在垂直面上扭转两次。最高的钢柱全长 21m,横跨体育场一至四层;最倾斜的钢柱和地面的夹角达到 59°,钢柱的最大自转角度超过45°。要在这些高大倾斜看似杂乱的异型钢管里浇注混凝土,已经是个不小的挑战。何况钢管内部还密布着钢筋网格——纵向:32根;横向:1排/10cm。这样密密麻麻的钢筋网,最多只能伸进三根手指。要在里面瓷瓷实实地灌满混凝土并使之与钢管密贴,非常不容易。起初,承包商只能试着从上口往钢管里浇注,每天从早到晚只能浇注4~5m。国家体育场工程总承包部经过自主研究,提出了一个新方案:顶升混凝土——从钢管底部注入混凝土,由底向上逐步填充。这是一个从来没有人用过的方法,结果却非常理想。后来,这项工艺被命名为"超高矩形钢管永久模板钢筋混凝土斜扭柱施工工艺"。顶升混凝土法施工不仅进度快,而且质量好,不分层。完工时间比预定的工期缩短了两个月零两天。

掌握先进的管理技术,也是承包商降低成本和缩短工期的重要途径之一。如在京广、京沪六期提速工程和大秦铁路两亿吨扩能改造工程施工中,中国中铁六局大力开展了施工组织方式创新,把传统的按段按片施工发展为按线跨段施工,组织多单位、多项目、多专业、多设备在一条线的同一"天窗"时间内同步综合施工,有效压缩了施工工期,大幅度提高了施工效率,确保在短时间内施工整修一步到位,创造了单个"天窗"换砟2 200m、换枕3 700根的新纪录,运营铁路安全运营的同时,兼顾了挖潜增量、重载试验和扩能施工,并实现了同步重载扩能改造升级的目标,确保了工程建设和运输任务的顺利完成,受到了铁道部、北京铁路局、太原铁路局及社会各界的高度赞扬。

信息技术是建筑承包商获得市场信息、企业内信息共享和提高工作效率的重要技术,在高科技技术迅速发展的今天,也是建筑企业竞争力的重要来源之一,在一定程度上代表了企业的现代化管理水平。建筑企业对信息技术的应用水平主要表现在:第一,建立和使用企业内部通信与交流的局域网(Intranet)和与外部联系的国际互联网

(Internet);第二,建立和使用工程建设项目现场的局域网(Local Area Network);第三,项目管理应用软件,如造价软件、P3进度软件等。

4. 企业网络资源因素

(1)客户关系管理(Customer Relationship Management, CRM)

建筑企业的客户就是建筑产品的所有者、使用者,包括个人、组织及政府。现代企业的竞争优势已不仅仅是产品本身,以客户为中心的服务模式和针对不同客户的个性化服务,形成新一轮的市场竞争规则,维持客户的持久性和忠诚度,才是决定企业发展和命运的关键。客户关系管理正是满足这一市场竞争需求的管理技术。客户关系管理系统是把有关市场和客户的信息进行统一管理、共享,并能进行有效分析和处理的新型应用系统,它为企业内部的销售、营销、客户服务等提供全面的支持。CRM在帮助企业缩减销售成本、增加收入、寻找扩展业务所需的新市场和新渠道,提高客户的价值方面具有很广阔的应用空间。然而,相对于国外同行,我国建筑企业数量多、规模小、业务范围狭窄、整体竞争力差,一些建筑企业在经营之初努力创业,而达到一定规模后却很难把企业继续做强做大,未能有效开展客户关系管理、不能做到真正对客户负责是其中一个极其重要的原因。

建筑企业的客户关系管理系统目标:一是研究建筑市场以及目前和未来的客户,确定企业市场地位;二是解决如何提供优质服务,吸引和开发客户,建立企业品牌;三是通过市场和客户研究,确定企业的管理机制和管理内容。

(2)国际公关

国际公关,就是企业充分利用信息传播手段(主要是现代化的国际传播媒介,如国际互联网、电视等),使企业内部的可控因素(产品和服务、促销方式和价格等)适应国际社会的不可控因素(政治和法律环境、经济和人口环境、社会和文化环境等),同时积极地运用自己的能力去影响项目环境,最终使项目环境变得更有利于企业生存和发展的工作过程。这一过程是企业整个营销过程的有机组成部分，对开拓对外承包工程市场和扩大企业在当地的影响有着十分重要的作用。

(3)与政府关系因素

政府的作用主要表现在通过制定有关的制度和政策来影响该产业国际竞争力。由于受到国家法规的优惠，一些企业得以在特定产业上成绩辉煌。能否利用机遇、如何利用机遇以及政府的作用都主要是通过一些基本要素的影响来实现的。另外，波特将国家的经济发展分为要素驱动、投资驱动、创新驱动和财富驱动四个阶段，这同其钻石模型一起可以较好地分析不同发展阶段的国家的竞争力基础。我国现在是处于从要素驱动向投资驱动的一个转型过程中。所以我国同时有两个基本转型：在制度环境上，从计划经济向市场经济转型；在经济发展阶段上，从要素驱动的阶段迈向投资驱动阶段。

2.2.2 建筑企业四个成长子能力的提出

上节从四个方面分析了影响建筑企业成长能力的因素，各个方面的因素都对建筑企业成长能力的某一种子能力起到主要的决定作用。根据上述四个方面的影响因素的分析，笔者将建筑企业成长能力分解为四个方面的子能力，即市场识拓能力、组织管理能力、技术创新能力、网络合作能力。从而更进一步地对建筑企业成长能力进行研究和分析。

(1)市场识拓能力是指建筑企业识别市场机会和风险，制定核心业务发展战略，并进行市场开拓的能力。它反映了企业把握市场信息和将产品与服务送达业主的能力。其外在表现指标是国际和区域市场的合同额和营业额增长率、国际和区域市场的占有率、国际市场覆盖率以及生产能力利用率。

(2)组织管理能力是指建筑企业协调内部生产运作，整合内部资源的一系列流程。组织管理能力是企业获得持续竞争优势和健康、有序地成长的基础，也是企业成长能力的构成要素之一。对于建筑企业而言，其组织管理包含两个层面的内容：一是企业整体的组织协调，另一个是施工项目的管理。具体地说，建筑企业的组织管理主要有：合同管理、计划管理、施工管理、技术管理、质量管理、安全管理、物资管理、劳动管理、成本管理等。建筑企业可以通过组织结构的创新和施工项目的有效管理来提高其组织管理能力，使其能够更好地整合内部资源，从而获得健康、有序的成长。

(3)技术创新有狭义和广义之分，狭义的技术创新主要指产品、工艺、原材料等创新；而广义的技术创新，则将产品创新、工艺、原材料等创新过程中开展的技术改进及其相关的研究与发展活动包含进去。根据狭义的技术创新概念，笔者认为，建筑企业技术创新是指建筑企业为了降低成本、提高劳动生产率、满足业主的特殊需求或增加业主的价值，研发和应用新技术、新工艺、新设备、新材料的能力。

(4)网络合作能力就是建筑企业与其外部利益相关者建立互助合作关系，并从中共享知识、整合资源以降低市场风险、增强企业竞争力的一系列流程。建筑企业的外部利益相关者包括业主、咨询单位、勘察设计单位、监理机构、分包商、材料供应商、设备供应商，以及银行、媒体、科研院所和政府主管部门等。

2.3　建筑企业成长能力影响因素的验证——基于结构方程模型

2.3.1　建筑企业成长能力衡量指标选取

能够直接影响建筑企业成长能力的指标很多，包括国民经济的发展情况、国家固定资产投资水平、银行信贷政策、施工技术和工艺、人才、施工设备、企业资本等。而这些衡量指标大部分是不能准确、直接测量的，在社会、心理学研究中，这种变量称为潜变量(Latent Variable)。

将这些指标从企业资源的角度进行划分归纳，并挑选出对成长能力影响比较大的几个方面：

1. 建筑企业领导者要素投入

建筑企业人力资源可以简单地划分为领导者要素投入和员工要素投入。相比较而言，领导者要素投入对建筑企业成长能力的影响更为巨大，员工要素投入将按照业务类型的不同融合为企业的资本资源、研发资源、资质等无形资源和设备等有形资源。领导者要素投入是作为建筑企业主动性资源的潜变量之一。这个潜变量的可观测指标主要有：领导者从业经验、领导者学历水平和领导者判断力和决策力，而领导者判断力和决策力通常可以用领导者薪酬反映，从而可以得出建筑企业领导者要素投入的可观测变量为领导者从业经验、领导者学历水平和领导者薪酬水平。

2. 建筑企业资金投入

随着目前建筑企业之间的竞争越来越激烈，资金对于建筑企业显得尤为重要，很多项目都需要承包方带资或垫资经营；另外，资本运营也逐渐成为现代企业竞争和获利的一个平台。而对于建筑企业资金投入渠道而言，有自有资本和外部投入资本两个方面，所以建筑企业资金投入潜变量的可观测变量为企业自有资本拥有量、企业负债融资量和企业股票市场融资量。

3. 建筑企业研发投入

建筑企业之间的市场竞争不断加剧使得传统市场和传统产品的利润率不断摊薄，所以不断地开拓科技含量高、技术难度大的项目领域或者是开展 BT、BOT 等新的经营模式才是建筑企业应对挑战所必须采取的措施。从这个意义上来讲，建筑企业的研发不同于一般企业的研发，但是影响研发投入的因素仍然不外乎两个方面：建筑企业研发费用的投入和研发人员的投入。所以建筑企业研发投入潜变量的可观测变量为企业研发费用投入率和研发人员比率。

4. 建筑企业固有资源投入

严格意义上来说，建筑企业资本、人力和研发投入也是建筑企业固有资源，但由于以上三种资源受外界因素变动影响剧烈，所以将它们单独列示。而企业自身拥有的受外界因素和人的因素影响比较小的资源在这里被称为企业固有资源投入，对于建筑企业而言主要有两类：企业资质、品牌和大型机械设备资源的拥有量。另外，健全的资质品牌维护制度和机械设备养护传统也是能够使其更大地发挥作用的重要保障。出于量化的考虑，用资质维护费和设备保养费支出来衡量企业在此方面的投入。所以建筑企业固有资源投入潜变量的可观测变量为企业资质和品牌、大型机械设备资源的拥有量、资质维护费投入和设备保养费支出。

5. 建筑企业环境资源投入

由于建筑产品投资大、公共性强等特点，业主通常为各级政府。建筑企业生产周期受国家经济政策等影响也比较大，宏观政策的影响和微观客户公关投入构成了建筑企业的环境资源。所以建筑企业环境资源投入潜变量的可观测变量为国家经济政策影响、对客户的公关投入和国家货币政策影响。

传统的统计分析方法不能妥善处理这些潜变量，而结构方程模型（Structural Equation Model，SEM）则能同时处理潜变量及其指标。

2.3.2　结构方程模型方法概述

1. 结构方程模型结构

结构方程模型（Structural Equation Model，SEM）是一门基于统计分析技术的研究方法学，用以处理复杂的多变量研究数据的探究和分析。结构方程模型可分为测量方程（Measurement Equation）和结构方程(Structural Equation)两部分。测量方程描述潜变量和指标之间的关系;结构方程则反映潜变量之间的关系。指标含有随机误差和系统误差。前者指测量上的不准确行为,后者反映指标同时测量潜变量以外的特性。随机误差和系统误差统称为测量误差,但潜变量则不含这些误差。

(1)测量模型

对于观测指标与潜变量之间的关系,通常写成如下的测量方程:

$$x = \Lambda_x \xi + \delta$$

$$y = \Lambda_y \eta + \varepsilon$$

式中:x——外生标识(Exogenous Indicators)组成的向量;

y——内生标识(Endogenous Indicators)组成的向量;

ξ——外生潜变量;

η——内生潜变量;

Λ_x——外生标识与外生潜变量之间的关系,称为外生标识在外生潜变量上的因子负荷矩阵;

Λ_y——内生标识与内生潜变量之间的关系,称为内生标识在内生潜变量上的因子负荷矩阵;

δ——外生标识 x 的误差项;

ε——内生标识 y 的误差项。

(2)结构模型

对于潜变量之间的关系,可写成如下结构方程:

$$\eta = B\eta + \Gamma\xi + \zeta$$

式中:B——内生潜变量之间的关系;

Γ——外生潜变量对内生潜变量的影响;

ζ——结构方程的残差项,反映了 η 在方程中未能被解释的部分。

2. 结构方程模型验证性因子分析步骤

现实生活中的事物是错综复杂的。在现实的数据中，我们经常遇到的是多元的情况，而不仅仅是单一的自变量和单一的因变量。因此要用到多元的分析方法，而因子分析就是其中一种非常重要的处理降维的方法。它是将具有错综复杂关系的变量（或样品）综合为少数几个因子，以再现原始变量与因子之间的相互关系，同时根据不同因子还可以对变量进行分类。它实际上就是一种用来检验潜在结构是怎样影响观测变量的方法。因子分析主要有两种基本形式：探索性因子分析（Exploratory Factor Analysis）和验证性因子分析（Confirmatory Factor Analysis）。探索性因子分析（EFA）致力于找出事物内在的本质结构；而验证性因子分析（CFA）是用来检验已知的特定结构是否按照预期的方式产生作用。

基于先验理论，本书选出了影响建筑企业成长能力的指示变量（也就是可观测变量），运用验证性因子分析用来看它们是否如预期的一样对建筑企业成长能力具有显性的影响作用。验证性因子分析主要有以下 6 个步骤：

（1）定义因子模型。包括选择因子个数和定义因子载荷。因子载荷可以事先定为 0 或者其他自由变化的常数，或者在一定的约束条件下变化的数（比如与另一载荷相等）。这是和探索性因子分析在分析方法上的一个重要差异。我们可以用一个直观的比喻来说明这种差异，探索性因子分析是在一张白纸上作图，而验证性因子分析是在一张有框架的图上完善和修改。

（2）收集观测值。定义了因子模型以后，由于总体的复杂性和统计基本原理的保证，为了达到研究目的，我们通常采用抽样的方法收集数据。所以我们必须按照实际情况收集观测变量，并对其进行观测，获得观测值。

（3）获得相关系数矩阵。我们所有的分析都是从原始数据的协方差阵(或相似系数矩阵)出发的,这样使我们分析得到的数据具有可比性,所以首先要根据资料数据获得变量协方差阵(或相似系数矩阵)。

(4)根据数据拟合模型。我们需要选择一个方法来估计自由变化的因子载荷。在多元正态的条件下,最常用的是极大似然估计,也可采用渐进分布自由估计。

(5)评价模型是否恰当。这一步可以说是验证性因子分析的核心。当因子模型能够拟合数据时,因子载荷的选择要使模型暗含的相关阵与实际观测阵之间的差异最小。最好的参数被选择以后,差异量能被用来作为衡量模型与数据一致的程度。最常用的模型适应性检验是卡方拟合优度检验。原假设是模型是适应性模型,备择假设是存在显著差异。但是,这个检验受样本量大小影响,包含大样本的检验往往会导致拒绝原假设,尽管因子模型是合适的。其他的统计方法,比如用 Tucker-Lewis 指数,比较建议模型和"原模型"的拟合度。这些方法受样本量大小影响不大。

2.3.3 基于结构方程模型的建筑企业成长能力影响因素验证

1. 建筑企业成长能力含量指标的统计调查

问卷设计是构建结构方程模型的第一步,是非常重要的一个环节。本次调查的问卷共设计 30 个问题项(见附录一),前三个为调查企业的规模和调查对象的岗位和从业时间,后 27 个观测项分别为被调查企业领导者的从业经验、学历水平、国家经济政策、货币政策对企业发展的影响程度、企业的资质和品牌优势、拥有的固定资产资源等。被调查者最终的答案以 1～5 五个数字表征,比如说"国家经济政策对我公司成长能力影响很小、较小、一般、较大和很大"分别表示为 1、2、3、4、5 五个数字。

本次调查对象全部是各建筑企业的管理岗位人员,共发放问卷 500 份,回收问卷 468 份,回收率为 93.60%,其中有效问卷 440 份,有效回收率为 88.00%。通过对部分未填写问卷与填写问卷管理人员的对比分析，未发现存在系统偏差，说明本次调查结果有效。

信度又叫可靠度，是指测验的可信程度。它主要反映测验结果的一贯性、一致性、再现性和稳定性。本研究使用 Crobach's α 方法配合 SPSS 软件以 0.7 为阈值来进行信度检验，结果表明全部问题项具有可接受的信度值。利用 SPSS 软件，根据数据资料进行项目分析和因素分析，分析结果中不存在载荷因子太小（小于 0.5）和相关系数太大（大于 0.7）的不适当的调查项目，全部项目均可用于结构方程模型验证性因子分析。将此 21 个项目全部 440 个样本进行验证性因子分析，预先设定的 9 个维度包含了前面所谈到的建筑企业四个成长子能力和影响建筑企业成长能力的五个资源投入：

市场识拓能力维度：新签合同额（Y_1）、投中标率（Y_2）、市场开发费用利用率（Y_3）共 3 项。

组织管理能力维度：全员劳动生产率（Y_4）、总资产周转率（Y_5）、工程质量优良率（Y_6）、安全工程项目率（Y_7）共 4 项。

技术创新能力维度：专利获取并应用数（Y_8）、应用技术创新种类数（Y_9）共 2 项。

网络合作能力维度：分包或合作单位合同额（Y_{10}）、政府框架下项目合同额（Y_{11}）、可用银行信贷额度（Y_{12}）共 3 项。

领导者要素投入维度：领导者从业经验（X_1）、领导者学历水平（X_2）、领导者薪酬水平（X_3）共 3 项。

资金投入维度：企业自有资本拥有量（X_4）、企业负债融资量（X_5）、企业股票市场融资量（X_6）共 3 项。

企业研发投入：企业研发费用投入率（X_7）、企业研发人员比率（X_8）共 2 项。

企业固有资源投入：企业资质和品牌（X_9）、大型机械设备资源拥有量（X_{10}）、资质维护费用投入（X_{11}）、设备保养费用支出（X_{12}）共 4

项。

企业环境资源投入：国家经济政策影响（X_{13}）、对客户公关投入（X_{14}）、国家货币政策影响（X_{15}）共3项。

2. 建筑企业成长能力影响因素的验证性因子全模型分析假设

验证性因子全模型分析的目的是为了得到27个观测变量对9个维度的相关关系，以及9个维度之间的相关关系。一般认为，样本容量至少大于观测变量的十倍才是合理的，每组观测变量大于或等于潜变量的三倍是合理的。

(1)做出外生、内生潜变量假设

假设建筑企业成长能力影响因素的结构方程模型由9个潜变量构成，每个潜变量都由与之对应的观测变量决定，具体关系如下：

外生潜变量领导者因素 KSI_1：反映领导者个人素质和能力对建筑企业成长能力的影响。

外生潜变量资金投入影响因素 KSI_2：反映企业各种渠道进行的资金投入对建筑企业成长能力的影响。

外生潜变量企业研发投入影响因素 KSI_3：反映企业研发费用投入和研发人员投入对建筑企业成长能力的影响。

外生潜变量企业固有资源投入影响因素 KSI_4：反映企业资质和品牌以及大型机械设备拥有量以及后续维护投入对建筑企业成长能力的影响。

外生潜变量企业环境资源投入影响因素 KSI_5：反映国家宏观经济政策和货币政策以及微观客户公关投入对建筑企业成长能力的影响。

内生潜变量建筑企业市场识拓能力 ETA_1：反映建筑企业研究开发市场、扩大市场，提高企业产品和服务市场占有率的能力。

内生潜变量建筑企业组织管理能力 ETA_2：反映建筑企业协调内部生产运作，整合内部资源的一系列流程的能力。

内生潜变量建筑企业技术创新能力 ETA_3：反映建筑企业开发，采用新工艺、新材料、新技术，提高行业进入壁垒的一系列流程的能力。

内生潜变量建筑企业网络合作能力 ETA_4：反映建筑企业与其外部利益相关者建立互助合作关系，并从中共享知识、整合资源以降低市场风险、增强企业竞争力的能力。

本书中的建筑企业成长能力具体内化为建筑企业的市场识拓能力、组织管理能力、技术创新能力和网络合作能力。

(2)各观测变量及潜变量对建筑企业成长能力影响假设

为了验证各观测变量及潜变量对建筑企业成长能力的影响，本书设立了7个假设：

H_1：领导者素质的提高能提高建筑企业成长能力。

H_2：通过提高企业的资质和品牌可以提高建筑企业成长能力。

H_3：适应并利用国家经济政策的变化可以提高建筑企业成长能力。

H_4：组织管理能力对市场识拓能力存在正向的影响关系。

H_5：技术创新能力对市场识拓能力存在正向的影响关系。

H_6：市场识拓能力和网络合作能力存在正向相关关系。

H_7：技术创新能力和网络合作能力存在正向相关关系。

2.3.4 建筑企业成长能力影响因素的结构方程分析

1. 拟合指数检验

通过SPSS软件可以获得440个样本的相关系数矩阵，通过LISREL软件，可以将数据拟合成SEM模型，SEM模型必须通过拟合度检验，才能认定假设模型与实际数据样本的一致性。对于拟合优度的考核，LISREL提供了三十余种指标。本研究选用的评价指标适用于本研究的样本容量和模型复杂度，具体见表2-2。

拟和优度分析　　表 2-2

拟和优度统计量	模型值	理想值	结果
Degrees of Freedom	124		
Minimum Fit Function Chi-Square	137.754		
RMSEA	0.0181	<0.05	显著
NNFI	0.986	>0.90	理想
CFI	0.989	>0.90	理想
RMR	0.0487	<0.05	理想

从表 2-2 中可知假设模型能较好地与样本数据拟合，因而可以根据分析结果进行验证性因子分析。

2. 路径与因素分析

本研究结构方程模型的输出结果含文本文件和通径图（Path Diagram），文本文件详细地列出了各个潜变量之间的路径系数以及指标与潜变量之间的因素负荷，本验证性因子分析中同时采用了 GA 和 BE 两个效应矩阵用以验证假设中的 KSI-因子对 ETA-因子的效应以及 ETA-因子对 ETA-因子的效应，具体见表 2-3 和图 2-2。

路径系数及因子负荷量　　表 2-3

路径或因素			标准化估计值	检验值 T
KSI_1	→	ETA_1	0.661	3.136
KSI_1	→	ETA_2	0.816	2.173
KSI_1	→	ETA_3	0.625	2.339
KSI_1	→	ETA_4	0.714	3.165
KSI_3	→	ETA_2	0.438	1.275
KSI_5	→	ETA_4	0.765	2.684
X_1	→	KSI_1	0.721	3.446
X_2	→	KSI_1	0.829	2.275
X_3	→	KSI_1	0.908	7.485

续上表

路径或因素			标准化估计值	检验值 T
X_4	→	KSI_2	0.839	2.814
X_5	→	KSI_2	0.714	5.825
X_6	→	KSI_2	0.632	5.919
X_7	→	KSI_3	0.953	4.576
X_8	→	KSI_3	0.814	6.027
X_9	→	KSI_4	0.907	5.216
X_{10}	→	KSI_4	0.826	3.543
X_{11}	→	KSI_4	0.625	2.122
X_{12}	→	KSI_4	0.638	2.473
X_{13}	→	KSI_5	0.739	5.326
X_{14}	→	KSI_5	0.664	3.517
X_{15}	→	KSI_5	0.753	4.289
Y_1	→	ETA_1	0.628	7.825
Y_2	→	ETA_1	0.592	7.727
Y_3	→	ETA_1	0.857	2.119
Y_4	→	ETA_2	0.669	3.053
Y_5	→	ETA_2	0.761	4.055
Y_6	→	ETA_2	0.903	5.848
Y_7	→	ETA_2	0.643	4.906
Y_8	→	ETA_3	0.812	6.102
Y_9	→	ETA_3	0.657	2.135
Y_{10}	→	ETA_4	0.653	2.425
Y_{11}	→	ETA_4	0.756	3.542
Y_{12}	→	ETA_4	0.954	7.213

从表2-3和图2-2均可以看出，各个潜变量的因素负荷基本上都在0.5以上，T检验均大于2.0的拟合要求，显示经过剔除后的调查表问题项都很好地反映了对应的潜变量。

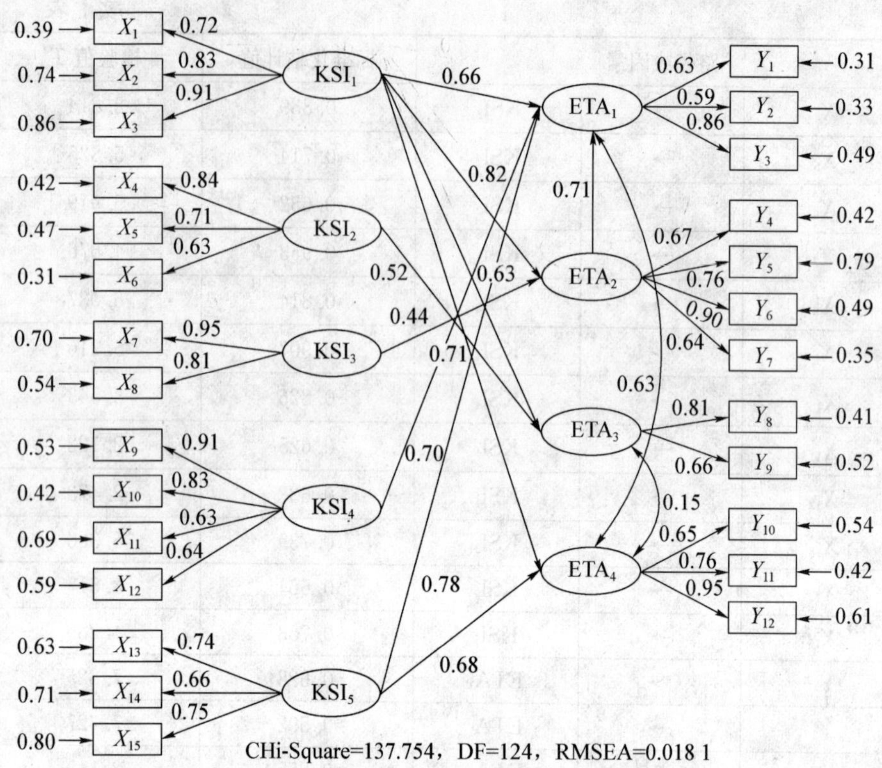

图 2-2　LISERAL 通径图

3. 路径分析及假设检验结果

从表 2-4 可以看出，本文提出的假设模型中有 6 个假设通过了调查数据的验证($t>2$)，1 个假设没有通过调查数据的验证。

结构方程路径分析及假设检验结果　　表 2-4

假　设	路径或因素系数	T 检验	结　果
H_1：领导者素质的提高能提高建筑企业成长能力	0.661(a) 0.816(b) 0.625(c) 0.714(d)	3.136 2.173 2.339 3.165	成立
H_2：通过提高企业的资质和品牌可以提高建筑企业成长能力	0.907	5.216	成立

续上表

假　　设	路径或因素系数	T 检验	结　果
H_3:适应并利用国家经济政策变化可提高建筑企业成长能力	0.739	5.326	成立
H_4:组织管理能力对市场识拓能力存在正向的影响关系	0.714	2.659	成立
H_5:技术创新能力对市场识拓能力存在正向的影响关系	0.657	2.698	成立
H_6:市场识拓能力和网络合作能力存在正向相关关系	0.626	3.118	成立
H_7:技术创新能力和网络合作能力存在正向相关关系	0.153	3.027	不成立

注:外生潜变量对研究目标的影响,通过外生潜变量对各个内生潜变量的影响关系体现。

从表 2-4 可以看出,假设 H_1、H_2、H_3、H_4、H_5 和 H_6 成立,假设 H_7 不成立。从这几个假设的验证中,我们可以看出,组织管理能力和技术创新能力对市场识拓能力都具有正向的影响关系,而网络合作能力和市场识拓能力之间存在正向相关关系,所以可以得出,市场识拓能力的强弱受其他三个能力的单向影响,也就是说它的强弱在四个维度的子能力中最能反映成长能力的强弱,故其居于最为重要的地位。

2.4　建筑企业四种子能力分析

如前所述,建筑企业能力可以分解成四种子能力:市场识拓能力、组织管理能力、技术创新能力以及网络合作能力。上节中对四种子能力的构成、影响因素以及各种子能力之间的交互影响关系进行了验证,下面将在此基础上进一步分析各种子能力的内涵特征。

2.4.1 建筑企业市场识拓能力

由于建筑行业受宏观环境和行业竞争环境的影响异常明显，因此，市场识拓能力在建筑企业的成长过程中起着非常重要的作用，是建筑企业成长能力的一个重要组成部分。

1. 建筑企业成长的市场环境

建筑企业成长的市场环境可划分为宏观环境和行业竞争环境两个层面，其中，宏观环境包括政治法律、技术、经济和社会文化四个方面，而行业竞争环境则主要是指行业结构状况。

(1)建筑企业成长的宏观环境

建筑企业成长的宏观环境包括了政治法律环境、经济环境、技术环境和社会、文化环境。

“政治、法律环境”是指一个国家或地区的体制、政治制度、方针政策、法律法规等方面所形成的企业经营环境。政府提高建筑行业资本金比例、紧缩银行贷款、全面清理固定资产项目、不再新批非农业用地，以及禁止施工企业为开发商垫付资金等，诸如此类的政策出台，必然会对建筑企业的经营产生重大影响，比如新开工的项目减少，建筑市场缩小，竞争更加激烈；在建项目因政策问题而停工，产生了一系列棘手而又急需处理的善后问题；发包方可能因银根紧缩而产生新的工程款拖欠，建筑企业资金紧缺、还贷付息的压力还要加大等。法律方面，如中国《合同法》、《劳动法》、《反不正当竞争法》、《政府采购法》、《招标投标法》、《建筑法》等国家颁布的一系列规范企业资质、经营行为的法令、法规，将直接影响建筑企业的生存、发展，因此，建筑企业对国家法律、部门规章和地方法规都要有充分的了解。另外，对于在国外承包工程的建筑企业，还需要了解国际法和所在国家的建筑法律体系。这都是在分析建筑企业的成长环境时必不可少，甚至是至关重要的考虑因素。

“经济环境”是指国民经济发展的概况、国际和国内经济形势及发展趋势等。当国民经济增长趋缓、发展减慢、投资降温时，建筑业会首先感受到市场紧缩和发展吃紧；而一旦国民经济整体形势趋好、发展加速、投资加快时，建筑业便最先迎来快速发展的黄金时期，可谓是“春江水暖鸭先知”。在固定资产、消费、出口这个国民经济发展的“三驾马车”中，固定资产投资对建筑业影响最为直接和突出，成为建筑业的生命线。因此，作为宏观经济形势的“晴雨表”，建筑企业要想获得持续成长，必须具有识别宏观经济形势和固定资产投资趋势的能力。

建筑企业成长的“技术环境”是特指一个国家（地区）的建筑施工技术水平、技术政策，以及技术发展的动向等。当代科技日新月异，建筑企业是否拥有“四新”技术、专利和创造“工法”的能力，对顺利承揽建设项目、实现经营目标起着关键的作用。因此，追踪全行业的新技术、新工艺、新材料、新思维，同样是建筑企业成长不可忽视的重要方面。我国建筑业的技术水平与发达国家相比，还有很大的差距。我国“科技贡献份额”只占生产总量的25%～35%，而发达国家为75%～85%；我国“企业技术研发投资”仅占生产总量的0.3%，而发达国家为3%，相差10倍。由此可见，我国建筑企业目前仍停留在劳动密集、粗放经营的水平线上。

“社会、文化环境”是指一定时期整个社会发展的一般状况，主要包括社会风尚、文化传统、人口变动趋势、文化教育、价值观念、社会结构等。不同的地方有着不同的文化传统和道德观念、风俗习惯，从而会影响人们的供需方式和偏好。建筑企业要通过社会文化要素来分析市场，尤其是国际市场，要了解经营地区的社会习俗、道德观念及其人口构成、生活方式以及他们的行为准则等。这方面的要素在我国建筑企业开拓国际市场时显得尤为重要。

(2)建筑企业成长的行业环境

企业所面临的一个最直接的环境，就是这个企业所在的行业。按照产业组织理论的“市场结构—市场行为—市场绩效”(即SCP)范式，行业结构直接影响着企业的行为，最终决定了企业的绩效和成长。美国哈佛大学教授波特进一步认为，行业激烈的竞争源于行业内在的经济结构，每个行业都存在着“潜在进入者”、“替代品生产者”、“购买者的砍价能力”、“供应商的砍价能力”、“现有竞争者之间的抗衡”这五种基本的竞争力量。可见，行业结构对企业成长具有强烈的影响。因此，行业结构分析是企业成长市场环境分析的一个重要方面。应该注意的是，我们应该把行业结构这样的长期因素，与影响行业竞争状况和获利能力等那些临时的短期因素区分开来，如原材料短缺、需求激增等。这些短期因素对建筑企业的成长有一定的影响，但并不起决定作用。

建筑业潜在进入者是指那些准备进军建筑业的各类企业，目前主要是指境外的大型建筑企业。在我国加入WTO的过渡期结束以后，外商独资建筑企业，中外合资、中外合作的建筑企业，将以中国企业法人的身份在中国建筑市场开展工程承包活动；另一方面，随着我国市场的全面国际化，政府对国内建筑企业的保护和优惠政策越来越少。可见，国外建筑企业将对长期以来占国内建筑市场主导地位的国有建筑企业造成极大的威胁。

一般来说，行业内现有企业竞争的激烈程度是由以下相互作用的结构性因素决定的：竞争者的数量、规模与实力；行业增长的速度；固定成本与库存成本的高低；产品的统一性与转换成本的高低；规模经济的要求；同性质的竞争者；退出的障碍。分析我国的建筑业可以发现：第一，竞争者的数量很多，同一级别企业的规模、实力都差不多；第二，行业增长的速度虽然较快，但相对数量庞大的企业群而言，依旧“僧多粥少”；第三，建筑产品生产一次性的特点，导致整个行业的固定成本高、利润率低；第四，建筑企业的工程产品或服务类别，一般区别不大；第五，国有企业的社会负担沉重，退出建筑行业的障碍大。

建筑企业的“购买者”，就是建设项目的发包方。发包方在工程招投标过程中所采取的行为直接影响企业的效益。在建筑行业“僧多粥少”的情况下，发包方占据有利的地位，往往采取压低标价、提高质量标准、增加服务要求，使利润率低下的建筑行业更是雪上加霜。因此，研究企业所在承包领域内发包方的类型及其偏好，同样能够发现建筑企业成长环境中的机会和威胁。需要说明的是，“发包方的偏好”是指发包方对标内、标外最注重的内容，即发包方的关注点。大量事实证明，投发包方之所好，建筑企业往往会得到意想不到的益处。例如，如果发包方的偏好是“价廉物美”，即使在发包方已经具体规定了使用材料，企业在市场上搜寻到价格便宜、质量保证、送货及时的替代材料，也可能得到发包方的首肯，这样，企业就可以因批量采购和长期客户的条件而得到价格的优惠；如果发包方的偏好是“提前完工”，那么企业就努力缩短工期，不仅容易取得发包方的好感，而且还有可能获得提前交工的奖励。另外，购买者还有可能成为潜在的进入者，比如地方政府可能会选择组建施工队的方式来满足当地持续的建筑施工需求。

建筑企业的“供应商”主要是指建筑材料的供应商。由于材料费一般占工程总造价的70％左右，既影响企业投标的报价，又影响工程的效益，所以，供应商提供材料的价格、数量、质量、延期付款条款及供应商的信誉，也是构成企业竞争实力的重要内容。那些具有大规模吞吐能力的材料供应商，往往可以在流动资金周转方面为建筑企业提供必要的便利，做到先供料后结账。同时，材料供应商比较了解建筑行业的情况，它们有可能成为潜在竞争者。因此，收集材料供应商资料，分析每一位供应商对本企业的重要性，进而采取相应措施，成为建筑企业成长环境分析中必须考虑的因素之一。

建筑产品是根据购买者的需要设计建设完成的，它的单件性强，不同于批量生产，这就决定了它的替代效应不强。因此，一般来说，替代品生产者进入行业内竞争的可能性不大。但建筑企业生产的产品在一定程度上仍然有被替代的威胁。这一方面体现在传统建筑结构形式被新颖的建筑结构形式所取代，或一种施工技术被一种新技术所取代等，即“淘汰型的代用”；另一方面表现为投资方可能会改变建设项目，譬如用水底隧道代替跨江大桥，以长大隧道取代盘山公路等，即“转变型的代用”。这些“替代”对企业的经营可能产生重大的影响，甚至对生存发展构成威胁。因此，建筑企业要时刻注意国内外技术进步的动态，要紧跟时代的步伐，甚至还要在意识观念上、科研开发上先行一步，此外，要对潜在的业主不断进行观察、分析，全面研究可能出现的变数，及时把握业主的真实意图，把握投标与经营机会，随时做好应对准备。

从上述分析中可以得到如图 2-3 所示的建筑行业结构五力竞争模型。

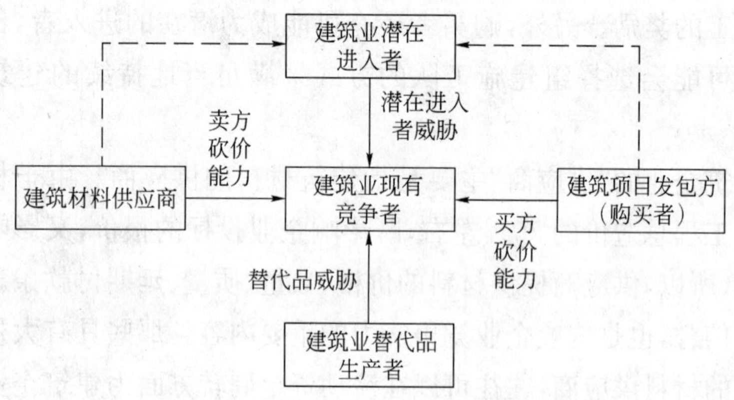

图 2-3　建筑行业结构五力竞争模型

2. 建筑企业市场机会和风险识别

建筑企业成长环境分析的目的在于识别市场机会和风险，以采取应对措施抓住机会、避免陷入困境，从而保证建筑企业的持续成长。

(1)企业市场机会

市场机会是指外部市场环境的变化给企业发展带来的机会。就中国建筑行业而言，建筑企业面临的市场机会主要表现为以下几个方面：

①我国经济持续、稳定地增长，使建筑市场呈现快速增长趋势，同时也促进了建筑业的繁荣和发展，建筑业的发展对国民经济的发展起到了一定的调节作用。

②国家西部大开发战略的实施，使建筑业面临巨大的发展空间和难得的历史机遇。建筑业作为国民经济的重要支柱产业，必然在西部建设中发挥重要作用。

③我国建筑业从管理到施工的低成本劳动力有利于在竞争中获得低成本运行的价格优势。

④我国占领国际市场的份额将大幅度增加，这为我国建筑企业走向国际市场扩大了竞争空间。美国《财富》2007 年度“全球最大 500 家公司”排行榜名单中，中国铁路工程总公司、中国铁道建筑总公司、中国建筑工程总公司和中国交通建设股份有限公司四家建筑企业首次进入世界 500 强，占全球 11 家上榜建筑企业的四个席位。其排名分为第 341 位、第 356 位、第 385 位和第 426 位，营业收入分别为 237.8 亿美元、233.8 亿美元、218.6 亿美元和 199.9 亿美元。此外，从当前国际经济发展的趋势看，建筑业的投资仍呈上升趋势，这为国内的建筑市场创造了良好的环境。

(2)建筑企业市场风险

建筑企业市场风险指的是市场环境中导致建筑企业经济损失，影响建筑企业成长的不利因素。这些不利因素有：

①国家政策法规风险：国家对工资、税种和税率等进行宏观调控，或者出台相关法律法规以加强建筑行业管制等，都会给建筑企业带来一定的风险。

②经济金融风险：国民经济增长趋缓、发展减速、投资降温，或者银行紧缩银根、提高存贷款利率；或者劳动力、材料、设备等市场价格

上涨，或者发包人经济状况恶化导致无法支付工程款等，将影响建筑企业的盈利、抑制建筑企业的发展。

③技术风险：技术水平是建筑企业资质评估中的一个重要方面。建筑企业是否拥有“四新”技术、专利和创造“工法”的能力，对顺利承揽建设项目、实现经营目标起着关键的作用。建筑企业在施工过程中出现与自身能力不相适应的工程技术问题；各工种之间不能及时协调、解决问题；发包人管理工程的技术水平差，对承包人提出的技术问题不能及时答复等，将直接影响工程的正常开展。而技术规范以外的特殊工艺，若发包人没有明确具体标准，在施工过程中又没有进行很好的协调与统一，则将导致竣工工程的验收和结算延误。

④社会文化风险：不完善的法律法规体系，使得社会诚信体系难以健全，社会失信现象普遍存在，助长了商业欺诈、商务违约行为，加大了企业经营的信用风险。在建筑业工程中司空见惯的招标暗箱操作，施工过程中随意肢解分包、拖延工程款等，均属社会诚信缺失造成的风险。不完善的诚信机制使建筑企业失去了对市场的合理预期，承受着较大的经营风险。

⑤市场的过度竞争：建筑业过剩的生产能力，导致建筑市场过度竞争和畸形竞争。一个较好的建设项目，常有几十家施工单位报名，经过资格预审，还有 10 多家单位参与投标。为了获得生存的机会，大多数承包商苦苦支撑，投标时竞相压价，最终只能以微利或成本价，甚至不惜以低于成本的价格承包工程。大部分业主单位为将物价风险完全转嫁给承包商，招标发包时要求签订固定价合同。过度竞争造成施工企业合理利润流失，给企业正常的经营和生产带来诸多困难，使施工项目承包过程伴随着巨大的经营风险。

3. 企业家能力在建筑企业市场识别中的作用

企业家须具备的一种重要的能力是承担风险的能力。建筑企业在生产经营过程中存在着大量的市场风险，而作为风险的承担者，企业家必须具备市场识别能力，亦即依靠自己的专业知识和经验，对市场中出现的机会和风险进行识别和判断，进而做出正确的决策以利用这些机会或规避市场风险。建筑企业的企业家要从不确定性和复杂性环境下的纷繁芜杂的市场信息中识别机会和风险，必须具备与非企业家不同的对市场的认知过程。如柯兹纳(Kirzner)认为企业家具有一种独特的“警觉”，这使得他能够发现机会而其他人不能。但“警觉”是非常模糊的，因此受到了许多学者的批评。本文采用图 2-4 来反映建筑企业的企业家对市场风险和机会的认知与识别过程。

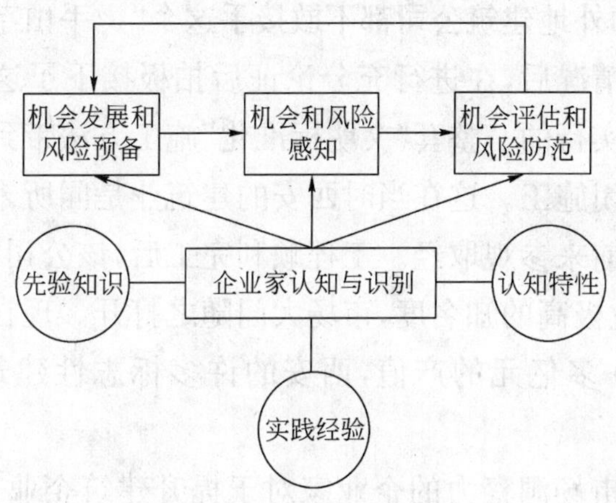

图 2-4 企业家对市场风险和机会的认知与识别过程

图 2-4 显示，建筑企业的企业家对市场识别主要建立在其拥有的先验知识和实践经验以及其固有的认知特性等企业家认知资源的基础上。先验知识触发了企业家对新信息的认知，使其对机会有了更深层次的识别。企业家的先验知识虽然并不能创造出企业家的敏锐性，但市场、技术、服务方面知识的累积，有助于提升企业家正确判断机会价值的能力。另一方面，由于企业家习惯于在原有认知框架内做决策，如果先期的投资造成了大量的沉没成本，就会使决策者在面对不确定收益时具有厌恶的心理，因此先前的知识积累也可能会提高对风险的评价。布森尼特茨(Busenitz)和巴尼发现，企业家在复杂环境中

的决策基于对先前实践和经验的积累,通过直觉使用少量信息进行认知和决策,这会使他们更迅速地阐释和理解复杂环境,使其面对未知挑战更加自信。渴望成就、核心自我评价较高、相信小数目法则、个性乐观这些认知特性使企业家在决策中倾向于开发机会。如浙江某建筑公司识别并抓住了进入西安建筑市场的机会,获得了成功。1994年,西安当地一家著名建筑企业由于管理不善,在城墙边建设一项工程时所发出的噪声严重影响了附近居民的生活,遭到了强烈投诉,结果工程半途下马。当地政府希望外地的建筑公司来接手这个工程。然而,在西安的外地建筑公司都不敢接手这个"烫手山芋"。该公司总经理知道这一情况后,在进行充分论证后拍板接下了这个"烂摊子",把在上海成功实行的一整套"文明标准化"施工方法带到了西安,对该工程实行全封闭施工。这在当时西安的建筑业是闻所未闻的,引来了当地许多同行前来参观取经。工程顺利完工后,该公司在西安迅速走红,创立了企业极高的知名度,市场大门随之打开。现在,该公司在西安每年都有20多亿元的产值,西安的许多标志性建筑都由该公司承建。

具有敏锐市场洞察力的企业家对于提升建筑企业市场识拓能力具有重要作用。北京怀建集团董事长付志凯,根据国内外形势的持续变化,按照现代企业制度的要求,依据《公司法》对企业进行改组、改制工作,使企业的净资产不断增长,企业的市场竞争能力持续增强,企业各方面的管理水平稳步提高。2004年11月,怀建集团深化改革,正式转型为民营企业,并由企业股东一次性出资购买企业48%的企业法人股注册成立了北京益万金昊投资管理有限公司,怀建集团、宏怀房地产开发公司、鑫宏达市政公司为益万金昊投资管理有限公司旗下的控股企业,付志凯出任公司党委书记、董事局主席、总裁,怀建集团有限公司董事长。益万金昊投资管理有限公司的创立正值怀柔城市化建设的大好时期。怀柔区委区政府关于怀柔城市化建设的三大板块两大基地、怀柔东区的发展战略为益万金昊投资公司的快速发展提供了千载难逢的机遇，为益万金昊各控股企业提供了施展才华的广阔舞台。经过深入细致的研究，付志凯果断的决策使企业抓住了这一时机，充分发挥了益万金昊的各种优势，全力投入到了怀柔的城市化建设中来，取得了较大的经济效益和社会效益，推动了企业的发展与成长。

作为怀柔本地的重点企业，付志凯认为只有大力“走出去”，走向全国，走向世界，企业才能有更广阔的生存和发展空间。2004年，付志凯借怀建集团30周年大庆的时机，为怀建集团导入了新的“CIS”对企业进行全新包装，制定了企业新的发展目标，确立了“立足北京、走向全国、面向世界”的企业发展战略。2005年怀建集团迅速南下北上扩展工程业务，并相继在广州、沈阳成立了分公司开辟当地的市场。2005年11月，怀建集团承接了广州云景花园云楠苑住宅小区工程，南下战略初战告捷；2006年初，怀建集团在东北重镇沈阳承接了集办公、餐饮、文化娱乐生活为一体的东北世贸广场工程。东北世贸广场的承建不仅使怀建集团在“北上”战略中取得的长足进展，也使怀建集团在东北地区进一步生根发芽，在国家振兴东北的战略中大显身手。

继土建施工成功走向全国之后，2005年10月怀建集团的古建公司在福建省惠安县惠安孔庙保护修缮工程的招标中中标，鼓舞了怀建集团其他的专业公司。目前，益万金昊的市政、文化传媒、贸易等产业也都纷纷走向全国各地恰谈业务，积极寻找和拓展市场空间。

面对加入WTO后的严峻挑战，付志凯将目光大胆地投向国外。他认为市场也与球场上的比赛一样，主动进攻就是最好的防守，只有主动地走出国门，才能更好地了解外国的同行对国内市场的了解和参与程度，才能了解和熟悉国外市场的基本状况，从而进一步找到进入国际市场的切入点。2005年9月怀建集团取得了对外承包工程和材料、劳务输出资格，随即成立海外工作部，专门负责海外市场的开拓与经营。怀建集团现已在蒙古、俄罗斯、哈萨克斯坦等地洽谈工程项目，所洽谈的公建和住宅等项目的面积超过 50 万 m^2。另外，怀建集团还与哈萨克斯坦卡拉干达市能量机械公司合作生产和输出重型塔吊，与阿拉木图市 BEK 公司合作承接该地的住宅工程项目。与国外公司密切合作，拓展国际市场，已成为怀建集团成功地走出国门的重要途径和成功经验。在发展建筑施工、重型设备出口和劳务输出的同时，从突尼斯引进橄榄油销售业务也取得成功，使益万金昊的贸易公司从一开始便与国际接轨。由此可见，正是由于企业家具备了敏锐的市场洞察能力，建筑企业才能抓住有利时机，大力拓展国内外市场、多元化经营市场。

从企业家对市场认知与识别的过程来看，大致可分为彼此往复、螺旋式上升的三个阶段，即机会发展和风险预备阶段、机会和风险感知阶段、机会评估和风险防范阶段。

(1)机会发展和风险预备阶段。机会发展和风险预备是企业家机会识别的核心要素，是市场识别的开端。企业家依据其先验知识和实践经验一开始对市场的机会和风险有一个模糊的概念，如识别创新性产品或服务的概念、企业战略运营概念、宏观环境风险概念等等，随着企业家认知和控制力的提高，这些模糊的概念逐渐转化为清晰而缜密的商业计划，是一个信息搜索、信息解读过程，企业家正是在机会发展和风险预备的逻辑基础上搜集、处理相关信息的。

(2)机会和风险感知阶段。认知心理学中的信号侦测理论较好地阐释了企业家对机会和风险感知的机理与类型。该理论表明个体甄别机会存在 4 种状态：机会和风险是现实存在的，个体感知到了(正确识别)；机会和风险现实存在，但个体并未感知到(错过)；机会和风险尚未出现，但个体却认为它存在(虚假警示)；机会和风险未出现，个体也没有感知到(正确放弃)。可见企业家认知禀赋越丰厚，就越容易甄别潜在的机会和风险。

(3)机会评估和风险防范阶段。评估是一个由意图因素、认知因素和情感因素构成以及相干或耦合的心理过程,表现出强烈的实用性和目的性。机会评估制约着机会由潜在向现实转化的可能性与可行性,过分自信、控制幻觉、信仰小概率都会影响企业家对机会的选择。风险防范则是企业家采取一系列措施,防止或降低风险的发生,它建立在企业家对风险的正确识别的基础上。

对机会和风险及时、有效地识别,是建筑企业制定正确的核心业务发展战略的基本前提;而建筑企业的核心业务,则是其区别于竞争对手的主要标志,是形成细分行业壁垒的原因之一,也是其在复杂动态的竞争环境中获取竞争优势、获得持续成长的主要来源。例如,CH公司的港航疏浚业务、SH 公司的水电建设施工业务,分别是两家建筑企业的核心业务,依托于这些核心业务,两家公司已形成自己鲜明的市场形象和无可比拟的市场优势,为其持续成长提供了有力支撑。建筑企业正确地制定核心业务发展战略包含两个方面的意思:一是建筑企业已形成自己的核心业务,在新的市场机遇或风险情况下需要重新调整具体的竞争战略;另一方面是建筑企业通过对市场环境的分析,进入一个新的业务领域并将其定位为核心业务,该业务能够使建筑企业获得持续成长。

作为核心业务发展战略的执行行为之一,建筑企业通过采取一系列的营销策略,努力地进行国内、国际市场开拓,从而为建筑企业的成长赢得更广泛和稳定的市场基础。但这必须建立在对机会和风险进行及时、有效地识别和防范的基础上,否则将会使建筑企业的经营和发展陷入窘境。1999 年 11 月,全球 100 家著名建筑承包商之一、具有 150 年历史的德国老牌国际工程公司破产风波就是典型例证。该公司建筑业务遍布世界各地。由于公司对东、西德统一后东部房地产市场战略决策失误,公司负债较重,1996 年为 16 亿马克,1999 年累积到 24 亿马克。作为国际工程界著名的建筑企业,它在德国本土以外的海外建筑市场取得了不凡的业绩。为了扭转公司高负债的不利局面，急于通过国际建筑市场获取利润以弥补国内巨额亏空，公司在承接建筑工程业务时采取了激进的经营策略。同时，公司总部对海外项目的人力资源配置、资本支持风险监控以及信息沟通不能及时到位，在泰国的项目由于未经核实成本向业主开出了高额履约保函。受东南亚金融危机的影响，工程项目无法履约，汇率大幅浮动，出现巨额亏损，进一步加重了公司的财务危机，最终使这家百年老店陷入破产、倒闭的危险境地。最后，公司不得不在德国联邦政府、黑森州政府和法兰克福市政府的帮助下暂时渡过了难关，但该公司要真正摆脱危机还有很长的路要走。

从上述分析中可见，市场识拓能力是建筑企业得以持续成长的前提和基础，是构成建筑企业成长能力的一个重要方面。

2.4.2 建筑企业组织管理能力

建筑企业组织管理能力是指建筑企业协调内部生产运作，整合内部资源的一系列流程的能力，是建筑企业经过长期生产经营管理固化下来的一系列企业内部的组织结构和流程所反映出来的一种特定能力，它是企业资源的“整合器”，也是企业求得可持续发展不可复制的独特优势。组织管理能力是企业获得持续竞争优势和健康、有序成长的基础，也是企业成长能力的构成要素之一。对于建筑企业而言，其组织管理包含两个层面的内容：一是企业整体的组织协调，另一个是施工项目的管理。具体地说，建筑企业的组织管理主要有：合同管理、计划管理、施工管理、技术管理、质量管理、安全管理、物资管理、劳动管理、成本管理等。下面从合同管理的角度，以北京城建集团承担奥运工程建设任务为例，说明有效的合同管理对提升建筑企业组织管理能力的作用。城建集团五棵松文化体育中心工程总承包部以总、分包合同履约评价的方式，通过对分包单位阶段性工作完成情况的分析总结，及时发现问题并提出解决办法，有效地强化了过程控制，促使总、分包双方管理的良性运转。合同履约评价的重点，是集团内部成员企业分包单位，评价内容包括分包单位的工程、技术、质量、安全、环保以及经营管理等方面。评价以定量分析为主，定量分析与定性分析相结合，强调以数理统计分析为主，在没有第三方参与的情况下，加强评价的客观性。该承包部首先对分包单位、施工队伍情况进行了评价，在评价中发现一家公司虽然能按照总体布局进行施工，也能服从统一管理，但有时反应比较迟缓，存在没有完成周计划的问题。分析其根源，主要原因是项目管理滞后，施工队伍中的操作人员分散，素质参差不齐，现场班组长管理力量薄弱，存在工种不配套、人员数量不足、工作效率低下等问题。他们及时对其生产组织、流水作业、劳动力不足等问题预警，提醒该公司加强项目工程部人员管理，调整或者增加劳动力，加强技术与质量部门的沟通，提高计划统计工作的及时性，认真组织施工，把拖延的工期赶回来。分包单位按照预警的要求，及时进行了调整，有力地促进了工程进度的稳步推进。

建筑企业可以通过组织结构的创新和施工项目的有效管理来提高其组织管理能力，使其能够更好地整合内部资源，从而获得健康、有序的成长。

1. 组织结构创新对建筑企业成长的作用

所谓组织结构（Organization Structure）是指组织内部各有机要素相互发生作用的联系方式，它决定组织中职权层级数量和管理者的管理幅度，确定了如何将个体组合成部门、部门再组合成组织的方式。在企业中，组织结构是指企业如何对工作任务进行分工、分组和协调合作。当外部环境变化时，企业必须对其组织结构进行调整和创新；当企业内部缺乏有效激励或者灵活性和应变性时，企业也必须对其组织结构进行调整和创新。因此，企业组织结构的创新既是适应外部环境变化的要求，又是企业内部迫切成长的需要；而不合理的组织结构则成为影响企业组织管理能力,阻碍企业成长的重要因素。中国建筑企业组织结构发生了多次变革,逐渐向合理的、国际化的组织管理结构发展。从单个企业来看,以广厦集团为例,到2002年底,进行了一系列组织结构和产业结构的调整,将旗下的几十家控股企业,整合成广厦建设、广厦房产、广厦传媒、广厦旅游、广厦国际、浙江广厦等7个产业集团,统一由广厦控股创业投资有限公司控股,建立了控股公司、行业集团和成员单位的三级管理体制,彻底完成了组织结构和产业结构的调整。这一系列调整推动了集团进一步的业务发展,广厦控股公司以建筑和房地产为主导产业,同时重点向文化传媒、能源、金融和旅游、酒店、水电、教育、医疗等领域拓展,实现了产业的理性多元化发展。又如浙江中天集团,经过多年发展,企业规模迅速扩大,专业化分工过多过细,使各种分工之间的协调成本提高,从而将专业分工带来的效率优势大打折扣;同时,由于各职能部门之间的职责不清,管理出现漏洞。2004年,该集团以获得全国质量奖为契机,集中力量对组织结构、管理体制和管理方式进行大刀阔斧的创新,启动"流程再造工程",即将组织架构按照流程进行重新设立,实施流程化、制度化运作,使该集团的组织结构、管理体制和管理方式趋于合理化、国际化。

但是综合考察中国建筑企业的整体水平,其企业组织管理能力仍然亟待提高,尤其在直接关系到施工管理的领域,仍存在以下问题。

(1)结构层次多,各层次职责不明。

在我国的大型建筑企业内部往往有多个层级;在各层级中,又存在多个独立法人,不同层级的法人、同级法人之间关系不清。在其组织结构中,存在局(总公司)、公司、分公司(施工处)、项目经理部等四个主要层次;各主要层次中,还存在次层级。如此众多的层级,不仅直接导致企业机构臃肿,而且也阻碍信息在企业内部的正常传递,妨碍企业领导人在竞争日益加剧的环境下,迅速地作出反应。

(2)各层级中部门设置相互重叠,管理体系不科学。

在我国建筑企业的组织结构中，上下各层级设置相同的部门是很普遍的。职能部门的设置受到计划经济体制的影响，套用行政机构设置安排的方式，强调上下级对口管理，结果造成各层级设置雷同的功能部门。如局设有生产处、经营处、质量处、安全处等20多个处室，公司设有相应科室20多个，而在分公司和项目部也还设有相应的股室。职能部门的大量重叠不仅直接造成企业内部严重冗员，而且由于未做好集权和分权管理工作，容易出现多头指挥的现象，易引起企业内部管理的混乱。

(3)企业组织边界不分明，母公司、子公司之间同业竞争严重。

我国建筑企业的企业组织结构通常是缺乏规划和界定，企业的边界不清晰而缺乏效率。表现形式是业务范围广泛，很难将其资源集中于核心业务和技术。如原中港总公司所属的工程局均可承担各类水上工程、港口工程、道路桥梁、隧道、机场跑道、船坞、工业与民用建筑以及大型土石方工程的施工、设计、测量及技术咨询，有的还拥有自己的船厂、机电公司，制造工程船舶和各类机电设备。业务范围过于广泛，却不具备相应的经济规模，使得缺乏足够的资源来提高其作为水上工程承包商的核心施工技术和施工设备。也正是因为这种“全”将各种业务都囊括在其企业边界内，致使企业的边界超出合理的有效范围，企业内部行政费用上升，造成企业的高成本和低效。另一方面，由于母公司、子公司经营结构趋同，竞争严重，经常出现为争夺同一建设项目而相互掣肘的情况。

(4)人员结构不合理，资源的分配不平衡。

建筑企业通常雇佣大量的从事简单劳动的工人，而从事复杂工作的管理人员相对较少；即便是少数的管理人员也通常是由技术人员组成的，真正的专业管理人员极少，尤其是合同商务管理、企业策略管理及资产管理等专业人才，导致了企业人员结构的不合理。另外，结构设置和企业内部资源分配不符合企业生产流程、外部环境及业主对企业的要求。

因此，建筑企业要提高其组织管理能力，就必须首先进行组织结构的创新，如缩小人员规模、建立扁平化组织，改善人员结构、引进高级管理人员，合理集权与分权、明确各层级职责，集中核心业务、缩小企业边界，理顺母公司、子公司之间关系等。

下面以两个案例来说明提升建筑企业组织管理能力的有效途径。

案例一：中铁二局集团有限公司解决母公司、子公司协调发展问题的主要做法

中铁二局集团有限公司的前身为铁道部第二工程局，建于1950年6月，是新中国最早成立的铁路工程局。经过50年的努力，中铁二局已发展成为以建筑施工为主营业务，具有铁路、公路、房建、市政等施工总承包资质及专业承包资质和对外工程承包经营权及对外贸易权的特大型企业，截至2000年底，企业总资产和营业额均超过50亿元。为适应我国市场经济发展需要，中铁二局不断推进并深化企业改革。1998年底，改建为中铁二局集团有限公司。1998年下半年集团公司将以铁路、公路承包和施工为主的优良主营资产（主要分布于原一、二、四、五处，机筑、路桥公司等六个生产单位）剥离出来，由中铁二局集团有限公司作为主发起人，联合中铁宝桥股份有限公司、铁道部第二勘察设计院、西南交通大学、成都铁路局等4家单位，共同发起创立中铁二局股份有限公司。经中国证监会2001年3月23日审核通过、获准发行社会公众股11 000万股。中铁二局股份公司于2001年4月底公开发行股票并于5月28日隆重上市。改制上市后不到一年的时间内，中铁二局意识到了母公司、子公司协调发展的问题。为了解决好母公司、子公司的协调发展问题，中铁二局采取了以下主要措施：

一、强化公司治理、规范母公司和子公司关系

1. 按《公司法》要求分别规范集团公司、股份公司的法人治理结构，严格按照《公司法》、《证券法》和中国证监会有关法律法规的要求，制定相关制度，聘请独立董事，规范公司运作。

2. 强化信息披露，保证公司相关信息公开、公正、及时披露。

3. 按“五分开”要求进行了规范，股份公司与集团公司在业务、资产、人员、机构、财务上分别具有独立完整的能力。

4. 避免同业竞争，规范关联交易。在建设部大力支持下，经建设部、交通部批准，股份公司取得了原由集团公司拥有的铁路、公路工程施工主营业务资格，集团公司保留适当准入资质(一级资质)。为进一步规范运作，集团公司与股份公司签署了《避免同业竞争协议书》及相关关联交易协议，保护了中小股东利益。

5. 完善母子公司体制。上市后，股份公司按照《招股说明书》承诺，出资收购了集团公司控股的三个子公司。同时，还将股份公司原有的一、二、四、五、机筑、路桥等 6 个分公司改制为规范的控股子公司，增加经营主体，提高公司整体竞争实力。

二、制定、实施发展战略，明确母公司和子公司的定位

1. 中铁二局集团采取公开招标方式，选中普华永道会计师事务所协助制定总体发展战略。中铁二局集团的发展战略是沿建筑业价值链纵向一体化发展为主，适度发展相关多元经营；企业使命是致力于成为中国领先的、提供全方位建筑服务的、具有相当国际竞争实力、拥有相关多元发展的综合性建筑和工程企业，使企业逐步由被动追随市场向主动开拓市场转变。

2. 明确母子公司的战略定位。中铁二局集团公司组织架构存在三个层面：集团公司层面、股份公司层面、股份公司的下属子公司及集团公司控股的其他子公司层面。长期以来，三个层面定位不清，各个层面间分工不明，相互交叉，同业竞争，投资管理关系不顺。重新规划

后三个层面的定位是：

(1)集团公司实施战略管理，以调整产业结构为目标，在纵向一体化上下工夫，注重发展相关多元经营、资本经营和国际合作，近期重点向项目开发和建设管理发展，努力寻找新的经济增长点，形成新的经济支柱，并为股份公司孵化项目。

(2)股份公司实施财务管理，注重横向扩张，在产品结构调整和市场领域扩展上下功夫，以工程施工业做大做强、为中铁二局整体发展奠定基础为目标，近期重点发展建筑业中游业务、设计咨询和下游业务，为上游业务提供支持，并承接集团公司孵化的建设投资项目，队伍结构调整完成后全面发展建筑业上、中、下游业务。

(3)其他子公司(含股份公司下属控股子公司)实施生产经营管理，以经营为龙头，以项目管理为重点，调整产品结构和队伍结构，致力于培育一两项特长技术和拳头产品，形成优势，增强核心竞争力。

三、深化企业内部改革，构建适应市场发展的运行机制

中铁二局集团在改制上市后，在制定企业发展战略的同时，着手加快公司内部的改革和调整，对不相适应的分配制度、管理制度、人事制度等进行综合配套改革，先后制定了一系列新的管理制度和办法。为推动发展战略实施，协调母子公司发展，按战略要求规划了业务、流程、职能和机构，对母子公司本部机构进行了改革，初步建立了适应市场要求的运行机制。如《职员管理办法》开辟了国有企业中员工职业生涯发展的新途径，由过去的单一职业发展通道(h型模式)改变为双通道(H型模式)，以更好地促进企业人才的成长。集团公司成立人力资源服务中心，负责人力资源的储备、管理、培训，起蓄水池作用。编制了《集团公司人力资源中心管理办法》，运用市场机制调节内部人力资源供求关系。通过人力资源再培训再开发，不断提高员工队伍素质，探索建立员工竞争上岗、能上能下、能进能出的人力资源管理新机制。

四、加快产业、产品调整步伐，改善集团公司的经营、经济状况，提高盈利能力

1. 重点发展建筑业上游业务，主要是咨询设计、投融资、建设管理等。

2. 加大中游经营开发，开辟新领域，提高技术含量，强化管理，深化工程施工业务，做大、做细、做精、做强工程施工业务。

3. 整合资源、加大投入，提升开发层次，将房地产业务培育成为集团公司新的经济增长点。

4. 以从事对外工程承包业务的川铁公司为载体，巩固既有海外市场，积极开拓新市场，发展国际合作业务，提升集团国际影响力，使国际业务成为集团公司的重要支柱。

5. 对非主导产业存续业务采取减少或停止投资，资源整合，业务整合，股份制改造等策略进行积极调整。

五、主要成效

1. 公司治理运作较为规范，母子公司关系趋于理顺。股份公司上市以来，法人治理结构依据《公司章程》和相应的议事规则开展工作，法人治理结构依法行政、管理有效。在子公司关系方面，以资产关系、人事关系、财务关系为重点，对各项关系进行梳理、规范。在股权控制方面，明确母子公司之间委托管理关系，集团公司按股权参与子公司的管理；在财务控制方面，集团公司在产权纽带基础上着重对子公司的投资规模、产品经营成本、公司利润率等三方面进行控制和管理，并将投资决策权上收、集中；在人事控制方面，母公司以股东身份向子公司委派产权代表，达到控制、管理目的。目前母子公司关系基本趋于理顺。

2. 集团、股份公司分别在各自的业务定位中加快发展，各项业务发展势头良好，充分显示了战略转变所焕发的生机。

(1)上游业务取得突破。2000 年底，中铁二局集团公司与广西新长江高速公路有限责任公司签订委托承包管理合同，以总承包模式全权负责广西兴六高速公路项目的土建工程建设管理工作。兴六项目的成功运作，为集团公司积累了经验，提高了知名度，扩大了影响。2003年以BOT方式投资建设四川阆中市嘉陵江大桥项目，项目总投资8 000多万元，目前项目已建成通车。

(2)中游施工业务快速成长。公司着力生产经营，狠抓项目管理，工程施工产值及中标额快速增长，企业效益稳步提高。

(3)相关多元业务健康发展。房地产业取得较好成绩，开发额由2002年约1亿元上升至2003年的近4亿元，公司开始介入概念及规划开发，积极向城市立体规划运作和城市运营方面迈进，异地开发也取得进展，进入了北京、贵阳等地。

(4)国际业务成绩斐然。在国际工程承包、国际合作开发方面均实现新突破，2003年经营开发额首次突破1亿美元，2004年开发额达2.5亿美元。几年来不仅巩固了东南亚市场，还新开辟了中亚、非洲及南美市场，同时开拓了新领域、探索了新的合作模式。公司在美国《工程新闻记录》(ENR)杂志全球最大225家工程承包公司的排位由2000年的第196位提升至2002年的第160位，2002年在入选的43家中国公司中，公司排名第31位。

3.深化改革取得成效。经过深化改革，母子公司职责明确，关系顺畅，建立了适应内外部考核需要和满足外部监管要求的管理运行机制。目前新机制正常健康运行，管理效率大幅提高。

4.证券监管部门对中铁二局股份公司给予高度评价。股份公司上市后，决策上坚持了科学、审慎原则，至今未出现大的失误；分配上，坚持现金分红回报股东，三年累计现金分红达到3.4亿元。证券监管部门对中铁二局进行定期或不定期监督检查，每次检查证券监管部门对中铁二局都给予了正面评价。其中，在2002年8月6日至8日间，中国证监会成都证管办对公司进行检查后，高度评价公司为其监管范围内上市公司规范运作的典范，并正式发文予以通报表扬。

案例二：北京第二建筑有限责任公司产权制度改革的有益尝试

北京第二建筑有限责任公司原是北京建工集团下属的一家国有施工企业，曾有过辉煌的历史。2000年至2001年，该公司经营进入谷底，企业经营惨淡，市场占有率极低。为寻求企业的生存和发展，北京建工集团决定通过整体带走的方式对二建公司进行改制，经反复选择，确定了具有资金实力、机制优势、产业关联及具备兼并实践经验的浙江广厦集团公司为合作伙伴。2002年5月11日，改制后的二建有限公司正式挂牌。

一、改制措施

北京二建在改制过程中，努力把原国有企业的品牌、技术和人才优势与民营企业的市场经营思路和机制优势融合起来，走出了一条体制决定机制、观念决定发展的创新之路。

1. 通过观念的转变和创新，实现思想解放。

思想观念问题不解决，改制后的企业就不可能成功。因此，公司把转变思想观念作为改制后的头等大事来抓，明确提出"大发展小困难，小发展大困难，不发展最困难"的口号鼓励职工正确认识困难，勇于进行"解放思想，黄金万两"的大胆尝试。

一是"让项目经理先富起来，让所有为企业创造财富、做出大贡献的人先富起来"的新观念，极大地激活蕴藏在员工内心深处的创业渴望。对此，公司出台了相应的制度，激发了项目经理的工作热情。

二是"全面责任制、彻底市场化"新观念，极大地调动员工为企业负责的原始动力。重在体现"千斤重担人人挑，人人肩上扛指标"的原则，让每一位员工都直接与市场接轨，人人有目标，人人有指标，人人有压力，人人有动力，人人有效益。层层签订责任书，实行月计划、月考核，将工作目标责任制与工资挂钩。

三是“干不好工作就要引咎辞职”的新观念，极大地强化了领导干部的责任和使命意识。公司董事会明确提出：“因为能力不够、自身行为不当或因工作失误造成损失或影响的，不构成撤职、降职处分但又不宜继续担任原有职务的，应当自行引咎辞职。”要求各级经营管理者必须对变化的市场保持敏锐的嗅觉，用市场的标准和与国际接轨的标准，在经营理念、管理思想、管理方式等方面不断创新，创造性地开展工作。

思想观念的创新，使广大员工的精神面貌发生巨变：“发工资”变成了“挣工资”，“找领导”变成了“找市场”，“要我干”变成了“我要干”，“凭本事吃饭，靠贡献拿钱”的新观念成了大家的自觉行动。

2. 通过经营机制的创新，增强企业快速发展的内在动力。

改制从根本上理顺了企业内部的劳动关系，为企业生产力的发展提供了前所未有的宽松条件。公司进一步强调经营工作是企业的生命线，公司必须不断扩展经营思路，从单一地走承揽施工任务的生产型经营，向充分挖掘公司资源的管理型经营发展，直至扩展到全方位的效益型经营，树立以大市场观和大经营观为内容的大竞争观。

首先，落实以经营、盘活、清欠和融资为工作重点的企业运作思路，规范企业经营秩序。二建有限公司按照“经营为主，市场为先”的理念，将公司机关职能分为核心职能和非核心职能部门。在公司机构设置和人员调整上做加减法。一方面，增加、完善核心职能部门机构和人员。分设了经营市场一部、二部、三部，强化了经营市场部，各部独立面对市场，形成竞争架构。增设了审计监察部、资金计划部、法律事务部。针对核心职能部门人员不足，如经营部门、财务部门管理人员明显不足，公司调整、提拔、招聘了部分年富力强，能在生产、经营管理岗位上担当重任的管理者，充实核心职能部门；另一方面，精简了一些非生产性、非核心职能部门和人员，将党委组织部、宣传部、纪委、工会、共青团组织机构合并为企业文化部。在创新经营机制的过程中，公司特别注意解决经营质量不高的问题，逐渐做到提高获利水平，加强控制经营过程，降低经营风险，减少垫资工程，更多参与国家重点、大型、标志性项目的投标，增强市政、防水、装饰、燃气等领域的开拓能力，真正树立起项目经营的意识。

其次，把项目经理定位为经营工作的首要突破口，围绕项目经理做大做深市场经营的文章。公司全面实施项目经理的“自揽工程、自筹资金、自主经营、自负盈亏”的“四自方针”，真正做到“全奖全赔”。项目经理是建筑企业的主力军。公司除了在企业内部挖掘人才，培养出色的项目经理外，还提出“让全国的优秀项目经理都为我所用”的用人思路，充分调动项目经理的积极性和创造性，把他们全面推向市场，全年项目经理自揽任务达6.5亿元，占当年新签合同额的32.5%。

再次，调整经营战略，重视资本运营，抓住北京迅速发展的机遇，加速形成新的产业链。公司抓住新奥运给北京带来大建设、大发展的历史机遇，立足于现有的地产资源，依托广厦集团和北京建工集团，成立了二建有限公司全资的房地产公司，用超常规手段和速度，以盘活现有地产资源为主线，拓展经营开发的领域。在房地产业、装饰业、地铁、隧道、轻轨、环保等新领域进行拓展，继续整合工业资源及其他资源，使现有资源按照市场的需求分配得更加合理。

3. 通过经营体制的创新，让企业所有生产要素的活力充分迸发。

改制以来，公司围绕资金、成本、质量和安全管理等重点，不断提升管理水平，加快推进企业内部机制转换，在用人机制和分配机制等方面实现全面突破，让劳动、知识、技术、管理和资本等生产要素的活力最大限度地迸发。

(1)加快建立和完善能上能下的用人机制，为企业发展提供强大的人才保障。公司牢固树立“人力资源是企业第一资源”的观念，努力形成“广纳群贤、人尽其才、能上能下、充满活力”的用人机制。

彻底打破论资排辈的用人制度，不拘一格地选拔使用人才。面对高级管理人才、顶尖技术人才短缺的现实情况，公司在充分挖掘内部潜力的基础上，加大对外招聘力度，开阔选人视野，面向全国广招企业短缺人才。

(2)加快建立和完善能增能减的分配机制，用科学合理的薪酬体系调动职工的积极性。为了使分配更紧密地与个人能力、业绩和贡献挂钩，公司根据各子企业的经营规模、财务状况和可持续发展能力，将管理人员薪酬制度从传统的身份工资向职位定价过渡。依据效益优先原则，以岗位评价、业绩考核为基础确定岗薪，使同一层面上简单性、一般性、事务性劳动与复杂性、特殊性、创造性劳动的岗薪拉开档次。

(3)努力形成齐心协力促发展的企业氛围，用科学有效的管理提升企业的效益。改制以来，公司全面推行目标责任制，机关管理部门则人人修订主要岗位责任，努力做到指标能量化的量化，不能量化的具体化。通过层层签订责任状，公司目标分解到部门，部门目标分解到个人。如将提高工程质量、提高用户的满意度作为降低成本、扩大市场需求的基本途径，积极推行全过程的优质服务，服务观念从“后服务”转变为“先服务与后服务并重”，服务从投标前一直贯穿到回访保修、处理投诉的全过程，极大提高了公司品牌的美誉度。在项目管理中，适当加大项目的自主权，打破自营和联营两种项目承包模式的界限，解放生产力。同时，加强成本管理、资金管理、合同管理等。以改制为契机，公司对规章制度重新进行了修订、补充、完善、改进和细化，为企业的稳定和发展提供了基础和保障。

二、阶段性成果

通过改制，明确了产权关系，建立了规范的法人治理结构，使企业的经营状况有了明显好转。改制前的 2001 年，原北京二建综合产值仅有 3.6 亿元，新签合同额 4.1 亿元，企业严重亏损，连续数月发不出工资,在竞争激烈的建筑市场中生存艰难。改制当年,公司实现综合产值 7 亿元,是上一年的 193%;新签合同 15 亿元,是上一年的 366%;当年实现扭亏为盈,员工人均收入 21 754 元,是上一年的 143%,达到历史最高水平。2003 年,公司的发展势头更好,当年实现综合产值 11 亿元,是上一年的 149%;新签合同额 20 亿元,是上一年的 133%;累计创造利税 4 500 万元。招投标中标率达到 38%,竣工指标、开复工面积、劳产率指标均有大幅增长。员工年人均收入 27 604 元,是上一年的 126%。在改制后的 20 个月里,公司工程质量一次交验合格率始终为 100%,未发生任何质量事故。改制 20 个月,共获得结构"长城杯"六项。其阶段性成果主要表现在以下几个方面。

1. 企业投资主体多元化。

通过股份制改造,突破了原有的国有全资局面,形成了民营股东控股、国有股东以及自然人股东参股的多元格局,理顺了企业产权关系,建立了规范的法人治理结构,形成了内部制衡机制。

2. 企业自主改革的能力和实力得到增强。

改制后,企业经营工作与市场实现了真正接轨,市场占有率不断提高。同时,开始尝试开拓房地产等相关产业。使公司综合经营额成倍增长,经济效益和社会效益均有大幅提高。

3. 机制创新成效显著。

按照劳动、资本、技术和管理等生产要素按贡献参与分配的原则,初步建立了一套科学合理的分配模式,用人机制竞争有序,激励机制行之有效,分配机制公开合理,形成了职工能进能出、干部能上能下、收入能增能减的良好氛围。

4. 员工思想观念发生了很大变化。

对改革的承受能力明显增强,工作积极性得到充分发挥。公司上下形成了团结一致、开拓进取、为企业发展努力拼搏的可喜局面。

2. 项目管理对建筑企业成长的作用

建筑企业的项目管理通常是整个项目建设过程的组织管理，是以单位项目为对象，以实现建设项目的合同目标、工程经济效益和社会效益为目标，涉及规划、勘察、设计、采购、施工、试运行、竣工验收等的生产组织过程。建设项目是建筑施工企业面向建筑市场的窗口，项目管理水平的高低，直接反映了建筑企业的形象和信誉，决定了建筑企业经营业绩的好坏以及市场开拓潜力的大小。因此，项目管理是建筑企业组织管理活动中的一项重要内容。

建筑企业项目管理内容丰富、体系复杂，使其在管理过程中容易出现如下问题：

(1)对建设项目管理的内涵认识不清

建筑施工的特点是：产品固化，人员流动，任务分散，施工周期长；项目管理的特征是优化组合，动态管理。目前项目部不规范，固化现象严重。实行项目管理就是应以项目部为主要形式来进行生产要素的优化配置，即根据项目的大小来决定，但有的建筑企业由于对项目管理的内涵认识不清，往往将本来是一次性的、临时的组织机构——项目部，设置成固定的机构，甚至一个项目部同时承接了若干个工程。也有的企业简单地以施工队代替项目部，管理人员不到位，使项目管理流于形式。

(2)项目部机构庞大，缺乏完整的管理体系和监控手段

当前，多数建筑企业仍沿用 20 世纪 80 年代中期实行的管理制度，新的管理理论和方法如项目法施工、项目经理制、FIDIC 条款、ISO9000 质量体系等，未真正得到应用和推广，如 ISO9000 质量体系仍停留在文件资料阶段，项目经理制的实施则流于形式。项目部机构庞大，人浮于事，管理层、劳务层多元化，分包合同不清，内部矛盾、扯皮现象严重，极大地挫伤了彼此的积极性，使项目部的工作效率低下。同时由于成本管理观念淡薄且缺乏监控手段，导致材料浪费严重、企

业利润流失。

(3)缺乏科学合理的绩效考核、评估体系

许多建筑施工企业的绩效考核与评估体系缺乏科学合理性,个人利益与担负的责任、奉献脱节,业绩考核与劳动成果分配不挂钩。项目管理责任考核流于形式,盈利则要求兑现,亏损了没人追究责任。某建筑集团为确保项目管理目标的实现,当绩效考核在很多企业还算新奇的时候,该集团早已推行很久;当末位淘汰制在很多企业还无法推行的时候,该集团却把它视作重要的激励约束手段。不仅如此,该集团还将一些管理不科学、施工不规范的项目制作成光盘,在公司内部公开曝光,这就给每一个施工项目的施工及管理团队施加了一定的压力,以促使各团队尽最大努力完成考核目标。

(4)只讲经济效益,忽视社会和环境效益

一个良好的建筑企业在项目管理中应讲求经济、社会、环境三大效益。但有的建筑企业在项目管理中没有处理好经济、社会、环境三大效益的关系,片面追求经济效益,如在材料采购上只讲价廉不讲质好,失去了对原材料质量的控制;在施工过程中不按设计和规范施工,对各种材料的需要不讲计划和消耗的对比控制,采取偷工减料的方式谋取不正当的经济效益等,导致项目出现严重的质量和安全问题。某建筑集团为了控制工程质量、安全和环保,确立了“每建必优,精细管理”的工程管理方针,每进入一个新市场,建设一个项目,不管是大是小,是城区还是近郊,都必须严格执行“每建必优,精细管理”的各项要求,确保该集团承担的每一个项目都是优质、安全和环保的工程,综合实现项目的经济效益、社会效益和环境效益,成为当地建筑业的一个标杆。

建筑企业项目管理中上述问题的存在,不但影响了其短期的盈利能力,也不利于其持续地成长与发展。因此,明确项目管理目标、提高项目管理理论知识水平、建立完善的项目管理和考核体系,从而提高组织管理能力，是建筑企业持续、健康、有序成长的重要基础。

2.4.3 建筑企业技术创新能力

建筑企业技术创新是指建筑企业为了降低成本、提高劳动生产率、满足业主的特殊需求或增加业主的价值，研发和应用新技术、新工艺、新设备、新材料的能力

1. 建筑企业技术创新的特点

约瑟夫·熊彼特发表的论文“Instability of Capitalism”中首次提出了创新是一个过程的概念，并在其论著《Business Cycles》中比较全面地提出了创新理论，但其本人并没有直接对技术创新进行定义，在他看来，引进新产品或新技术、开辟新市场、控制原材料来源、实现企业的新组织都属于创新。索洛(Solo)经过对创新理论的深入研究，提出了创新成立的两个条件，即新思想的来源和以后阶段的实现发展。恩洛斯(Enos)则从行为集合的角度对技术创新表述为“技术创新是几种行为综合的结果，这些行为包括发明的选择、资本投入保证、组织建立、制订计划、招用工人和开辟市场等。”弗瑞曼(Freeman)将技术创新定义为“是技术的、工艺的和商业化的全过程，其导致新产品的市场的实现和新技术工艺与装备的商业化应用”。此后，他又将技术创新定义为“就是指新产品、新过程、新系统和新服务的首次商业性转化。”里尼特(Lynit)从创新的时序过程角度来定义技术创新，认为技术创新是“始于对技术的商业潜力的认识而终于将其完全转化为商业化产品的整个行为过程”。Mueser 给出的定义则是“技术创新是以构思新颖性和成功实现为特征的有意义的连续性事件。”我国学者傅家骥指出，“技术创新是企业家抓住市场的潜在盈利机会，以获取商业利益为目标，重新组织生产条件和要素，建立起效能更强、效率更高和费用更低的生产经营系统，从而推出新的产品、新的生产(工艺)方法、开辟新的市场、获得新的原材料或半成品供给来源或建立企业的新的组织，

它是包括科技、组织、商业和金融等一系列活动的综合过程。”

从上述定义可以看出，技术创新并不是一个纯粹的科技概念，也不是指一般意义上的科学发现和发明，而是一个同时包含着经济发展规律的概念。技术创新有狭义和广义之分，狭义的技术创新主要指产品、工艺、原材料等创新；而广义的技术创新，则将产品、工艺、原材料等创新过程中开展的技术改进及其相关的研究与发展活动包含进去。根据狭义的技术创新概念，建筑企业技术创新是指建筑企业为了降低成本、提高劳动生产率、满足业主的特殊需求或增加业主的价值，研发和应用新技术、新工艺、新设备、新材料的过程。

建筑业是一个劳动密集型和资本密集型行业，同时也是技术密集型行业。建筑工程的个体性、建筑设计的多样性、建筑功能的创新性，需要建筑企业具备一定的技术创新能力，以适应多种变化条件下建设工程任务的施工技术要求。建筑企业技术创新能力对降低施工成本、提高建筑工程质量及施工效率、促进其进入新的产品领域有重要作用，是建筑企业生命力的源泉、成长的动力及竞争优势的来源。因此，技术创新能力也是建筑企业成长能力的要素之一。

下面以中建总公司为例，说明技术创新能力在建筑企业发展中的重大作用。截至2005年末，中建总公司共获得国家科技进步奖27项、各类省部级科技进步奖400余项，拥有国家级工法38项、省部级工法133项，拥有一家国家重点实验室，建立了两个博士后科研工作站，并且建立了国内建筑业第一个由企业自主完成的《建筑施工工艺标准》，企业的技术创新能力得到了极大地提升。目前，中建总公司在高层与超高层建筑设计与建造技术，高耸塔类设施建造技术，大型工业设施设计、建造与安装技术，复杂深基坑与深基础处理技术，高性能混凝土研究与生产技术，复杂空间钢结构体系研究与安装技术，新型建筑设备研究与制造技术，建筑企业管理与生产应用信息技术，国际工程总承包以及工程项目管理等方面均具有雄厚实力和领先技术，构成了中建总公司的核心技术优势，奠定了中建总公司持续、稳健发展的坚强基础。中建总公司的科技创新活动也支撑了其经营开拓能力的提升，通过技术集成，积极发展成套技术研究，近年来先后完成了关于体育场馆建设、制药厂建设、大剧院建设、清水混凝土施工等一系列成套技术研究，为参与市场同类工程的竞标提供了有利的技术支撑。中建总公司在2005年度国际承包商排名中居第17位。持续不断的技术创新能力在企业发展中功不可没。

建筑企业由于其产品生产和交易过程的特殊性，决定了其技术创新具有以下特点：

(1)独立性：由于建筑施工企业产品均是在特定的时间、特定的地点和环境下进行生产，不可重复，因此其技术创新具有较强的独立性。

(2)项目的导向性：以“问题解决”为目的和特征，针对具体工程项目整合技术、机具、材料等各方面因素进行创新。

(3)暗默性：由于建筑施工企业的技术创新主要体现在施工过程中的技术运用、新机具和新材料的应用、技术和工艺的整合等方面，需要现场施工技术人员不断总结创新，具有较强的技术诀窍性和操作技巧性。

(4)渐进性：由于建筑业行业技术处于较为成熟的阶段，而且其技术创新以需求性导向为主，决定了其技术创新突破性少，而以降低生产成本、提高产品质量、提升技术运用的安全可靠性、加快施工进度为目的的渐进性技术创新为主。

(5)外部性：由于建筑业产品和施工过程的特性以及其生产技术主要用公开的标准进行规范，导致其技术极易扩展，决定了其技术创新的外部性。

2. 建筑企业技术创新的内容

具体说来，建筑企业进行的技术创新主要可以体现在以下几个方面：

(1)新材料的研发和应用

建筑材料是项目建设的物质基础,对材料的使用贯穿建筑生产的始终;并且材料费占据建筑生产成本的极大部分,个别大型安装工程材料费占的比重可达70%。目前传统建材已被做了很大改进,且大量的新材料被研发出来,使得建筑施工中有不少替代产品可供选用,从而增加了建筑企业的选择余地。这些新材料具有性能好、能耗低、占用资源少、质量轻、耐久性好等优点,促进了建筑施工的发展。新材料的大量应用将对建筑产品产生极大的影响,建筑设计、结构设计、建筑施工都将产生革命性的变化。因此,建筑企业应积极开展新材料应用方面的研究和试验工作,对那些性能比较好,有一定的经济效益和社会效益的新材料,要及时加以介绍和推广。如天津城建集团有限公司研发并推广运用了改性沥青、土工织物、钢纤维水泥混凝土等,通过新材料的应用,改善了路面的路用性能,提升了企业的市场竞争力。

(2)新设备、新工艺的研发和应用

设备是建筑施工企业资产的重要组成部分,是技术进步的载体;装备水平是企业实力的重要标志,装备因素是市场投标中决定企业资质的重要因素。施工工艺如深基坑支护、超高层建筑、大型结构和设备整体吊装、预应力混凝土和大体积混凝土等,则能增加建筑企业竞争力,使其能够缩短施工工期、降低施工成本、提高施工效益。因此,建筑企业应加强大型、特种施工机械设备及新的施工工艺的研发与应用,以提高其竞争力。

(3)信息技术的应用

现代建设项目规模大,参与单位人员多,而且往往涉及国内、国外,建设工程文件多(如信函、通知、图纸、合同、进度报告、采购订单、检查申请和批准、设计变更记录等),信息量大,因此沟通手段至关重要,这也是建筑业区别于制造业的一个重要方面。传统的项目信息管理是以纸为载体,其传输方式是与传统的金字塔式管理体制相适应的经向沟通方式。这种方式层次多,效率低,费用高,极易因信息交流沟通失误造成损失。由于信息沟通不畅、管理粗放,工程建设过程中损失与浪费是惊人的。美国 BRICSSET 公司的调查显示,项目成本中的3%～5%是由于信息失误导致的,其中使用错误或过期图纸造成的占30%。在美国,每年为了传递项目管理的文件和图纸而花在特快专递上的费用约 5 亿美元,项目成本中的 1%～2%都用于日常的印刷、复印和传真等。将信息技术应用到建筑企业中,不但能够解决施工过程中产生的大量数据的传递、处理等复杂问题,降低施工成本,还能使得建筑企业在面对外部环境迅速变化时及时地作出反应。因此,信息技术的应用是建筑企业技术创新的一个重要方面,是建筑企业成长与发展的基本前提之一。

信息技术的应用主要包括:①信息采集自动化。主要依靠传感技术、IC 卡技术实现信息的自动采集录入。②信息的存储、传输、交换网络化。网络技术可使施工的有关部门间实现高效信息传递和共享,网络的信息管理系统可使不同地域、分散的项目建设相关单位,通过网络进行方便快捷的信息交流,遥控进行项目管理。③信息的检索、利用科学化。在信息检索方面,数据库技术可提供高效的检索工具,使信息的广泛利用成为可能;在信息利用方面,利用计算机软件技术和引入科学统计分析方法对基础信息进行自动深加工,能进一步产生支持决策的有效信息。项目信息化施工最终可归于项目信息管理中,信息管理指在项目的各个阶段,对所产生的面向项目管理业务的信息进行收集、传递、加工、储存、维护使用以及信息规划和组织工作。

2.4.4 建筑企业网络合作能力

如前所述,网络合作能力就是建筑企业与其外部利益相关者建立互助合作关系,并从中共享知识、整合资源以降低市场风险、增强企业竞争力的一系列流程。建筑企业的外部利益相关者包括业主、咨询单位、勘察设计单位、监理机构、分包商、材料供应商、设备供应商，以及银行、媒体、科研院所和政府主管部门等。

1. 建筑企业网络合作能力的内涵

20 世纪 90 年代以来，经济全球化程度不断提高，信息通信技术日新月异，建筑企业被置于一个“非理性”(Unreason)和“不确定性”(Uncertainty)的竞争环境之下，这对其灵活性、效率、学习能力等提出了很高的要求。于是，建筑企业之间的竞争与合作模式开始发生变化，传统的企业间个体竞争模式逐渐被结盟企业之间的群体竞争模式所替代，合作中的竞争大行其道，“新竞争”格局逐步形成。此时，复杂动态的环境已经不允许建筑企业忽视外部环境而完全依赖自身的内部资源和能力来谋求成长，它必须同时依赖于联盟伙伴企业的资源状况、行为以及相互之间的合作。单个企业与其他企业和组织建立正式和(或)非正式的合作关系，借助网络关系在特定的地理范围内迅速获取和共享网络资源以寻求网络化成长，已成为建筑企业在复杂的全球化商业环境下重要的成长方式和策略。因此，网络合作能力对于处于新经济环境下的建筑企业的成长极为重要，是建筑企业成长能力不可或缺的构成要素之一。

弗斯(Foss)将网络合作能力定义为企业之间的竞争与合作会产生一种能够帮助企业获取成长能力的系统效应(Systemic Effects)，这种系统效应正好弥补了资源基础观在揭示网络企业(Network Firm)竞争优势来源时的不足。林润辉认为在一个合作网络中，网络合作能力是网络运作过程中节点运用其核心能力与成员节点交互形成协同效应的能力，这种能力一方面体现与合作伙伴的结合能力，另一方面体现节点间通过全程交互协调形成的共有能力，因而该能力是彼此适应、共同演进的过程，具有动态性和背景依赖性。慕继丰等认为，网络合作能力是指企业在网络中利用和协调其他行动者的资源和活动的能力。在网络环境中,企业识别、评估、构建合作关系的网络合作能力是企业进行网络管理的必要能力。莫勒(Moller)和哈利恩(Halinen)则认为,网络合作能力不同于组织内部管理能力或基于市场的交易管理能力以及业务双边的业务关系管理能力,他们从宏观网络、战略网络和关系组合等角度分析了网络合作能力,认为该能力明显带有动态能力的特征。洛斯(Loeser)将网络合作能力分解成:提高网络操作效率、运用已有能力的杠杆作用管理网络和发展新节点的能力。徐金发则认为,网络合作能力包括网络构建能力、角色管理能力和关系组合能力。其中,网络构建能力主要是指企业对外部网络关系的战略识别能力和发展网络关系的规划能力,网络构建能力可以帮助企业发现加入新的网络组织的机会,消除企业"锁定"某一网络组织可能带来的负面影响;角色管理能力主要体现在企业和网络成员之间的沟通交流能力、冲突管理能力、适应能力、合作精神和相互信任等方面;关系组合能力则着眼于把企业与供应商、顾客、竞争对手的网络关系看成是资源和能力的组合,通过组合来发挥协同效应,而不再是停留在按照合约来履行规定的职能。

考虑到上述学者的观点,笔者将建筑企业的网络合作能力定义为,建筑企业与其外部利益相关者建立互助合作关系,并从中共享知识、整合资源以降低市场风险、增强企业竞争力的一系列流程。建筑企业的外部利益相关者包括业主、咨询单位、勘察设计单位、监理机构、分包商、材料供应商、设备供应商,以及银行、媒体、科研院所和政府主管部门等。建筑企业网络合作关系所涉及的主体如图 2-5 所示。

图 2-5 中处于虚线框内的各单位是建筑企业的整个施工项目流程中所涉及的利益主体,既包括建筑企业的顾客,也包括建筑企业的供应商、分包商、监理机构等一系列对企业生存发展起重大作用的单位,它们是"波特五力模型"中影响行业竞争力最重要的因素;虚线框外的单位和部门则是建筑企业生存和发展的外部环境的主要组成部

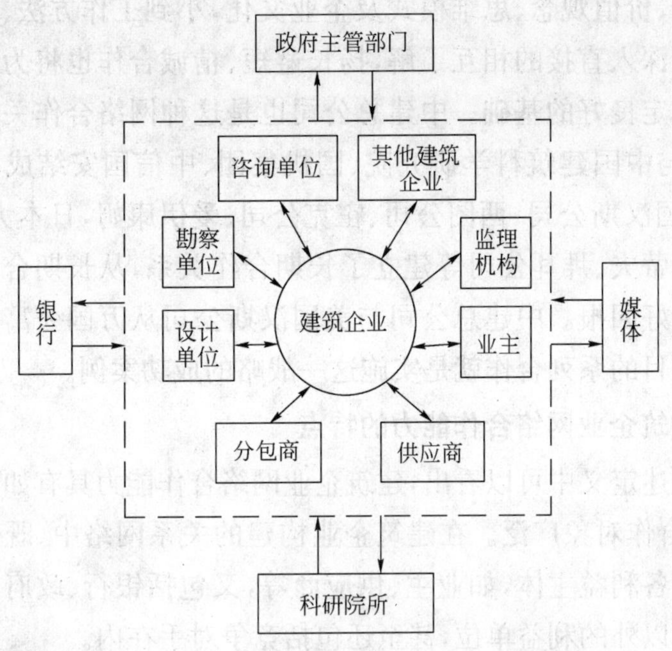

图 2-5 建筑企业网络合作关系结构图

分，它们或出台政策、进行行业监管，或提供企业成长所需资金，或增强企业科研和技术创新水平，或宣传和塑造企业的品牌优势。上述各单位和部门共同组成了一个建筑企业成长的生态系统，而网络合作能力则使得建筑企业能够从该系统中吸收知识、整合资源，从而获得持续、健康地成长。

从实践来看，目前，越来越多的工程建设项目都是以战略联营体的形式来兴建或承建的，中海壳牌南海石化项目就是个典型的例子，美国的 BETCHTEL、中国的 SEI 和英国的 FOSTER WHEELER 联合作为项目管理承包商。国际知名工程承包公司能依靠其先进的管理能力确保项目成功建成；东道国公司熟悉当地的建设程序和市场情况，有利于降低成本和地方外联。联营运作模式可以把各方的管理优势、技术优势、资金优势、价格优势、经验优势、资源优势等叠加，产生“1+1>2”的效果。同时，通过以项目为载体的磨合，合作各方从大到文化背景、价值观念、思维模式及企业文化，小到工作方法、生活习惯等都有了深入直接的相互了解，扬长避短、精诚合作也将为进一步战略合作奠定良好的基础。中建总公司也是这种网络合作关系的实践者，先后与中国建筑科学研究院、国机集团、中信国安结成了战略联盟，与美国汉斯公司、西图公司、霍克公司、爱伊康姆，日本大成公司，德国豪赫蒂夫、拜耳公司等建立了长期合作关系，从长期合作战略中得到了良好回报。中建总公司与美国汉斯公司从万国公寓项目到公园大道项目的系列合作就是实施这一战略的成功案例。

2. 建筑企业网络合作能力的特点

从上述定义中可以看出，建筑企业网络合作能力具有如下特点：

(1)合作对象广泛。在建筑企业构建的关系网络中，既包括其价值链上的各利益主体，如业主、供应商等，又包括银行、政府主管部门等价值链以外的利益单位，甚至还包括竞争对手在内。

(2)以知识共享和资源整合为基础。在建筑企业所构建的关系网络中，合作各方或能共享信息、技术乃至客户资源，或能提供资金、材料、设备，或能塑造企业品牌等等，具备上述基础才能成为建筑企业网络合作的对象。

(3)以降低市场风险、增强企业竞争力为目的。由于现代市场竞争瞬息万变，作为竞争主体的建筑业企业，其生存和发展处处面临着巨大的危机和风险，与这一竞争环境下的各相关利益主体合作关系的建立，相当于给建筑企业增加了一层保护膜，使其不至于和行业内的五种竞争力产生激烈对抗而降低利润水平，还能够因从中迅速获取市场信息、技术、资金等知识和资源而降低风险，提高竞争力。

第3章

建筑企业成长能力的形成机理

导读

成长能力是建筑企业持续、健康、有序成长的决定性因素,那么建筑企业的成长能力是如何形成的？对于“能力”这样的一个抽象概念,其背后是否有能够被感知的“物质”作为基础？建筑企业成长能力所具有的价值性、稀缺性、不可模仿性、不可替代性以及动态性和持续性与其形成过程是否有内在关系？为了获得持续、健康、有序地成长,建筑企业又该如何进行成长能力的培育？前文对建筑企业成长能力的构成进行了论述,认为在建筑企业的成长演化过程中,市场识拓能力、组织管理能力、技术创新能力和网络合作能力分别对其战略、制度、技术和网络关系产生作用。紧接着的问题是,这四种子能力最终怎样复合形成建筑企业的成长能力？复合形成建筑企业成长能力的各个子能力本身又是怎样形成的？

建筑企业成长能力的形成以一定的资源为基础,这些资源所具有的规模效应性特点,增加了其成长能力提升的空间和速度;同时,建筑企业成长能力的形成受组织常规、管理体制和企业文化等制约,这种路径依赖性是引致建筑企业成长能力具有不可模仿和不可替代性的因素之一。本章考虑上述两个方面的影响,就建筑企业沿着经验环和创新环,通过组织记忆以及企业层、项目层和组织间等三个层面的组织学习与互动,将知识整合成市场识拓流程、组织管理流程、技术创新流程和网络合作流程，以及由这四种流程的复合形成建筑企业成长能力的机理过程进行探析。

本章主要论述了建筑企业成长能力的形成及复合。建筑企业成长能力的形成本质上是一个将知识整合成流程的过程，即为应对外部环境的变化，在以资源为基础，并受路径依赖的影响下，建筑企业沿着经验环和创新环，通过组织记忆以及企业层、项目层和组织间等三个层面的组织学习与互动，将知识整合成市场识拓流程、组织管理流程、技术创新流程和网络合作流程，这四种流程的复合便形成了建筑企业的成长能力。在四种子能力复合的过程中，它们之间会发生各种各样的相互作用，本章引用了分子生物学中的基因模型对建筑企业各种子能力之间的复合机理进行了分析，从而诠释了建筑企业成长能力的形成过程。

3.1　建筑企业成长能力形成的资源基础

3.1.1　建筑企业成长能力与资源

资源和能力都是企业成长的动力来源，企业的成长既可以通过增加现有资源的拥有量或获取新生资源的方式来实现，也可通过能力的培育来实现。但企业中的许多资源都是依托有关能力而产生效率的，而许多能力又是在相关资源的基础上发挥作用的，因此，企业能力对资源具有依赖性，资源是企业能力的基础。建筑企业成长能力是一种企业能力，也应以资源为基础，并符合能力形成的一般规律，但作为特殊行业下的一种特殊能力，建筑企业成长能力形成的资源基础势必存在一定的特殊性。

本书的第 2 章，对现有企业资源的内涵和分类进行了论述，分析了建筑企业内外部资源的主要类型，这些资源对建筑企业成长能力的形成起到了基础性的作用。

(1)资源是建筑企业市场识拓能力形成的基础。首先，构成建筑企业市场识拓能力的企业家能力，其主体(即企业家)本身就是一种资源——人力资源；而在企业家识别的各种市场机会和风险当中，又包含了对战略资源的识别，也就是说，战略资源是建筑行业企业家能力作用的对象，企业家能力从主体到作用过程始终没有离开资源而独立存在。其次，资源是建筑企业市场营销能力作用的起点，并伴随其市场营销的整个过程。建筑企业在参与世界银行和国际金融机构出资的大型项目的竞标时，必须先通过项目的资格预审，才能参加下一阶段的正式投标。资格预审过程主要考察建筑企业四个方面的情况：是否具有完成类似项目的施工经验；是否具有完成项目所需要的、足够多的资金；建筑企业派往现场的关键人员是否具有项目所要求的管理知识和关键操作技能，特别是项目或合同经理，以及项目关键部位的监督人员；是否能够获得项目建设所需的大型或专用设备。一般项目的资格预审对建筑企业也有类似的要求。因此，从资格预审的内容来看，有关施工经验的知识资源、有关设备的实体资源，以及财务资源和人力资源是建筑企业进行市场开拓的起点。另一方面，在建筑企业的整个市场营销过程中，不论是产品策略、价格策略、空间布局策略还是推介策略或业主价值导向策略，都需要较为丰富的财务资源来支持。

(2)资源是建筑企业组织管理能力形成的基础。建筑企业的组织管理以建筑项目管理为主，由于建筑项目具有单一性、不可重复性，以及在时间上的周期性和空间上的离散性，使得建筑企业的项目管理更依赖于现代通信技术和网络技术；另一方面，项目勘察、设计、采购、施工等过程中会产生大量的数据，这些数据的储存和处理大部分需要借助于计算机才能完成；此外，项目的成本管理、工期管理、质量管理、安全管理等离不开建筑材料、施工设备、管理和施工人员，可见，通信设备、计算机、材料和设备等实体资源以及项目勘察、设计、管理和施工人员等人力资源对于建筑企业完成建设项目的组织管理具有不可或缺的作用，而这些资源的存量和先进程度，又影响着建筑企业项目管理能力的大小。

(3)资源是建筑企业技术创新能力形成的基础。建筑企业要进行技术创新，首先要具有一部分从事创新研究的科研人员或懂得使用新技术、新工艺、新设备、新材料的技术人才；其次，在新技术研究开发过程中需要大量的财务资源作为支撑，尤其对大型施工设备的研发来说，则需要获得更多的资金支持；再次，建筑企业的技术创新包括了新设备、新材料的引进和应用过程，即新设备、新材料等实体资源本身就是创新技术的载体，是建筑企业技术创新能力的外在体现。

(4)资源是建筑企业网络合作能力形成的基础。资源共享和整合是建筑企业建立网络合作关系的直接动力来源，这些被共享和整合的资源既可以是建筑材料、施工设备等实体资源，也可以是银行存款、银行信贷额度、保函、信用证等财务资源，也可以是勘察结果、设计方案、施工技术或经验等知识资源，还可以是需求、计划、指令、反馈等信息资源，甚至品牌资源。失去了资源基础，建筑企业就失去了网络合作的纽带，网络合作能力就失去了作用的对象。

可见，建筑企业成长能力不能脱离资源而独立存在，资源的价值性和稀缺性导致了建筑企业成长能力的价值性和稀缺性；但另一方面，建筑行业的特点则又使得建筑企业的资源具有下述两种特别的属性——部分柔性和规模效应性。

(1)建筑企业资源具有部分柔性。所谓资源柔性，是指资源可承担任务的多样性，以及在任务间转变的时间和成本(李兴旺，2006)。尽管建筑企业资源具有较强的专用性，如建筑设计专家或施工技术人员一般不同时具备承担其他领域内的任务的能力，施工所需的特殊材料或设备也很难应用到其他行业，但其仍具有部分柔性。这表现在：首先，建筑企业的人力资源具有部分柔性。当承包的工程项目较多时，建筑企业可以通过与劳务公司签订劳务分包合同来满足其所需的大量劳务人员，以填补其自身人员的不足；而一旦项目完成，劳务人员则自动解散，避免了经济萧条时期企业冗员问题。其次，建筑企业的实体资源具有部分柔性。建筑企业并不需要购买施工所需的全部设备，若有需要，可以通过租赁的形式获得；而一旦使用完毕，则可以退还给设备拥有者，从而减少了设备闲置时所带来的损失。再次，建筑企业的财务资源具有部分柔性。建筑企业的资产负债率一般在70%以上，这意味着其经营所需的大部分资金都是通过向银行举债获得。由于建筑企业财务杠杆的利用主要由项目推动，即大多数情况下建筑企业是在为项目融资，这种为垫付项目资金而进行的融资因有确定的收入来源作为还款保证而几乎没有财务风险。因此，在自有资金与负债之间，以及各种负债比率之间进行选择，体现了建筑企业财务资源的柔性，建筑企业也因此能够在调整其资本结构的过程中实现价值最大化。

建筑企业资源具有部分柔性的特点，使得在其基础上形成的成长能力具有动态性，即建筑企业通过对其内外部的柔性资源进行整合以应对迅速变化的外界环境。

(2)建筑企业资源具有规模效应性。这是指在一定范围内，随着资源的逐渐增加，建筑企业每单位的投入将获得逐渐增加的产出，即发生规模经济。这一方面是由于随着财务资源的增加，建筑企业有条件采用技术先进的专有设备和大型的机械设备，而机械设备的技术水平、专用性的提高，可以节约劳动力，降低生产消耗，提高生产效率，从而使生产的规模经济得以充分发挥；并且，在拥有大量资本的基础上，建筑企业能够引进高素质的管理、技术人员，研究开发先进的施工工艺，提高产品和服务的质量，降低生产成本。另一方面，拥有足够的资金和人力加强市场开拓工作，能够提高建筑企业的信誉和知名度，增加建筑企业的品牌资源；而品牌资源的增加，则又能降低投标的平均成本、提高建筑企业竞标的成功率。此外，员工施工、管理等经验的增加，大量的专业知识资源得以积累，有利于提高建筑企业的施工进度、质量和安全，降低项目成本。

建筑企业资源所具有的规模效应性特点，增加了其成长能力提升的空间和速度，使得当外部环境剧烈变化时，建筑企业能够通过快速获取资源的方式来提升其成长能力，从而维持其成长。

3.1.2 建筑企业成长能力的资源支持

培育建筑企业成长能力离不开上述资源的共同作用，企业在获取提升企业成长能力所需的各种资源时，必须有更基础的外部环境要素作为支持。建筑企业培育健康、持续的企业成长能力，同样需要各方面资源的支持。

1. 生产要素支持

除常规的资金、人才供应、自然资源之外，生产要素更多地强调从初级要素到高级要素的提升。高级要素包括国家对知识、技能、教育和培训的投入与关怀。根据很多国家的经验，政府的投入基本上都投在初级要素上，而要提升到高级生产要素，要靠民间企业、行业协会的力量来主导。对我国的建筑企业而言，目前最紧缺的是外向型、复合型和开拓型的工程项目管理人才，他们需要具备多学科和跨行业的知识，是推动我国项目管理技术水平的主要力量。而这些人才均来自生产要素中的高级要素。

2. 市场拓展支持

市场需求包括国内建筑市场需求和国外建筑市场需求。对建筑产品和服务，项目业主需求的性质和品质是不一样的。挑剔的客户群会磨砺企业的创新精神，提升企业的竞争力。有竞争力的企业不是仅仅满足一般的客户需求，而是满足越来越挑剔的客户需求。在很大程度上建设项目的业主是推动建筑业管理技术水平向前发展的动力，这也许就是指挑剔的项目业主，但这句话本身也反映了业主在建设市场中的绝对地位。他们为了缩短施工工期，提前投产，往往要求承包商采用先进的管理技术，如项目现场的内部局域网管理技术、进度网络管理技术等。这些要求写入招标文件中，承包商在投标时必须无条件做出响应性投标，逼迫承包商努力获得高水平管理人才，提高企业的整体管理水平。

3. 相关支持性行业的业务支持

与建筑业相关的行业同样对建设市场有着不可忽视的作用。建筑业所占国家经济的比重自然是工程市场繁荣的重要标志，但金融业、保险业健全的体系和信息行业、机械制造业的发展水平对于建筑企业来说也是十分关键的。融资、支付、担保等事宜与这些产业有密不可分的关系。

(1)金融行业

建筑企业涉及国家金融体系方面的经营活动包括企业财务管理体系、工程进度款的支付方式、企业融资贷款、办理保险和各类保函等活动。如四川东方在伊朗承建的 4×32.5 万千瓦电站项目,由于要求现汇条件,采用了短期出口保单扩展承保;我国在越南、缅甸的 14 个糖厂项目和中国机械设备进出口总公司在孟加拉的程控电话项目等,采用了中长期出口信用保险单承保。对使用买方信贷融资的项目,可采取出口买方信贷担保形式担保。如中国化工建设总公司的南斯拉夫尿素厂项目,对商务合同则采取买方毁约保单承保。而且进出口银行还可以在投标前出具承保意向书,为建筑企业获得银行的融资意向和融资报价创造了前提条件。但就满足建筑企业对金融业的要求而言,在项目融资支持的力度方面略显不足。如对承包商采用 BOT 方式承包国际项目的融资支持,在对我国一些国际公司进行的调查中发现,许多项目由于融资问题不能解决,最终只好放弃。目前,我国进出口银行对承包工程只提供信用保险和出口信贷担保,对境外投资项目,只提供境外投资保险,即承担由于投资所在国投资环境的重大改变给投资者带来的损失,如没收、征用、国有化、战争、动乱、汇兑限制等带来的损失。

我国银行虽然提供了不少针对对外承包的保险业务,但由于一些企业无法满足提供保险所要求的基本条件而放弃了项目。由于银行经营的风险意识加强,对承包工程的贷款审批更加严格,特别是常常要求抵押或担保。由于对外承包工程企业的资产主要分布在国外,无法以抵押方式承担还贷责任,只好求助于其他企业以信用担保。进出口银行提供信用保险时,关于“外国成分”的规定是中国产品和服务一般不少于合同总价的 70%,即除了 15%的当地费用,还容许 15%的第三国采购。事实上,很多对外承包项目是无法满足这些条件的。

从上述分析可以看出，健全的金融体系对于增强建筑企业国际竞争力是非常重要的。

(2)信息行业

信息技术是指在信息的收集、处理、传递、运用、创新过程中所涉及的技术，主要包括用于获取信息的感测技术、用于传递信息的通信技术、用于处理信息的智能技术、用于实施信息控制与显示的技术。它们恰好对应人的感觉器官、神经网络、思维器官和效应器官，但它们有比人类器官更高的工作速度、更高的工作精度和更大的记忆容量，同时它们也具有很强的推理和学习潜力。

目前信息技术正以极快的速度向前发展，同时不断作用于各个行业，改变着企业生产经营的模式，使企业生产更加柔性化，更快、更容易、更准确地根据业主的个性化需求进行产品、工艺的创新。

①个人或部门工作的自动化。信息技术的应用提高了个人或某个部门的工作能力，但群体协作能力较低。主要表现为个人电脑及其相应技术的应用，包括文字处理、统计软件、计算机辅助设计、计算机模拟技术等的运用。我国大型建筑企业已基本具备这种能力。

②企业内部信息整合。信息技术的应用是将建筑企业内部每一个人、每一个部门结合起来，形成遍及企业内部每一环节的信息技术网，通过企业内部各种信息资源的整合，进一步实现企业内部各种资源的整合，实现企业价值链中的各项活动的信息化管理和信息共享。使用的信息技术手段主要是 Intranet 和 Internet。我国具有对外承包工程权的大型企业已基本实现内部信息的整合，但仍有相当一部分国内企业未能采用这类信息手段。

③建筑企业组织结构重构。在全球范围以市场需求为导向的市场竞争中，速度、差异化及灵活性是取得竞争优势的主要因素，而具有快速反应能力的组织结构则是取得这些竞争优势的根本保证。现代信息技术的应用孕育了这种新的组织结构模式——扁平网状组织结

构。它以快速而准确的信息沟通方式加强了各成员和各部门间的协作,这种沟通跨越了地理界限和组织边界,实现了远距离的智力资源重组,增加了组织的灵活性。大多数有创意和创新的世界型组织都离不开 Intranet 和 Internet 等先进信息技术的支持。我国只有极少数建筑企业开始了这方面的尝试。

④整合建筑企业价值系统中的所有活动。信息技术使企业在原有营销渠道和方式的基础上进行改进,融入网络营销这一新的营销模式。网络营销增强了企业与客户间的互动效应,使互动时间大大缩短,密切了企业与客户间的关系,提高了企业产品和服务的市场地位。

⑤重新界定业务范围。信息技术的应用促进了组织间的沟通与合作,带来产业结构的变革和企业竞争观念的创新。在现代信息技术的支撑下,企业能够轻易实现内部某些要素与外部相关要素(其他企业的生产要素)的整合,从而产生新的功能,提高生产能力。这就是组织间的战略联盟,或称虚拟企业。它是一种松散型的网络组织,各个企业立足于自己的核心能力,同时借助于盟友的优势以实现内外优势的互补,使自己的核心能力得到充分发挥,进一步增强自身的竞争力。

4. 国际网络资源支持

建筑企业的市场机遇可能来自多个方面。如国际政治、经济环境的变化,一国政局的改变,两国外交关系的发展等。对我国建筑企业而言,加入 WTO 带来了巨大的商机。根据《服务贸易总协定》对于最惠国待遇和国民待遇的规定,业主对外国承包商的一切待遇和优惠中国承包商都可以享受到。外国承包商可以承包的工程,中国承包商原则上也都可以去参与,对外国承包商的税收待遇和资格审核标准应与对中国承包商相同,这对于中国承包商进入更多的国际市场将起到深远的意义。从国际市场上看,本土保护主义严重,有的国家或地区规定外国承包公司必须和当地承包公司组成联营以后才能承包项目;本土公司有能力承担的项目不得发包给外国公司;没有外商投资的项目不得交给外资公司承包；本国公司的出价高于外国公司的5%，有权交由本国公司承包等等。这些都不符合WTO的原则，我们都可以据理力争，要求符合多边的最惠国待遇。

但是另一方面，即使是享受到了最惠国待遇和国民待遇，如果没有真正的核心竞争力，还是无法在竞争激烈的国际工程市场上站住脚。国际竞争力不但体现在技术实力上，更体现在项目管理水平上。目前国际上的建设项目，特别是工业项目普遍采用的是项目总承包方式。我国建筑企业在国内和国外建筑市场上的工程承包项目绝大多数只是分包项目，有些项目名义上是总承包，实际上是施工总承包，或者是设计分包。建筑企业进行项目总承包至少应具备项目的设计能力、国际采购能力、项目管理能力。从国际型工程公司的特点和要求来看，根据ENR2002统计的全球225家承包商和前20名工程公司的经验，这些总承包企业一般都是劳动力智力化的；具有工程设计、采购、施工和项目管理全功能，业务范围涵盖工程建设的方方面面；拥有先进的项目管理技术和很高的项目管理水平；拥有先进的工程技术、高水平的信息管理和应用技术等；有较强的融资能力；拥有熟练的员工、优秀的管理人员、有序的培训体系和扎实的企业基础建设工作。随着我国加入WTO，国内的建筑企业要站稳国内市场、开拓国际市场，进而提升企业的核心竞争力，就必须积极适应国际市场的要求，推行工程总承包，培养企业的总承包能力。

《服务贸易总协定》在市场准入方面的具体承诺对我国的建筑企业打开国际市场可以说是很大的机遇。因为建筑服务是《服务贸易总协定》中的一个重要方面，市场准入条款意味着各成员国对其建筑市场的开放，我国的建筑企业可参与国外建筑工程各个阶段的服务，受各国法律保护，并享受与当地公司同等的待遇。

入世后，我国企业可扩大在国外的经营领域。过去由于我国不是WTO成员国，很多国家政府出资的项目我国企业不能做，只能做当地的外资项目,如国际金融机构和外国政府贷款项目以及部分私人投资项目,并且受到的限制也很多。入世为我国企业开拓欧美市场带来机遇。欧美地区的建筑市场规模巨大,建筑业支出额占全球建筑市场的 60%以上,但其本国的建筑企业也极具竞争力。过去,中国建筑企业要进入这些市场非常困难,入世后,随着中国建筑市场的进一步开放,发达国家的建筑市场也必然对中国承包商开放,中国建筑企业在国外承包工程的可能性必将大大增加,特别是在一些技术难度不是特别复杂,能够发挥中国建筑企业比较优势的项目上,中国的建筑企业将大有作为。中国建筑企业可以在国外投资设立公司,与国外公司合资合作联合承包工程。加强境内外工程公司的合作可以通过公司兼并和收购等形式进入境内外市场。如上海建工集团,积极与国际知名企业加强合作,优势互补,联合竞标,风险共担,增强了拓展国际工程承包市场的能力。新加坡建筑市场是一个较为规范且竞争激烈的市场,上海建工集团在新加坡设立了分公司,积极拓展当地的承包项目。2002 年初,总造价约 2.5 亿元人民币的中国驻新加坡大使馆新建项目按国际惯例进行招标。为了发挥各自的优势,该集团与当地一家较为知名的公司组成联合投标体,经过与日本、韩国等大公司的竞标,最后由联合体中标取得了这一项目的总承包权。又如葛洲坝集团公司在国际工程承包市场竞争中,积极加强与国内外有经验、有实力的大型企业联合,共同开拓国际市场。一方面可以实现优势互补、强强联合,增强竞争力;另一方面,可以避免或化解同业之间尤其是中国公司之间的恶性、低价竞争,提高经济效益,达到"双赢"的目的。正是在这一思想指导下,葛洲坝集团公司和中国另一支水电劲旅——中国水电总公司,在埃塞俄比亚泰可则水电站项目上得以成功合作。该水电站装机 30 万千瓦,其双曲混凝土拱坝坝高 185m,被称为非洲的"三峡工程"。最初的竞争局面可谓强手如林,葛洲坝集团公司和中国水电总公司是以竞争对手的身份参与该项目的投标的,后来经过审时度势,葛洲坝集团公司主动与中国水电总公司进行合作，并与埃塞俄比亚SUR公司组成三方联营体，最终以2.43亿美元的合理报价成功获得项目承包权。通过这种方式，既成功地击败了势力强劲的欧美大公司，也为中国公司赢得了丰厚的利润空间，实现了双赢。双方合作的成功，树立了中国企业联手、与国外公司合作开拓国际市场的成功典范。

5. 政府资源支持

决定一个国家的国民财富的基础是生产率和可利用的资源，提高竞争力的根本是提高生产率。政府的角色，应该定位于创造有效的市场竞争制度和环境、提供基础设施、投资人力资源、投资研究和开发、创造必要的需求等。

目前，一个大的发展趋势就是政府要按照市场经济的要求重新定位其角色。政府的首要职能就是制定规则，并保证这个规则能实施；制定法律政策，保证市场经济的运行。另外还要提供一些公共产品，比如教育投资。教育的普及和全民教育素质的提高是提高国家长期竞争优势的基础。在促进组织间的有效竞争方面，政府需要放开准入，打击垄断行为，打击反竞争的行为。各级政府不能总是想管企业，把企业抓在手里，或政府代替企业作决策，而应该重点创造有利于竞争的环境。根据开放的市场经济对政府职能的要求来衡量，我国的政府职能"错位"、"越位"和"缺位"的情况还是很严重。

对建筑企业而言，政府在规范国内建筑市场秩序和扶持建筑企业打入国际市场方面具有不可估量的作用。对国内建筑市场，政府应通过制定和不断修改和完善建筑市场管理政策和法律，建立全国统一、开放、公平竞争、有序的建筑市场，打破地区封锁。同时，建设行政管理部门应积极推进电子政务，增加政务透明度，建立建筑市场有关企业和专业技术人员的信用档案制度。我国近年颁布的建筑业资质管理规定对调整和优化建筑业的产业结构起到了重要作用。

对国外建筑市场,政府可通过制定一系列的扶持政策,帮助建筑企业拓展国际建筑市场,增强我国建筑企业在国际建筑市场的竞争力。目前,我国已经颁布了一些支持对外承包工程业务发展的政策措施,如建立国际经济合作基金,对由国际工程承包带动机电产品出口的项目视同科技含量较高的成套设备、船舶、施工机具和高科技项目,通过国家进出口银行予以一定的信贷支持,实行优惠贷款利率。与欧美日韩等国相比,我国政府在金融政策性的支持方面显得规模小、种类少、条件苛刻,远没有解决商业银行有钱贷不出,而我国建筑企业资金严重短缺的问题。为贯彻"大经贸"战略和成功实施"走出去"战略,有必要借鉴其他国家支持对外承包工程的做法,建立支持我国对外承包工程事业系统化的、高效率的社会、金融、保险等服务体系,根据工程承包的特殊性,予以特殊的政策支持。如美国政府,对一般性货物出口不予政策性金融支持,但对对外工程承包则视同大型资本货物出口,予以项目金额 85%的政策性金融支持。

3.2 建筑企业成长能力形成的路径依赖

3.2.1 建筑企业成长中的路径依赖

有了资源的支持,建筑企业成长能力就有了形成的基础。在建筑企业能力形成的过程中,有着不同的途径,如同自然界物理运动有着惯性一样,建筑企业成长能力的形成也存在着路径依赖。路径依赖这种现象最早是由生物学家纳入理论分析之中的。生物学家在研究物种进化分岔和物种进化等级次序时发现:物种进化一方面决定于基因的随机突变和外部环境,另一方面还决定于基因本身存在的等级序列控制。所以,物种进化时,偶然性随机因素启动基因等级序列控制机制,使物种进化产生各式各样的路径,并且这些路径互不重合、互不干扰。后来,古尔德(Gould)在研究生物进化中的间断均衡(Punctual

Equilibrium)和熊猫拇指进化课题时,进一步提出了生物演进的机制以及路径可能非最优的性质,并明确了“路径依赖”的概念。此后,在经济学家诺斯(North)、戴维德(David)、阿瑟(Arthur)等人的大力倡导下,路径依赖概念被引入到新制度经济学和演化经济学当中,成为引人注目的理论焦点。对于企业来说,路径依赖是指一个企业的历史影响着现在的行为路径选择,或者说,企业向何处去受制于它走过的路程、当前的拥有和因其而确定的前进路径。

路径依赖有强弱之分,一级路径依赖是指路径依赖仅是决策的持久性或耐力的形成要素,与效率无关,不花费成本人们不会离开最初选择的路径,这条路径不是唯一最优的,但却是现实情况最优的;二级路径依赖是指人们在没有良好信息情况下的决策,当初做出选择时,人们没有认识到所选路径的缺陷,最终后悔这种选择,但要改变它需要花费巨大的代价;三级路径依赖是指有关无效选择的良好信息是具备的,但由于没有办法与别人协调集体选择更有效率的替代物,缺乏效率的技术仍然被采用。这三级强度的路径依赖对建筑企业成长能力的形成分别产生如下三种作用:

(1)路径锁定,即历史决定未来,路径决定方向,建筑企业过去所形成的管理和运作习惯决定了其未来的发展和选择方向。

(2)革新无效,即建筑企业过去形成的路径锁定和轨迹定型,使其即便付出努力以期跳出原有轨道,却常常是没有效率的。

(3)轨迹顽性,即建筑企业试图改变原有路径,最后很可能仍然回到原有轨道,按照原来的轨迹变迁。

由于路径依赖性的存在,建筑企业沿着既有路径,可能会不断强化自身优势步入良性发展状态中,也可能会陷入恶性循环中去,即存在着负面作用。但路径依赖性并非不可突破,因为外部环境的变化将刺激企业不断积累、获取或更新资源(这个过程的速度及效果取决于企业当前的能力)。这些资源在进一步的价值创造活动中得到有效配置和利用，使企业能力逐步得到提升乃至发生跃迁，达到一个新的高度和状态，并成为下一次能力跃迁的起点。通过企业家对市场风险和机会的识别，以及对资源的有效配置和利用，建筑企业能够沿着更为健康、有序的路径成长。

3.2.2 建筑企业成长能力形成的三种路径依赖

路径依赖对建筑企业成长能力的形成产生的上述三种作用，原因在于建筑企业的组织常规、管理体制和企业文化具有路径依赖性。

1. 组织常规的路径依赖性

组织常规是企业正式与非正式的程序、流程和习惯，往往形成于企业每天所从事的大部分活动（如投资与经营决策、项目竞标、项目管理、违约诉讼等）、处理大量事情的重复性。并不是所有常规都需要专门提炼、整理，有些甚至不是由任何人理性地决策的。它们常常是随着时间的推移，经过大量的重复，成为习惯形成的。

首先，品牌对建筑企业具有特别重要的意义，是建筑企业获得项目的重要因素之一，而品牌的形成是一个长期积累的过程，因此，建筑企业从一种经营领域向另一种领域转变（例如建筑企业从港口交通领域向房屋建筑领域转换）时，由于品牌所形成的路径锁定使得这种转变十分困难。

其次，企业家积累了某一领域的管理经验之后，能够敏锐地感知到该领域内由市场环境的变化带来的潜在的机会和风险，这有利于企业制定正确的发展战略；同样，多年项目管理和施工经验的积累，尤其是对国际建筑市场规则和国外人文环境的熟悉，不但有利于建筑企业市场的开拓，也有利于项目经理管理水平和施工人员技术水平的提高，而改变这些人员的管理和运作习惯同样是十分困难的。

2. 管理体制的路径依赖性

管理体制是企业高效率运行的保障，是企业内部单位之间协调发展的关键，也关系到企业发展战略的实施。管理体制包括企业下属单位的划分，各单位之间的权力、责任关系，企业治理的层级结构，以及组织结构中不同职位之间的权力、责任关系。管理体制中最容易观察到的部分，往往显示在企业的组织结构中。组织结构的构建，就是企业权力和责任关系的构建。因此，组织结构的变迁意味着企业内权力、责任关系的改变，这种改变将会遭致既得利益者的反对，最终导致革新无效。

在建筑企业的管理体制中，权力和责任的分配不仅存在于企业层次，还涉及项目层次，使其组织结构变得非常复杂。以我国为例，建筑企业的组织结构中，存在局（总公司）、公司、分公司（施工处）、项目经理部等四个主要层次；各主要层次中，还存在次层级。建筑企业众多的组织层级，不仅极易导致企业机构臃肿、阻碍信息在企业内部的传递速度、妨碍企业领导人在竞争日益加剧的环境下迅速及时地作出反应，也增加了其管理体制调整的难度和有效性。

3. 企业文化的路径依赖性

企业文化概念最早出现于美国，最早由美国的管理学家威廉姆（William）和欧奇（Ouchi）提出，他们认为“传统和气氛构成了一个公司的文化。同时，文化意味着一个公司的价值观，诸如进取、守成或是灵活——这些价值观构成职工活动、意见和行为规范。管理人员身体力行，把这些规范灌输给职工并代代相传”。尽管目前理论界对企业文化尚未形成统一的定义，但普遍认为，企业文化是指组织在长期的生存和发展中所形成的为组织多数成员所共同遵循的基本信念、价值标准和行为规范。它体现了一个企业的内在品格和人文精神，反映了企业在拓展自身发展空间过程中的智慧张扬和价值取向。美国著名管理学家沙因在《企业文化生存指南》一书中指出：大量案例证明，在企业发展的不同阶段，企业文化再造是推动企业前进的原动力。美国学者伦斯·米勒也在《美国文化精神》中说到：企业唯有发展出一种文化，这种文化能够在激励中获得成功的一切行为，这样公司才能在竞争中获得成功。企业文化主要是通过发挥以下4方面的作用来提高企业的核心竞争力：整合并形成企业的核心价值观；激励员工为了企业的战略目标而奋斗；对企业员工的思想、心理和行为进行规范和约束；塑造企业形象、实施品牌战略。

首先，企业文化有利于企业经营战略的实施。企业的经营战略需要企业全体成员共同去贯彻、执行。企业文化是以其所营造的整体价值取向、经营理念和行为方式，潜移默化地引导企业全体成员去贯彻、执行企业既定的发展战略，保证战略目标的实现。

其次，企业文化有利于充分发挥组织行为的功效。组织是由思想各异的众多成员为了共同的目标而组成的群体，这个群体的基础是每个成员的个人实力，但其实际发挥作用的程度则取决于组织中形成的群体合力。组织行为就是利用企业群体中的组织结构与分工、权力与责任，以及信息沟通手段，调动群体内每个成员的积极性，以最大的群体合力保证目标实现的一系列活动。调查表明，世界500强企业出类拔萃的关键是有优秀的企业文化。企业的核心竞争力主要是企业文化。目前国内建筑企业在这方面还有较大差距。典型的表现就是市场道德缺位和激励机制中过于依赖金钱。

从上述定义看，企业文化是在历史发展中逐步形成的，显然具有路径依赖性，这一方面在很大程度上归因于组织过去的行为，另一方面受组织所处的宏观环境、背景文化的深刻影响。如果单从企业文化的三个层面——“器物层—制度层—精神价值层”来看，企业文化的路径依赖性并不强：器物层最容易复制；制度层也容易复制，只是有效执行需假以时日；精神价值层所存在的差异，主要是对价值观含义理解的差异，引起企业价值观的不同认识，而这种差异也是可以学习的。但实际上，由于员工的行为规范容易产生轨迹顽性，企业文化的路径依赖性是非常强的。

从某种意义上讲，企业文化是企业的大脑和潜意识，是企业的凝聚力和活力的源泉。企业文化的作用往往是潜移默化的，是间接的。但没有企业文化做支撑，企业将对内缺乏凝聚力，对外则不能从根本上形成和提升企业形象，很难有长久的生命力和持续竞争力。

与其他企业相比，建筑企业企业文化的路径依赖性更强。这主要是因为建筑企业施工项目的单一性、不可复制性和流动性等特点，一方面造成了企业人员在空间上的离散性，另一方面决定了企业文化必然是跨地区与跨文化的，必须兼收并蓄、博采众长、不断创新，这大大增加了企业文化建设和改变的难度。

组织常规、管理体制和企业文化的路径依赖性，是使建筑企业成长能力具有不可模仿和不可替代性的因素之一。在不可模仿和替代的成长能力的作用下，建筑企业得以持续成长。同时，为了避免路径依赖性的负面作用，建筑企业在发展初期应根据自身对环境的适应情况随时作出调整，沿着培育和提升自身成长能力的方向成长。

3.3 建筑企业成长能力形成的过程

3.3.1 建筑企业成长能力形成的流程图

知识基础观认为，企业是一个知识处理系统，“企业能力可以被认为是企业知识的集合”，因此，企业能力形成的过程就是将知识整合成相应流程的过程。

从可见度的角度，知识可以分为显性知识(Explicit Knowledge)和隐性知识(或缄默性知识，Tacit Knowledge)。显性知识可以被准确地加以描述并且可以通过知识的编码而存在于组织的程序、操作手册中。隐性知识来源于经验，很难被加以描述，是一种潜意识的理解和运用，因此，隐性知识常被认为是组织能力不可模仿的来源。从载体的角度，知识可以分为个人知识、团队知识、组织知识以及组织之间的知识。其中组织知识是指有关组织信息、过程、价值和信念的集合，它来源于个人知识而又超出个人知识，并为一个组织所特有。从对企业能力作用的角度，知识可以分为特殊性知识(Specific Knowledge)、整合性知识(Integrative Knowledge)以及配置性知识(Deployment Knowledge)。其中，特殊性知识是指企业所具有的关于某个领域的知识，如技术或科学原理；整合性知识是指将许多领域的特殊性知识整合起来的知识；而配置性知识则是开采、使用特殊性知识和整合性知识以创造商业价值的知识。

根据上述有关企业知识和能力的论述，笔者认为，为应对外部环境的变化，在以资源为基础并受路径依赖的影响下，建筑企业沿着经验环和创新环，通过组织记忆以及企业层、项目层和组织间等三个层面的组织学习与互动，将知识整合成市场识拓流程、组织管理流程、技术创新流程和网络合作流程，这四种流程的复合便形成了建筑企业的成长能力。整个过程如图 3-1 所示，其中箭头表示两者之间的转变经过了某一处理或整合的过程。该图反映了建筑企业在受外部环境的刺激后，在组织学习和组织记忆过程中管理层、组织间和项目层三个层面对外界刺激的各自处理并彼此互动的过程，且这一过程以资源为基础、并受路径依赖的影响。

3.3.2 建筑企业成长能力形成中的三个核心环节

由图 3-1 可以看出，建筑企业成长能力的形成主要经过了以下三个环节：

1. 组织学习

当建筑企业预知或感知到外部环境(包括政治法律、宏观经济、技术文化和市场结构)的变化将引致企业实际具有的能力低于完成某项任务所需的能力时，建筑企业便开始了组织学习的过程。组织学习是发现和改正错误的过程，是系统内结构元素中自行处理信息或调整组

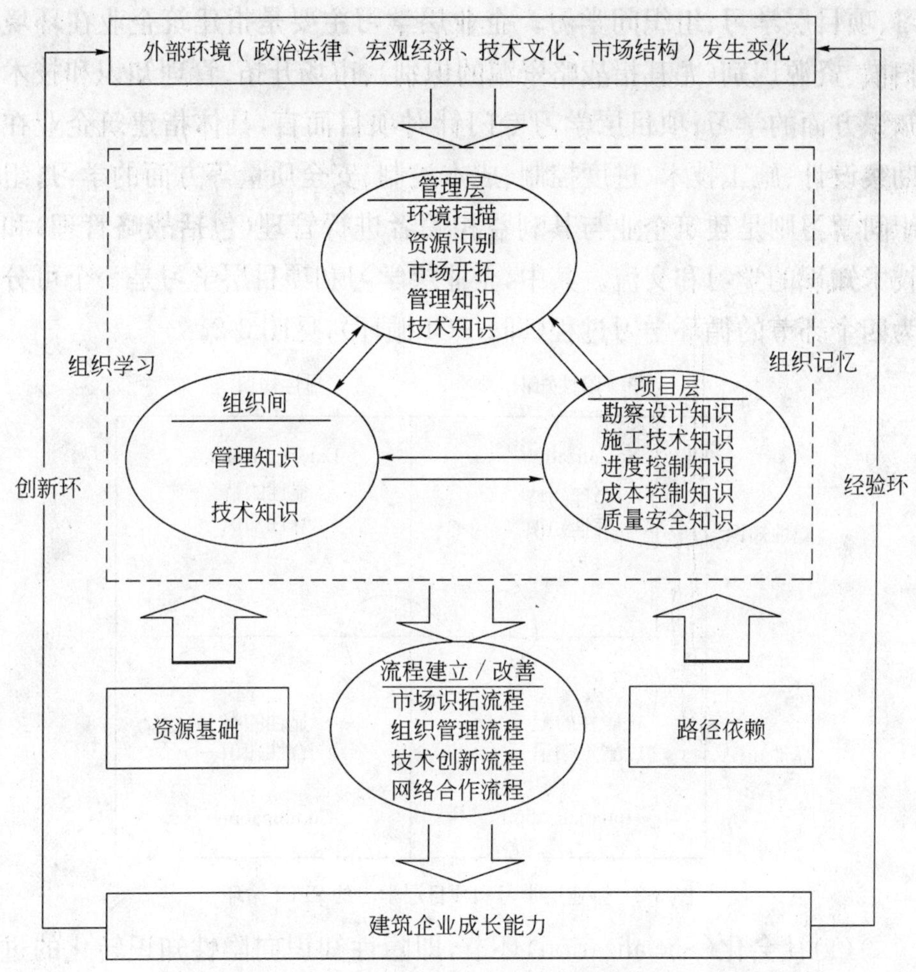

图 3-1 建筑企业成长能力的形成过程

织行为的过程，是在特定的社会文化和环境中通过人际关系互动学习的结果。组织学习分为三个层次，即个体学习、团队学习和组织学习。个体学习是个人获取或修正知识、心智模式、技能、习惯或态度，并使之向能力转化的行为过程；组织学习是有目的的、集体学习的过程，它强调学习的效率性特征；而团队学习是从个体学习到组织学习的中间过程。

根据建筑企业的特点，其组织学习可以分为三个层面：企业层学习、项目层学习、组织间学习。企业层学习主要是指建筑企业在环境扫描、资源识别(尤其指战略资源的识别)、市场开拓、管理知识和技术知识方面的学习;项目层学习专门针对项目而言,具体指建筑企业在勘察设计、施工技术、进度控制、成本控制、安全质量等方面的学习;组织间学习则是建筑企业与其利益相关者进行管理(包括战略管理)和技术知识的学习和交流。其中,企业层学习和项目层学习是一个可分为四个环节的循环学习过程(即 SECI 循环),见图 3-2。

图 3-2　企业层学习和项目层学习的 SECI 循环

(1)社会化(Socialization)环节,即隐性知识向隐性知识转化的过程。建筑企业的企业家、技术专家或其他人员通过对外部环境的感知、思考性观察、概念化抽象和实践等个体学习过程,形成了个人所拥有的、关于某个领域的特殊性知识,这种知识又经"潜移默化"的作用而被团队内其他成员掌握,形成团队内共享的隐性的特殊性知识。

(2)外在化(Externalization)环节,即隐性知识向显性知识转化的过程。建筑企业通过隐喻、类比、概念和模型等将隐性知识用显性化的概念和语言清晰表达出来,形成显性的特殊性知识。

(3)组合化(Combination)环节,即显性知识向显性知识转化的过程。通过制作建筑设计(施工)图纸和建筑模型,编制战略发展规划书和员工手册等方式,建筑企业将离散的特殊性知识加工成系统化的整合性知识,以便指导建筑企业的运作。

(4)内在化(Internalization)环节,即显性知识向隐性知识转化的过程。建筑企业将汇总组合后的显性的整合性知识在企业内传播,并经员工吸收、消化后升华成他们自己的隐性知识。这些隐性知识能够直接指导建筑企业的运作,因而是一种配置性知识。

完成知识的内在化之后,建筑企业完成了从个体学习到组织学习的提升,也完成了知识的获取、创造和传播过程,并进入下一轮的学习循环中去。与此类似,建筑企业与其利益相关者进行的组织间学习过程见图 3-3(罗彪、梁樑,2003)。

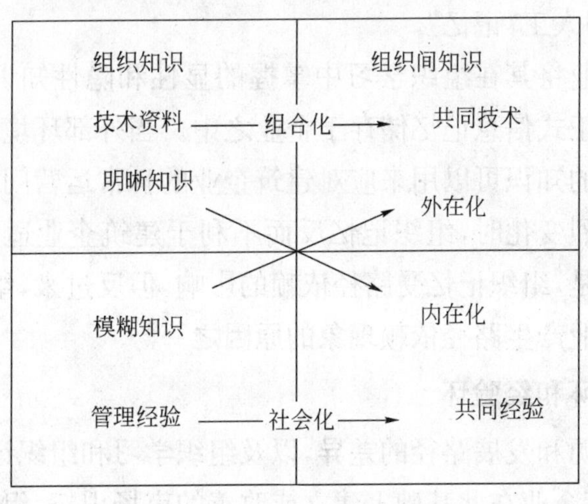

图 3-3　建筑企业的组织间学习过程

组合化和社会化(Combination &Socialization)过程:组织间的明晰知识,如技术资料,通过组合化的过程(如编制操作手册)变成组织间的共同技术;而模糊知识,如管理经验,通过社会化的过程(如共同完成施工项目)转化为组织间的共同经验。

内在化和外在化(Internalization &Externalization)过程:建筑企

业的各种明晰知识在组织间运行时，将会被有甄别地应用于实践，转化为组织的共同经验。建筑企业的模糊知识在转移到合作企业中后，被转化为书面文档并保存，完成知识的外化过程。

企业层、项目层和组织间的学习并不是彼此独立、截然分开的，三者之间相互渗透和促进，使建筑企业能够不断地创造出新的知识，从而建立新的流程系列。

2. 组织记忆

组织记忆是指组织对大量过去经历、实践、态度的了解与依赖，是组织成长过程中必然发生的现象，具有复杂的组织背景与发展特征。组织记忆可以细分为正式信息记忆和非正式信息记忆，正式信息记忆的媒介一般为实物或文字，而非正式信息记忆一般存储在组织成员的大脑之中，即人工“记忆”。

建筑企业将其在组织学习中掌握的显性和隐性知识通过正式信息记忆和非正式信息记忆储存于企业之中。当外部环境缓慢变化时，这些被储存的知识可以用来应对建筑企业的日常运营问题；但当外部环境发生剧烈变化时，组织记忆反而不利于建筑企业适应这种变化。需要说明的是，组织记忆受路径依赖的影响，但反过来，组织记忆也是导致建筑企业产生路径依赖现象的原因之一。

3. 创新环和经验环

企业资源和发展路径的差异，以及组织学习和组织记忆方式的不同，使得建筑企业在此基础上建立或改善的市场识拓、组织管理、技术创新和网络合作等流程体系具有独特性，因此，由这些独特的流程体系进一步有机复合而成的成长能力也各不相同。

建筑企业成长能力的形成是一个随着外部环境的变化而动态循环、永不停止的过程，其中包含组织学习的循环即为创新环，因在这一循环中有新的知识产生；包含组织记忆的循环则为经验环，这一循环主要是对复合成建筑企业成长能力的四种流程进行改善。创新环和经验环共同作用，但以创新环为主，由此而形成的具有独特性、动态性和持续性的成长能力使建筑企业得以持续地成长。

3.4 建筑企业成长能力的复合

3.4.1 建筑企业的一个基因模型

根据前文对建筑企业成长能力形成过程的分析可知，市场识拓流程、组织管理流程、技术创新流程和网络合作流程分别形成了建筑企业的市场识拓能力、组织管理能力、技术创新能力和网络合作能力。这四种子能力在应对市场环境的变换过程中，相互交叠与渗透（如组织管理能力和网络合作能力彼此在建筑企业与市场进行交易时产生交叉），进而有机复合成了建筑企业的成长能力。这种复合机理可以借助于基因模型进行阐释。基因的化学本质是DNA。基于分子生物学的认知，控制生命体性状遗传的主要物质是脱氧核糖核酸，亦即DNA。1953年，沃森（Watson）和克里克（Crick）在英国《自然》杂志上发表了关于DNA的结构和自我复制机制的论文，共同提出了DNA分子的双螺旋结构，从而开创了分子生物学时代。DNA分子结构的主要特点是：（1）由两条反向平行的互补脱氧核苷酸长链相互缠绕形成一个右手的双螺旋结构，核苷酸由碱基、核糖和磷酸三种化学物质组成；（2）碱基排列在双螺旋内侧，双螺旋外侧由磷酸和脱氧核糖间隔排列连接成长链，构成核酸的骨架；（3）两条链上的四种碱基之间存在着两两对应的关系，形成腺膘呤（A）与胸腺嘧啶（T）配对（A-T）和鸟膘呤（G）与胞嘧啶（C）配对（G-C），彼此之间以氢键相连接，形成碱基对。这种基本结构形成了生物个体遗传与变异特性的基础。在DNA双螺旋中，带有信息的碱基对位于螺旋内侧，有利于保持遗传信息稳定。双螺旋中特异的碱基互补配对原则表明了遗传物质可能有的复制机制，是基因复制、表达及修复的分子基础。通过碱基互补配对，

DNA 能进行“半保留复制”，使生物体把亲代的遗传信息传给子代，物种得以稳定遗传。

作为社会经济生活中的最基本单元体，企业并非以机械式的模式存在，而应视为一种非自然的生物体，并拥有其独特的 DNA。企业 DNA 的概念最早由迪奇(Tichy)提出，认为企业作为一种类生物体，与生物体一样有自己的遗传基因，正是组织的基因决定了企业的异质性，而基因的变化发展过程就是企业的发展过程。在他看来，企业的运营机制是由企业的决策构架和社交构架整合而成，提供了企业各种自我发展、学习及反馈的功能，并可以把企业的基因密码深深植入组织中。奥瑞克(Aurick)等人认为，企业基因是指企业价值链上一组可以为企业带来特定产出有独立价值贡献的一个基本组成部分，即能力要素，这些能力要素基于一定的资源基础，如知识、资产或流程等能力要素。企业基因重组是指把企业价值链进行重新分解，把企业战略建立在更为基础的业务构成层面——能力要素层面上，通过对能力要素的识别、评估，把自身或其他企业的单个或多个最优能力要素进行重组，旨在通过企业基因重组创建更具竞争性的实体。纳尔逊·格雷(Neilson Gray)等学者将企业自身的属性特征类比于生物体的 DNA，认为，企业 DNA 由四个基本要素组成，这些基本要素通过无数种组合方法形成企业的独特性，就像生物双螺旋结构的 DNA 由四种核苷酸分子组成一样。这四个基本要素是组织架构、决策权、激励机制、信息传导。类似于生物体 DNA 呈现双螺旋结构，对于企业 DNA，也可以作出同样的映射，即企业也具有双螺旋结构的 DNA。

如果把建筑业视为一个生物种群的话，那么建筑企业就是这个种群中的生命个体。作为种群的建筑业在适应环境(宏观环境和产业环境)的过程中不断产生新的生命体(即新的建筑企业或组织)，同时通过基因重组淘汰弱势个体而得以进化、延续。但作为生命个体的建筑企业则有其产生、成长、成熟、衰退直至死亡或再生的生命周期过程，由于基因的不同，它们之间表现出千差万别的生命特征，也因此具有了不同的生命周期。企业的 DNA 决定了企业基本稳定形态与发展乃至变异的种种特征。与生物体 DNA 的双螺旋结构类比，本文引申出建筑企业的一个 DNA 模型，如图 3-4 所示。对图 3-4 的阐释如下：

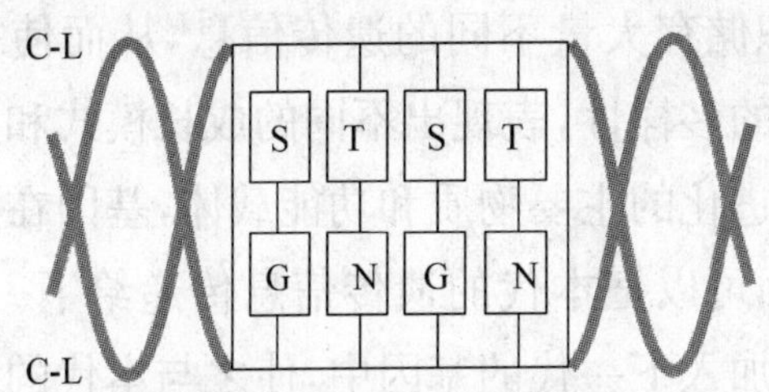

图 3-4 建筑企业的 DNA 模型

C-L-资本—劳动力链；S-战略；G-制度；T-技术；N-网络关系

(1)企业 DNA 结构中的双螺旋长链为两条骨架链，在双螺旋链的外侧由资本和劳动力间隔排列连接而成，即资本—劳动力链(C-L 链)，表示构成企业的两种基本物质，亦即肌体的血液和智力组成。这不仅适用于建筑企业，对任何企业都是如此。

(2)建筑企业 DNA 的碱基排列在双螺旋链的内侧，它们可以包括战略(Strategy)、制度(Goverance)、技术(Technology)和网络关系(Network Relationship)四种碱基。其中，战略取决于企业适应环境的需要，决定了其成长的方向和定位；制度为解决企业的委托代理和激励问题提供了框架机制，形成了企业特有的组织架构、管理模式和企业文化；技术是企业成长的提升力，技术创新为企业变异和演进提供了动力源；网络关系提供了信息传导的各种路径，反映了企业与利益相关者之间的动态依存关系，体现了企业整合、掌控价值链资源的能力水平，这对建筑企业而言可以视为具有特定的内涵。四者一道整合企业内外部资源，提升组织应变能力，促进企业健康、有序地成长。相对而言，战略(S)的实施需要有高绩效的组织制度(G)对其进行支撑，而技术(T)的开发与利用需要通过网络关系(N)整合资源，疏通渠道，拓展应用前景。因此可以认为，S-G、T-N 分别为配对碱基对，形成互补关系，见图 3-4。

(3)战略、制度、技术和网络关系四个碱基互补配对与资本—劳动力链形成互补链状结构，其碱基互补配对沿双螺旋链呈不同序列的排列方式，能为组织储存大量不同的遗传信息，从而使得建筑企业的生存延续具有广泛的多样性，表现出不同的成长模式和生命周期。

作为生物体进化的主要物质和功能载体，基因在生物繁衍过程中进行重组，一方面可以把本代的遗传信息传递给下一代，另一方面也可能把新的信息加入下一代的基因中，使之与本代的基因并不会完全相同，因此就产生了变异或演化。由此可以引申至对企业能力的隐喻和企业能力性态发生变化和演进的机理。尽管建筑企业的成长模式由其 DNA 决定，但企业的 DNA 是可以被改善的，其性态受建筑企业应对环境变化的能力的影响。随着企业生命周期的延续，建筑企业 DNA 中的四个碱基——战略、制度、技术和网络关系分别受控于市场识拓能力、组织管理能力、技术创新能力和网络合作能力，并伴随着这些能力的互补、传递或改变而产生复制(修复)、遗传或变异，进一步提升企业的持续成长能力。

3.4.2 建筑企业成长能力的复合机理

建筑企业成长能力的复合体现在其成长演化的过程当中。对于企业成长的演化过程，理论界有两种不同的观点，即达尔文主义演化过程与拉马克主义演化过程。达尔文主义的演化观强调的是环境推动组织机体演化的过程，这个过程是连续的渐进性演变，由机会来支配，是自然选择的结果。自然选择主要通过四个基本规则影响企业组织的发展：①变异，企业在能力和适应度上出现差异；②选择，环境因子对某些企业变异有利，而对某些不利；③保留与传衍，有利的变异在企业种群中保留并遗传下去；④为生存而斗争，能更好地适应环境的企业种群，在资源争夺中处于上风而得以生存。拉马克主义的演化观强调的则是企业拉动自身演化的过程，这个过程是连续的或者是非连续的，由企业控制、指导，是有目的的。企业作为一个由人所组成的智慧体，在激烈竞争和迅速变化的市场经济环境下，能够在信息不对称的环境中不断采取新对策来主动适应环境的变化，因此，企业的演化过程是一个企业与环境间无休止的动态博弈过程，而不只是达尔文式的"随机变异，自然选择"过程。

建筑企业的市场识拓能力使其能够识别出可预知的环境变化，从而制定正确的市场战略，并进行建筑市场的开拓；进一步讲，建筑企业根据其制定的发展战略和所开拓的建筑市场，依赖其组织管理能力来改善其企业制度或调整其组织结构，以技术创新能力提升其技术，并通过网络合作能力构建其关系网络，在作用和平衡 DNA 的四碱基过程中，建筑企业复合出了成长能力，最终导致基因的有利变异，使其能够在环境选择过程中生存下来。有利的变异基因被建筑企业保留和传衍，如高效的项目管理方式、灵活的信息沟通机制、迅速的技术创新机制等，进一步强化了其成长能力。图 3-5 表述了建筑企业成长能力

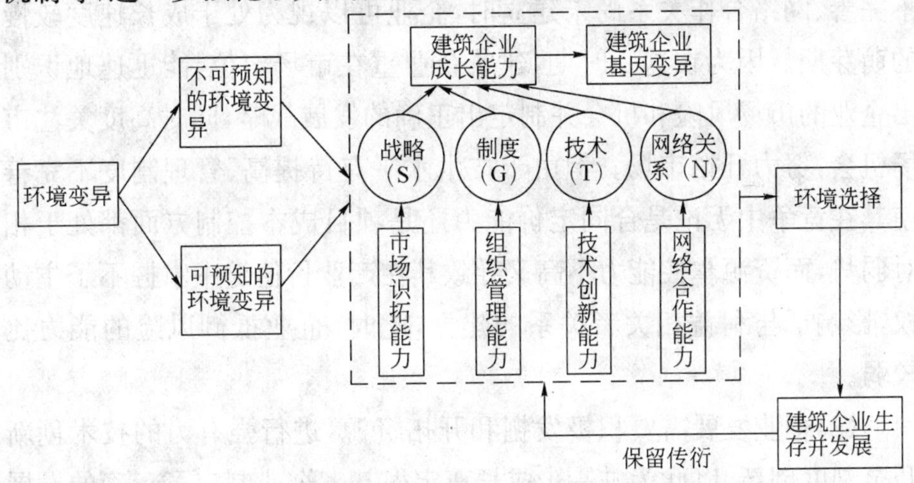

图 3-5　建筑企业成长能力随建筑企业的成长演化而复合的过程

随建筑企业的成长演化而复合的过程。

3.4.3 建筑企业成长能力的阶段特征

在建筑企业成长过程中，构成其成长能力的四个子能力并不总是处于强势状态，当其中的某个子能力处于弱势状态时，该能力所控制的碱基处于隐性状态；若完全不具备某种子能力时，则该能力所控制的碱基不存在。例如，建筑企业的市场识拓能力较弱时，企业战略便处于隐性状态(即起相对弱势作用的状态)，此时，我们以小写字母“s”来表示战略碱基；若建筑企业不具备市场识拓能力，则认为其原因是建筑企业的战略碱基不存在，那么该企业将迅速消亡。组织管理能力等其他三个子能力较弱时，分别以字母“g”、“t”和“n”表示。而相对地，若建筑企业的某一碱基处于显性状态(即起相对强势作用的状态)时，我们相应地以大写字母表示。

考察建筑企业的成长周期，发现可以将其划分为萌芽期、快速成长期、稳步成长期和衰退期或再成长期四个阶段。

(1)当建筑企业发展战略明确，但技术水平尚在开发、管理制度尚不完善、网络合作关系尚未建立时，企业可以视为处于成长速度较慢的萌芽期。因为在这一时期，建筑企业重在市场定位，能迅速地识别出企业的市场风险和机会并制定出正确的发展战略，同时高度关注市场机会，努力开拓市场。但由于技术水平有待提高、管理制度不完善使其在竞争中无论是合同定价能力还是项目成本控制方面都处于相对弱势，而资源掌控能力不高又导致其在产业价值链中掌握不了主动权，影响了与利益相关者关系的建立，此时，企业抵御风险的能力比较弱。

(2)企业发展需要积极发掘和开拓资源，进行强有力的技术创新乃至制度创新，以此为进一步成长奠定根基。企业制定了正确的发展战略，通过技术研发拥有较高的技术水平，同时建立相对完善的管理制度，尽管此时其未能与利益相关者建立有效的网络合作关系，但可以视为进入了快速成长期。在该阶段，建筑企业针对市场变化做出正确的竞争策略，通过其规范的管理体系和有序的管理流程，以及优于行业平均水平的设计、施工技术，在更高端的市场获得竞争优势，加之项目成本的有效控制，从而攫取更为丰厚的利润。一旦该种竞争优势形成，企业品牌得到认可，在路径依赖性的影响下，建筑企业将不断强化其自身优势，从而迅速成长。但同时也应看到，建筑企业可能因网络合作能力的不足而出现企业资源的约束与较快的成长速度之间的矛盾，最终可能导致企业滑坡乃至衰亡。

(3)在建筑企业拥有明晰的发展战略、先进的技术水平、完善的管理制度基础上，通过发展和构建良好的网络合作关系，形成了规模效益，意味着具有了相对稳定的成长能力，进入了持续、健康、有序的稳步成长期。此时建筑企业经过前期迅速发展之后，目标市场占有份额的增长、管理效率的提升在更大程度上依赖于网络合作关系的构建和对价值链资源的整合。在该阶段，由于组织常规、管理体制和企业文化在长期发展过程中形成了较强的路径依赖性，建筑企业的竞争优势能够得到较长时间地保持。

(4)企业内外环境的变化是对企业的挑战。随着企业规模的增长，战略定位日显重要。借助于已有的制度、技术水平和网络关系，建筑企业要有战略眼光，能够及时识别环境的变化，适时调整或拓展业务发展战略(防止战略碱基弱化)，注重组织制度与业务发展战略相适配，为逐步进入下一轮成长周期提供条件基础，避免在发展战略上造成失误，致使企业的现有制度、技术和网络关系不能满足发展的要求，导致因难以摆脱路径依赖性造成的管理、技术等锁定而衰亡。战略上的失误常常是难以逆转的。

建筑企业成长能力在各成长阶段中的特征可以用图 3-6 来表述。

图 3-6 表明，当建筑企业的战略碱基、技术碱基和制度碱基处于

显性作用状态时，建筑企业开始步入快速成长期；而当四种碱基都处于显性作用时，建筑企业便进入了稳步成长期。因成长子能力中任何一种能力的变弱，都会使得该能力所控制的碱基变为隐性，失去强势作用，而一旦该子能力丧失或所有子能力均处于极弱状态，都将导致企业的衰亡。

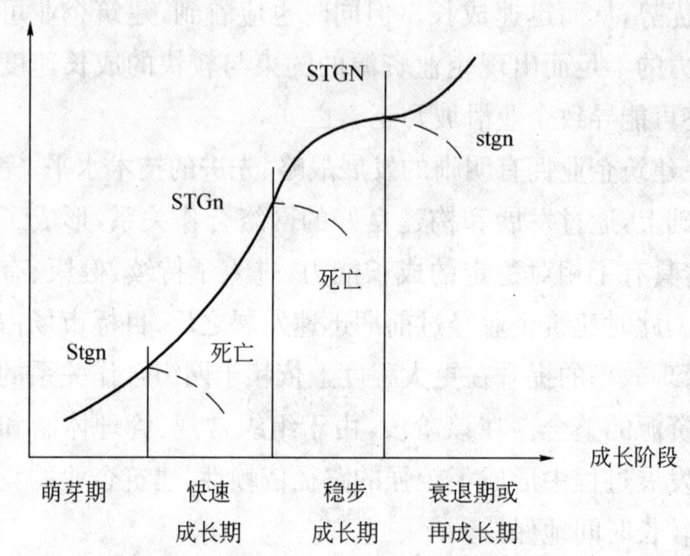

图 3-6　建筑企业在各成长阶段中的特征

S/s-战略；T/t-技术；G/g-制度；N/n-网络关系

纵观我国建筑企业的发展历程，在发展初期，企业发展战略以获取区域竞争优势为主，但由于企业之间技术水平、管理制度等差别不大，行业集中度不高，导致企业之间恶性竞争严重，发展非常缓慢。国家进行行业重组之后，小的建筑施工企业被整合成建筑集团。集团协调内部企业之间的发展，统一对外，以争夺全国建筑市场份额为战略目标，一方面避免了因相互竞争而产生内耗，同时因大型、高端、专业的机械设备的使用以及行业经验的积累大大提升了施工技术水平，建筑企业盈利能力迅速提高，开始步入快速成长期。随着集团这种组织形式的巩固，科研、勘察设计、施工、监理等上下游价值链的整合，技术水平的进一步提升，以及企业与政府、企业与金融机构、竞争企业之间合作关系的建立与加强，建筑企业进入稳步成长期。当前，我国建筑企业集团已将目光瞄准国际市场，并利用资本市场对其管理制度的规范及融资的便利，开始了新一轮的成长。

第4章

建筑企业成长能力的作用机理

导读

建筑企业的成长是一个长期过程，包含成长方向和成长速度两个方面。成长方向从产业链的角度来说有纵向一体化成长和横向一体化成长之分；从产品所在行业的角度来说有集中化成长和多元化成长之分；从空间发展角度来说有国内成长和国际化成长之分。成长速度则指建筑企业在某一方向上发展的快慢。一方面，建筑企业的成长并不是一个直线式的上升过程，其外部和内部不断地滋长某种力量，这种力量使其产生振荡，甚至长期处于成长的停滞状态之中，形成“成长上限”。因此，建筑企业持续成长的实质就是一个在选择正确的成长方向之后，协调与整合其内外部资源，迅速地从振荡中回复到远离平衡态，并不断地突破成长上限的过程，而依托于成长能力，建筑企业这一过程能够得以实现。第4.1节首先采用隐喻这一研究方法，将建筑企业成长能力类比成物理学中的作用力，通过构建动力学模型对建筑企业成长方向和速度的决定因素进行分析。紧接着，作为动力学模型的一个补充，在解释建筑企业成长能力与建筑企业成长状态之间关系时，利用演化经济学分析方法，构建了成长能力与成长状态之间的逻辑斯蒂函数，分析不同成长能力下建筑企业成长状态的变化情况以及建筑企业如何摆脱成长的混沌态。最后，同样作为动力学模型的延伸，笔者考虑在时间趋于成长周期上限的情况下，借用彼得·圣吉(Peter M. Senge)的系统思考理论，建立了建筑企业的突破“成长上限”模型。另一方面，由于建筑企业成长能力的形成以资源为基础，成长能力需通过对资源的整合才能发挥其作用，因此，第4.2节解释了建筑企业如何协调、整合内外部资源，以满足建筑企业成长能力发生作用所需的物质基础。

本章首先借用力学、演化经济学、系统动力学相关理论构造了建筑企业成长能力的三个作用模型，揭示了成长能力在决定建筑企业成长方向和速度、走出成长的混沌态，以及突破“成长上限”中的作用。其后，笔者提出了资源是企业成长的基础的观点，并在界定建筑企业资源的内容及对其进行分类的基础上，分析了成长能力在建筑企业资源整合过程(即资源识别、资源汲取、资源配置)中的作用。从上述两个方面，本章解释了建筑企业成长能力在其持续、健康、有序成长中的内在作用机理。

4.1 建筑企业成长能力的几个作用模型

4.1.1 动力模型

如果把建筑企业的成长过程看成一个物体沿斜坡向上运动的过程，企业的规模可看成物体的质量（以 m 表示），那么，由于规模而产生的管理问题则可看成物体所受的重力（以 G 表示），而成长能力则是促使其向上运动的作用力（以 F_g 表示），政治、经济、文化、法律法规、科技等外部环境中的制约因素则成为其运动的阻力（以 F_f 表示）。由此，建筑企业成长的加速度 a 和速度 v 可分别用式(4-1)、式(4-2)表示。

$$a=\frac{F_{合}(F_g,F_f,G)}{m} \tag{4-1}$$

$$v=v_0+at \tag{4-2}$$

式中，v_0——建筑企业成长的初速度；

t——时间。

由于建筑企业成长能力可分解成市场识拓能力（以 f_1 表示）、组织管理能力（以 f_2 表示）、技术创新能力（以 f_3 表示）和网络合作能力（以 f_4 表示），且上述四种子能力对建筑企业的成长分别起着引导力、支撑力、推动力和提升力的作用，因此，建筑企业成长的动力模型可用图 4-1 表示。

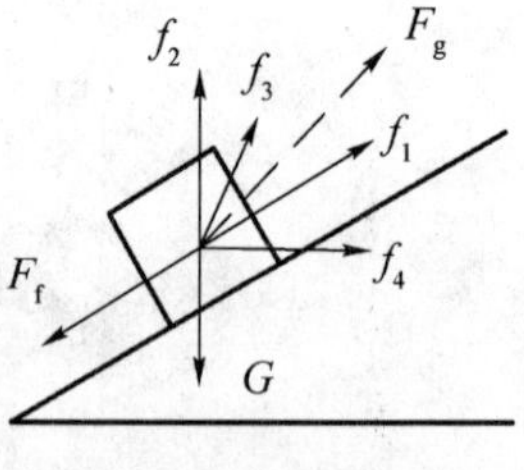

图 4-1 建筑企业成长的动力模型

对图 4-1 的解释如下：

(1)建筑企业的成长方向由 f_1 决定，所有其他力均在这一方向或反方向合成；失去了 f_1 的导向作用，企业的成长将改变原来的方向，以至于因管理混乱而导致企业的衰亡；f_2 一方面推动了建筑企业的成长，另一方面平衡了建筑企业因规模的扩大而导致的管理效率的下降；f_3 作用的效果与 f_2 相似，但它更偏重于对建筑企业成长的提升；f_4 在促进建筑企业成长的同时，也增加了其管理上的复杂度，说明建筑企业如果不能有效利用其网络关系，反而有损于其管理效率。

(2)阻力 F_f 和重力 G 始终存在，但推动力 f_1、f_2、f_3、f_4 则并非每一家建筑企业在任何时期都具备，因此，一旦后四者的合力(即成长能力 F_g)小到不能抵抗由前两者产生的合力，企业便开始走向衰亡。这再次证明了本书第 3 章中对图 3-6 所作的说明。

(3)由于建筑企业的规模 m 随着其不断地成长而逐渐壮大，因此，重力 G 也将越来越大，这将使得其成长的加速度 a 变小，直至为零，甚至为负；对应地，其成长速度 v 将有一个先逐渐变大、随后保持匀速、最后降低的变化过程。为了说明加速度和速度这种变化，同时为简化由于规模的自相关性给运算带来的复杂度，以 $X(t)$ 表示建筑企业在 t 时刻的成长状态(指包括经营规模、盈利能力、市场竞争力等在内的建筑企业在某一时点的综合发展状态)，那么其成长速度为 $\mathrm{d}X/\mathrm{d}t$，相对成长速度则为 $\frac{1}{X}\frac{\mathrm{d}X}{\mathrm{d}t}$。在不考虑任何限制因素的情况下，建筑企业将遵循自然成长规律，此时相对成长速度保持不变，即有 $\frac{\mathrm{d}X}{\mathrm{d}t}=rX$(其中 r 为常数)或 $X=X_0e^{rt}$ 成立[1]，建筑企业的成长曲线如图 4-2 所示(刁兆峰，2003)。

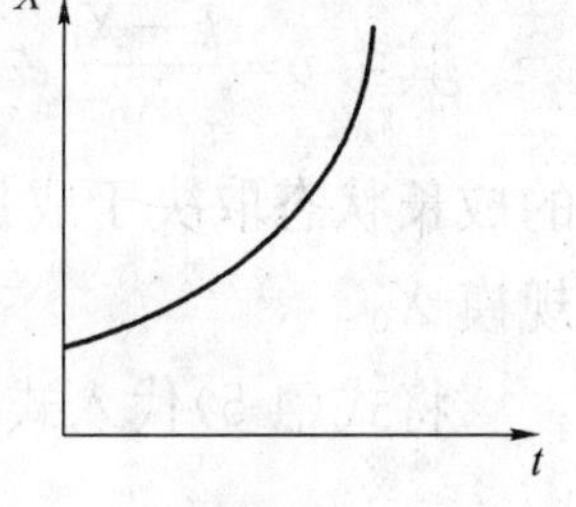

图 4-2 无限制因素下的建筑企业成长曲线

但由于 F_f 和 G 的存在，建筑企业的相对成长速度不再为一个常

[1] 根据马尔萨斯人口指数增长模型，在不受外界因素的限制下，$t+1$ 时刻的人口数量 $N(t+1)=N(t)+rN(t)\Delta t$，或 $N(t+1)-N(t)=rN(t)\Delta t$，其中 r 为常数，表示单位时间人口的增长量与当时的人口成正比。此处类比人口指数增长模型而来。

数，而成为其成长状态的函数，即有：$\frac{\mathrm{d}X}{\mathrm{d}t}=r(X)X$。令 $X(0)=X_0$，假定建筑企业相对成长速度 $r(X)$ 是其成长状态的线性递减函数，当相对成长速度趋于零时，企业成长状态接近其极限成长状态或发展边界，以 k 表示。μ 为建筑企业在一定成长周期 T 的最大相对成长速度(为一正常数)，这样可以得到 $r(X)=\mu-\frac{\mu}{k}X$，其中 μ 随着不同成长周期 T 的不同而有所变化，k 的大小受 t 时刻建筑企业可利用的内外部资源以及市场容量等因素的影响，则有：

$$\frac{\mathrm{d}X}{\mathrm{d}t}=\mu\left(1-\frac{1}{k}X\right)X \tag{4-3}$$

从而，相对发展速度为：

$$\frac{1}{X}\frac{\mathrm{d}X}{\mathrm{d}t}=\mu\left(1-\frac{1}{k}X\right) \tag{4-4}$$

求解微分方程(4-3)，得到：

$$X=\frac{k}{1+\delta e^{\mu(T-t)}} \tag{4-5}$$

其中 $\delta=\frac{k-X_0}{X_0}e^{-\mu T}>0$，且 $k>X_0>0$。它说明，建筑企业 t 时刻的成长状态取决于成长时间区间 T、企业发展边界值 k，以及企业初始规模 X_0。

将式(4-5)代入式(4-3)中，得：

$$\frac{\mathrm{d}X}{\mathrm{d}t}=\mu\frac{k\delta e^{\mu(T-t)}}{(1+\delta e^{\mu(T-t)})^2} \tag{4-6}$$

该函数曲线如图 4-3 所示。

由 $\mathrm{d}X/\mathrm{d}t$ 对 t 分别求一阶导数和二阶导数并令其等于零可求得：

$$t_0=T-\frac{1}{\mu}\ln\frac{1}{\delta}$$

$$t_1=T-\frac{1}{\mu}\ln\left[\frac{(2+\sqrt{3})}{\delta}\right]$$

$$t_2=T-\frac{1}{\mu}\ln\left[\frac{(2-\sqrt{3})}{\delta}\right]$$

将 t_1 和 t_2 值分别代入式(4-6)可得：

$$\frac{\mathrm{d}X}{\mathrm{d}t}=\frac{\mu k}{6}$$

将 t_0 值代入式(4-6)可得：

$$\frac{\mathrm{d}X}{\mathrm{d}t}=\frac{\mu k}{4}$$

如图 4-3 中，t_0 左边的成长速度处于上升阶段，右边是下降阶段，顶点是函数曲线的驻点，此时建筑企业呈匀速成长状态；以 $\frac{\mathrm{d}X}{\mathrm{d}t}=\frac{\mu k}{6}$ 为分界点的时点 t_1 和 t_2，是函数曲线的拐点，分别表示建筑企业成长的加速度由快变慢和由慢变快的转折点。

由式(4-5)，建筑企业的成长曲线如图 4-4 所示。

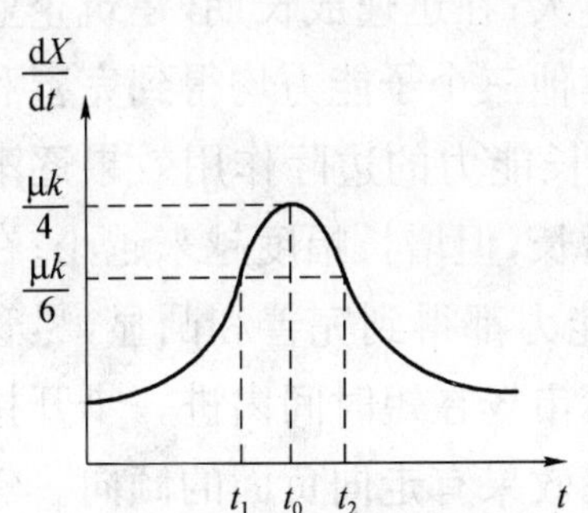

图 4-3　受阻力情况下建筑企业成长的速度曲线

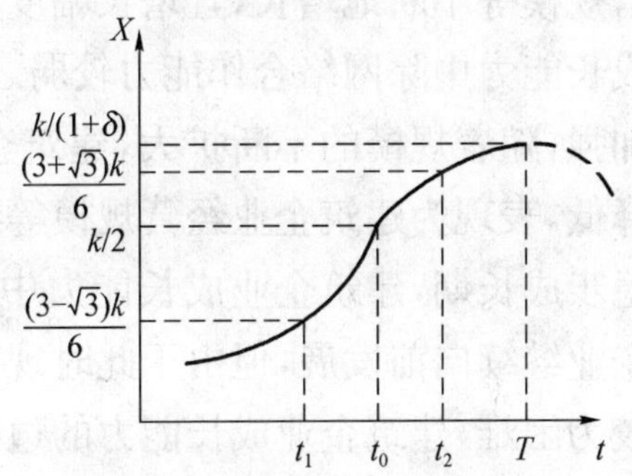

图 4-4　受阻力情况下建筑企业的成长状态曲线

为简便起见，这里用表 4-1 来说明图 4-4 中各时段或时点所对应的成长状态及其速度情况。

受阻力情况下的建筑企业成长状态及其速度　　表 4-1

t	X	$\frac{\mathrm{d}X}{\mathrm{d}t}$	成长阶段
$[0,t_1)$	迅速上升阶段	迅速上升阶段	萌芽期
t_1	$\frac{(3-\sqrt{3})}{6}k$	$\frac{\mu k}{6}$	

续上表

t	X	$\frac{dX}{dt}$	成长阶段
(t_1, t_0)	迅速上升阶段	上升变缓阶段	快速成长期
t_0	$\frac{k}{2}$	$\frac{\mu k}{4}$极大	
(t_0, t_2)	上升变缓阶段	迅速下降阶段	稳步成长期
t_2	$\frac{(3+\sqrt{3})}{6}k$	$\frac{\mu k}{6}$	
(t_2, T)	上升变换或再成长阶段	下降变缓阶段	衰退期或再成长期

注：表中结果的推导过程见附录 B。

值得强调的是，图 4-4 和表 4-1 证实了图 3-6 对建筑企业成长阶段的划分。在萌芽期，建筑企业成长能力中除市场识拓能力较强外，其他三个子能力尚需培育，而每一个子能力的提升都将促使建筑企业显著成长，即成长能力的边际作用效果非常明显，表现为建筑企业经营规模等不断地增长，且增长幅度越来越大；在迅速成长期，建筑企业成长能力中除网络合作能力较弱之外，其他三个子能力均得到完善和加强，随着规模的不断扩大，建筑企业成长能力的边际作用效果逐渐降低，表现为建筑企业经营规模等继续增长，但增长幅度越来越小；在稳步成长期，建筑企业成长能力中各子能力都得到完善和凸显，尽管企业继续向前发展，但由于此时现有目标市场在短时间内进一步开拓较为困难，建筑企业成长能力的边际作用效果有走向负面的倾向。建筑企业成长能力的这种边际作用效果的变化可以用其路径依赖性来解释。在企业成长的萌芽期和快速成长前期，路径依赖性有助于增强其优势，但进入稳步成长期后，路径依赖性可能会使建筑企业陷入发展僵化的境地。此时，建筑企业应继续强化其成长能力，以延长区间(t_0, t_2)的长度，避免其进入衰退期；或者适时调整企业的发展战略，培育新的成长能力以获得再成长机会。

需要注意的问题是，在现有的成长周期 T 内，当建筑企业成长速度达到极值时，其成长状态为成长极限值的一半，即$\frac{k}{2}$。这说明，在假定建筑企业相对成长速度为其成长状态的线性递减函数的情况下，当市场份额达到成长周期内的目标市场份额的一半时，建筑企业应开始注意调整其成长能力，避免成长能力的边际作用效果为负的现象产生。

上述动力模型解析了建筑企业持续成长的两个关键本质：一是成长方向问题；二是成长速度问题。一旦成长方向发生错误，则建筑企业的行为无异于南辕北辙，只能加速其衰亡；而成长速度则决定了建筑企业在激烈的竞争当中不至于因成长速度过慢而被“快鱼”吃掉。建筑企业的成长方向由其市场识拓能力决定，也就是企业家在识别市场风险和机会之后所制定的发展战略方向，包括横向一体化战略、纵向一体化战略、集中化战略、多元化发展战略以及国际化战略等。建筑企业的持续成长不但要求其在产业运作、公司治理、技术创新、网络关系构建等企业经营管理的各个方面都要与其成长方向保持内在一致，同时还要求建筑企业必须用有限的资源投入获得尽可能多于竞争对手的有效产出，这些资源不仅指企业的内部资源，还包括企业利用内部资源所撬动的外部资源。成长方向问题反映了企业是否在做正确的事，成长速度问题则反映了企业是否把事做得好。综合二者，反映了建筑企业成长的效率与效果。当建筑企业成长的效率很高、效果很好时，则可以认为，该企业实现了持续地成长。

4.1.2 混沌模型

建筑企业的成长并非一个直线式的上升过程，也不像图4-4中光滑曲线所表示的那样简单，实际上，建筑企业的成长过程要比这复杂得多。由于外部和内部不断地滋长着各种动荡的力量，如战争的爆发、经济的衰退、企业内部管理的混乱等，这些因素在建筑企业由快速成长期进入稳步成长期的时期表现得异常敏感，极易使其出现振荡、失去稳定性，进而进入一种混沌状态。

“混沌”在英文中为“chaos”。“chaos”的本意为混乱，但又包含了从混乱中再生秩序，在进化中重现混乱的多重含义，实际上体现了界限的模糊与清晰的对立。另一方面，混沌又有进化发展方向的不确定性的含义。协同学创始人哈肯从过程的角度指出了混沌的含义。令人惊奇的是无规律运动来源于完全确定性方程。为了表征这个新的现象，我们定义混沌来源于确定性方程的无规律运动。普尔认为，混沌是一个相当难以精确定义的数学概念，但是它可以被描述为确定的随机性。郝柏林认为，混沌是没有周期性的序，亦即混沌并非无序。现在认为混沌并不是混乱无序，而是在确定性非线性系统中出现的一种貌似随机的有序运动过程，是系统在内禀随机性因素作用下，产生的时间、空间的宏观复杂现象，它存在于不可积分的非线性系统，混沌是企业的一种本质行为。

混沌是可控的，在建筑企业中，成长能力是其控制因素。因此，如果仍以 $X(t)$ 表示建筑企业 t 时刻的成长状态，以 μ 表示成长能力这一控制因素，那么根据企业成长过程的路径依赖性，建筑企业的成长演变过程可用离散的逻辑斯蒂方程表示❶：

$$X(t+1)=\theta X(t)(1-X(t)) \tag{4-7}$$

式中：$X(t)\in(0,1)$，$\theta\in(0,4)$，$\theta X(t)$——成长过程中的正反馈；

$\theta X^2(t)$——成长过程中的负反馈。

由于建筑企业的成长能力由市场识拓能力、组织管理能力、技术创新能力和网络合作能力构成，这里分别以 γ、α、β、η 表示。考虑到 R. May混沌经济模型中控制论变量 θ 的取值范围，以及第 2 章利用结构方程对各成长子能力与成长能力之间、成长子能力彼此之间关系的研究结论，建筑企业成长能力与其构成要素之间可能的关系式如下：

❶这一方程又被称作 R. May 的混沌经济模型。该模型由美国普林斯顿大学的生态学家 R. May 在研究昆虫群体繁殖规律时提出，描述了不同控制变量下生物进化的不同状态，具体状态变化见下文。

$$\theta=\frac{(\alpha+\beta)\gamma}{2+\frac{1}{\eta}} \tag{4-8}$$

式(4-8)中 $\alpha\in(0,1)$，$\beta\in(0,1)$，$\gamma\in(1,4)$，$\eta\in(1,\infty)$，α、β、γ、η 与 θ 均成正比，但由于网络合作能力的广泛性，因此其范围在区间$(1,\infty)$之内。将式(4-8)代入式(4-7)中，则有：

$$X(t+1)=\frac{(\alpha+\beta)\gamma}{2+\frac{1}{\eta}}X(t)(1-X(t)) \tag{4-9}$$

式(4-9)和式(4-7)具有同样的性质，即：当 $\theta\in(0,1]$时，$X(t+1)$的峰值小于1，且随着 θ 的增加，$X(t+1)$的峰值也将增加，在此区间 $X(t+1)$将稳定于原点 O；当 $\theta\in(1,3]$时，$X(t+1)$将收敛于$\left(1-\frac{1}{\theta}\right)$；当 $\theta\in(3,3.569\,945\,672)$时，$X(t+1)$出现周期性变化，如 $\theta=3.3$ 时的 2 周期情况，$\theta=3.512$ 时的 4 周期情况，随着 θ 的增长，$X(t+1)$还会呈现为 8 周期、16 周期等倍周期情况。当 $\theta=3.569\,945\,672$ 时，$X(t+1)$呈现出貌似随机的现象，即混沌，其演变过程如图 4-5 所示。

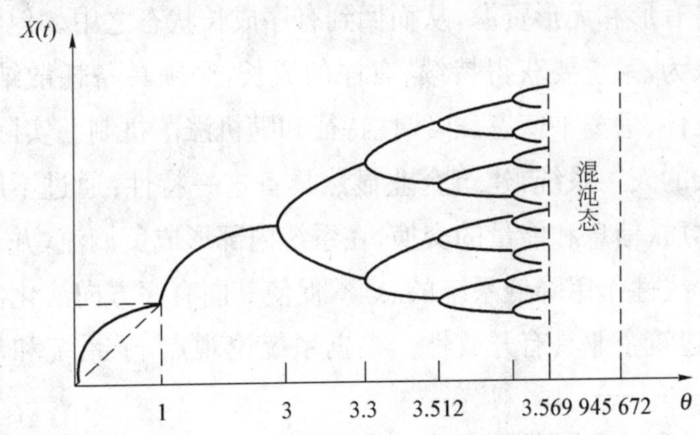

图 4-5　建筑企业成长的混沌态形成过程

混沌理论表明，一种简单的决定性的、单位非线性的关系能够产生极为复杂的时间推移，且参数的微小变化，会使系统行为出现明显的扰动并发生突然的、剧烈的质变。与其他形式的演变相比,混沌的时间路径有以下特征:①有时展现剧烈质变,有点像巨大的随机扰动;②有时对参数的微小变化极为敏感,小数点后第五位的变化也能完全改变路径的本质特征;③不可逆,但可在一个有界的区域内展示出通常极端无序的振荡模式。

混沌是可管理和控制的。姚明海等提出可以通过改变李亚普诺夫指数使离散混沌系统任意收敛到一点,从而控制混沌;冯彦杰指出,企业在遵循吸引子❶的运动方式,使系统行为渐近于所期望的吸引子的情况下,便能够在秩序与混沌的边缘实现持续发展;阿尔梅达(J. Almeida)等证明将两个混沌动力学系统进行周期性混频可以产生一个有序的动力系统,并以逻辑斯蒂映射为例进行了说明。引申到建筑企业,可以认为适当地改变式(4-8)中任何一个(或几个)控制参数(即子能力),即可改变θ值,将使其成长重新走向有序。例如,建筑企业通过网络合作关系的构建强化其在外部价值链中的地位,同时获取成长所需的物质和信息资源,能够使其理顺内部管理流程,并提供其成长所需有形和无形资源,从而回到有序成长状态之中。但演化经济学理论认为,系统要获得持续、有序的成长,必须具备耗散结构性,即具备开放性、远离平衡态、非线性特征和随机涨落机制。实际上,作为一个复杂的人工系统,建筑企业显然具备这一特性:通过不断地与外界进行物质、信息和能量的交换,在系统内部形成负熵流,并通过涨落机制和非线性作用降低系统的总熵,促使其向有序方向演化。

(1)建筑企业具有开放性。根据系统论观点,子系统和母系统之

❶吸引子是一个数学概念,描写运动的收敛类型,它存在于相平面。简言之,吸引子是指这样的一个集合:当时间趋于无穷大时,在任何一个有界集上出发的非定常流的所有轨道都趋于它。这样的集合有很复杂的几何结构。由于吸引子与混沌现象密不可分,深入了解吸引子集合的性质,对更好地了解它们所描述的流,对揭示出现混沌的规律与结构是很有必要的。

间，以及各子系统之间只有不断地保持物质、能量和信息的交流，才能维持系统结构、功能的完整性和稳定。建筑企业与外界进行的物质和能量交换，表现为购买施工材料、租赁施工设备、借入所需资金、劳务分包、招聘或解雇员工以及获取生产过程中所需的物质能量和有效整合各种资源的能量等；而与外界的信息交换则表现为获取招标信息、向业主投标、进行广告宣传、向社会发布财务报告等。

(2)建筑企业具有远离平衡态的特征。建筑企业内部各组成要素之间具有很大差异，这不仅表现为企业内员工的身体状况、性格特点、行为习惯、道德水平、价值观念、宗教信仰、文化程度、业务能力等诸多方面存在着较大的差别，还表现为各部门之间资源分布的不平衡。这种资源分布的非均匀性，使得各部门在协同实现企业总目标的同时，也为获得更多的同质和异质资源而发生竞争，从而在企业内获得更多的负熵，引发企业的成长。

(3)建筑企业具有非线性特征。建筑企业的投入和产出并不是简单的线性关系，而是复杂的非线性关系。企业内各子系统间的非线性作用产生的效果大于各部分之和，它们之间的相互作用使各系统产生相干效应和临界效应，并推动建筑企业系统走向有序。

(4)建筑企业系统具备随机涨落机制。建筑企业的随机涨落源于企业系统内部和环境两个方面。在企业系统内部，每一个子系统都有可能因非线性作用而产生意想不到的效果，并被逐级放大，最终影响整个系统的发展。建筑企业系统作为社会经济的子系统，不可避免地受到来自环境因素的干扰，造成系统内部的随机涨落。

因此，结合图3-6和图4-4的讨论，可以认为，随着各子能力的不断增强，建筑企业的成长能力将由小变大，其成长阶段可大致地划分成相对平衡态（此时 $1<\mu\leqslant3$）、近平衡态（此时 $3<\mu\leqslant3.569\,945\,672$）和远离平衡态（此时 $\mu>3.569\,945\,672$）等三个阶段。这三个阶段分别对应于建筑企业的萌芽期、快速成长期和稳步成长期。混沌模型最重要的意义在于,它警示建筑企业在其经历了一段时间的快速增长之后,仍需提升自身的成长能力,避免进入混沌状态(即建筑企业开始进入衰退的临界状态);或在已经处于混沌状态下,应通过成长能力的提升迅速地向有序方向演化。

4.1.3 突破"成长上限"模型

式(4-5)中,当时间 $t \to T$ 时,$X \to \frac{k}{(1+\delta)}$,它说明建筑企业在一个成长周期的后期,将出现成长的极限。事实上,由于受外部和内部诸多因素的限制,建筑企业在经历一段时间的成长之后,很容易堕入一个成长的停滞状态之中,形成"成长上限"。彼得·圣吉用系统思考理论解释了"成长上限"的形成过程。系统思考的语言描述包括三个基本元件:一是不断增强的反馈;二是反复调节的反馈;三是时间滞延。一方面,不断增强的反馈是企业成长的引擎,它强化了企业成长的有利因素,使其发生"滚雪球效应",从而促使企业不断地向前发展。例如,企业品牌的塑造加大了建筑企业在项目招投标中的中标率,而在施工项目中进一步地塑造品牌则使得建筑企业获得更多的工程项目,循环往复,建筑企业便获得了持续的成长。当然,增强反馈同时也会强化企业成长的不利因素,造成企业的迅速衰败。比如,建筑企业在某个重点的施工项目中出现质量、安全、技术等问题,会极大地伤害到它的品牌,从而影响它在以后的项目招投中的中标率;但只要企业一直处于成长状态下,便可确定是增强反馈在运作。另一方面,不断增强的反馈环路在运行过程中,会不知不觉地触动反复调节的反馈开始运作,使成长减缓或停止,或转变方式,或反转方向。反复调节的反馈是企业的一个反复调节以寻求稳定的过程,它包括一切有目标导向的行为。例如,建筑企业对现金余额的调节:当现金发生盈余时,建筑企业将以偿还银行贷款,或发放现金股利,或进行短期投资的形式来降低现金余额；在大多数情况下，建筑企业会发生资金短缺的情况，此时，建筑企业会利用银行信贷或依靠发行股票、债券来筹集资金。反复调节的反馈环路会不断地追踪变动中的目标，并朝着减少目标与现状之间差距的方向操作。但不论是增强反馈环路还是调节反馈环路都包含有时间滞延，而时间滞延的存在干扰了影响的过程，使得行动的结果以渐进的方式产生。

在建筑企业成长过程中，分别从企业外部和企业内部看，促进其成长的因素和抑制其成长的因素主要有表 4-2 所示的几种。

建筑企业内外部促进和抑制其成长的主要因素 表 4-2

作用 内外	促进因素	抑制因素
外部	• 经济繁荣，固定资产投资增加； • 政府政策扶持，基础建设投入增加； • 资本市场发达，银行信贷宽松； • 行业竞争规范，无暗箱操作现象	• 经济发展不稳定，不确定性大； • 政府政策变动大； • 资本市场不规范，银行紧缩银根； • 行业竞争者增多，恶性竞争严重
内部	• 战略导向正确； • 公司制度规范，员工素质高，管理高效； • 技术水平先进，施工效率高，施工质量、安全性好； • 公司交易成本低，知名度高	• 管理者自负情绪增加，市场反应迟缓； • 组织机构臃肿，委托代理问题严重； • 技术创新不足，施工进度慢，施工质量、安全管理意识下降； • 交易成本上升，与业主等利益相关者关系敌对

由于促进建筑企业成长的增强环路和抑制其成长的调节环路的同时存在，并随着抑制环路作用的增强，使得建筑企业在经历了一个周期的成长之后，出现“成长上限”。两个环路对建筑企业成长的作用过程如图 4-6 所示。图中虚线表示在建筑企业的一个成长周期的后期，促进其成长的增强环路已被弱化；相反，以实线表示的抑制其成长的调节环路则凸显，导致了“成长上限”的形成。

突破上述“成长上限”，在于寻找解决的问题症状的“根本解”，但由于“根本解”的作用效果有一定的时间滞延，使得受短期利益驱使和影响的管理者更倾向于选择最直接、最容易想到的，短期内能迅速见效的措施，即“症状解”，来解决“成长上限”问题。这就是被彼得·圣吉称为“舍本逐末”的思维模式和行为方式。

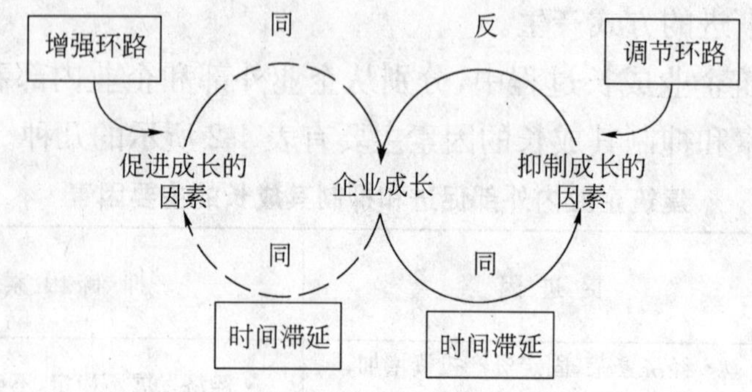

图 4-6　建筑企业“成长上限”的形成原理

建筑企业以超低价格竞标，以过分集权的管理方式来解决委托代理问题，以牺牲工程质量和安全的代价来节省施工成本、追赶施工进度，为了追求短期的利润而忽视新技术、新工艺、新材料等的研发和使用，忽视公司品牌的塑造，忽视与业主等利益相关者良好关系的建立等等，都属于“舍本逐末”的行为方式。“舍本逐末”的解决问题方式常常会产生一个由“症状解”所带来的副作用而引发的对“根本解”起反向作用的增强环路，抑制了建筑企业对问题“根本解”的寻求，使其愈来愈依靠“症状解”，以至于“症状解”成为问题的唯一解，最终导致问题无法解决。

根据表 4-2 对促进建筑企业成长因素的分析，笔者认为突破建筑企业“成长上限”的“根本解”在于提升其成长能力，包括市场识拓能力、组织管理能力、技术创新能力和网络合作能力的提升，从而强化建筑企业的增强环路，促使其继续成长。由此，可以得到如图 4-7 所示的建筑企业突破“成长上限”模型。

图 4-7 中,实线表示成长能力提升后,建筑企业寻找“根本解”的增强环路被强化;同时,以虚线表示的“舍本逐末”调节环路被弱化,建筑企业极少甚至不再从“症状解”中寻求问题症状的解决,而在突破“成长上限”后沿着增强环路持续、健康地成长。

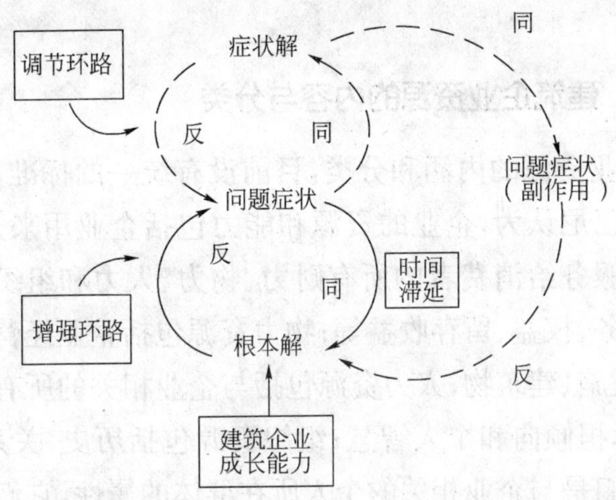

图 4-7 建筑企业“成长上限”的突破

4.2 建筑企业成长能力对其资源的整合

企业是在特定管理框架之内的一组资源的组合。资源是企业成长的基础,一旦资源枯竭,企业的生命便难以为继。但是,仅仅拥有一定的资源还不足以实现企业的持续成长。这是因为,一方面企业所拥有的资源,对应于企业生存和发展的目标,具有较高的稀缺性,即会出现资源缺口;另一方面受环境不确定性和人的有限理性的影响和制约,企业所拥有的资源会出现效率损失。这种效率损失又表现为两种形式:一是静态的效率损失,即企业资源因人的有限理性而未得到充分利用或出现资源浪费;二是动态的效率损失,即企业资源因时间的推移而不断老化或不断贬值。资源稀缺性和效率损失的持续存在,将会削弱企业的竞争实力,影响企业发展的潜力和后劲。因此,建筑企业欲走出成长的混沌态、突破"成长上限"、实现持续地成长与发展，不仅需要具备一定的内、外部资源基础，还依赖于其成长能力对这些资源进行整合。而根据本书第2章对成长能力的定义，能否积累、整合、有效利用企业内外部资源，是判断企业是否具有成长能力的重要条件之一。

4.2.1 建筑企业资源的内容与分类

关于企业资源的内涵和分类，目前没有统一的标准，往往因研究内容而定。巴尼认为，企业的资源和能力包括企业用来开发、生产和分销产品或服务给消费者的所有财力、物力、人力和组织资源。财力资源包括债务、权益、留存收益等；物力资源包括企业经营中所使用的机器、生产设施、建筑物；人力资源包括与企业相关的所有经验、知识、判断、风险承担倾向和个人智慧；组织资源包括历史、关系、信用和组织文化。它们是与企业相关的个人所在群体的属性，它们与企业的正式报告系统、显性管理控制系统及补偿政策结合在一起。

海特(Hitt)、爱瑞兰德(Ireland)和霍斯金森(Hoskisson)认为，企业资源是公司整个制造过程的投入，并将资源分为有形资源与无形资源。其中，有形资源包括财务资源、实体资源、人力资源与组织资源，无形资源有专利权、商标、版权、声誉与良好的服务等。

彭罗斯认为，企业资源可以分为三类：有形资源，如厂房和资本金；无形资源，如专利和商标；有关产品和工艺的知识资源，主要存在于个人、文件、计算器或类似的存储和交流媒介中。

沃丁(Verdin)和威廉姆森将企业资源分为五类：第一，投入资源，包括公司的原材料、产能、机器设备、信誉、与供货商的关系等；第二，程序资产，包括研发能力、技术知识、员工的生产经验等；第三，销售网络资产，包括配售网络、代理经销商的忠诚度、市场占有率等；第四，顾客资产，包括公司信誉、商品信誉、顾客忠诚度、品牌知名度、售后服务网络等;第五,一般资产,包括人力资源、财务资源、信息科技系统、市场知识与政府的关系等。

查特吉(Chatterjee)和沃纳菲尔德针对企业的核心资源的分类如下:第一,实体资源,指有固定产能特征的资源,具有较低的柔性,如厂房及机器设备;第二,无形资源,包括品牌及创新能力,具有中等的柔性;第三,财务资源,包括内部资金和外部资金,较不具柔性,如债券。

饶扬德认为,企业资源是指能潜在地或实际地影响企业价值创造的所有事项,不仅包括企业拥有或能够控制的资源,而且还包括那些不能或不易为企业所控制的资源;既包括企业内部资源,也包括企业外部资源。根据资源对维持和提升企业竞争优势的作用不同可将资源分为传统资源和新资源。其中传统资源是指自然资源、物质资源和一般人力资源,它仅提供企业比较竞争优势;而新资源是指传统资源之外的呈边际收益递增的诸如知识、信息和教育等资源,它是企业持续竞争优势的源泉。

吕景波、谭家琦根据产权理论中任何经济资源都应该为经济行为者所有才能保证资源的有效性的观点,提出企业资源与企业资产同等的分类观点。吴思华则将企业资源分为资产与能力两部分,认为资产是指企业所拥有或可控制的要素存量,可区分为有形资产和无形资产两类;能力是指企业建构和配置资源的能力,包括个人能力和组织能力。与此相似,蒋学伟认为,广义的资源就是指企业所拥有或控制的投入产品或服务的生产过程之中的各种要素及其整合要素的能力,前者被称之为“资产”,后者被称之为“组织能力”。

综上所述,尽管学者们对企业资源的内涵理解各不相同,但他们对资源的划分大体上可以分为两类:一类是同时包含资产与能力的广义的资源,一类仅仅指资产。以后者为基础,笔者认为建筑企业成长所需的内外资源主要包括如下几个方面:

(1)实体资源。指建筑企业的建筑材料、施工设备、厂房、土地、能源等。

(2)财务资源。不仅指现金、银行存款、应收账款、债券、股票等建筑企业所拥有的货币金融资产和非货币金融资产,还包括银行信贷额度、保函、信用证等潜在金融负债。由于建筑市场竞争激烈,很多项目都是建筑企业垫支建造;尤其对于资金需要量巨大的基础设施建设项目,业主往往要求建筑企业采取 BT(Build-Transfer)、BOT(Build-Operate)、BOOT(Build-Own-Operate-Transfer)等项目融资建造模式,使得财务资源成为建筑企业获得竞争优势的关键因素之一。

(3)人力资源。指建筑企业所拥有的劳动者为其提供生产性服务的知识、技能、经验等。建筑企业既是资本密集型企业,又是劳动密集型企业,劳动过程中人的因素比重大:建筑企业派往施工现场的关键人员所拥有的管理知识、关键操作技能和施工经验,是招投标中资格预审的评审标准之一,而劳动者个人的素质和意识则在很大程度上影响了建筑产品的质量。

(4)知识资源。指各种勘察、设计、法律法规、咨询结论,各种建设工程的解决方案,以及建筑企业所掌握的设计技术、施工技术、施工工艺、施工和管理经验等 Know-what 及 Know-how。

(5)信息资源。指各种需求、计划、指令和反馈等信息,它使建筑企业知道哪里可以获取较大的价值,如何才能获得较大的价值。据统计,施工项目中管理人员和工程师工作时间的10%～30%是用在寻找合适的信息上,因为施工项目管理的工作对象是项目实施过程中产生的各种信息,其工作过程是对有关信息进行采集、分析、处理的过程,因而信息资源在建筑企业中具有重要作用。

(6)品牌资源。品牌是一家企业在长期的经营活动中被顾客普遍认同和赞赏的、具有深远的号召力和影响力的无形的资产。建筑企业不具有产品所有权,导致其仅有企业品牌,没有产品品牌。品牌对建筑企业获得项目具有重要作用。以中建总公司为例，从1984年起连年跻身于世界225家最大承包商行列，2005年度排名国际承包商和环球承包商第17位。2005年8月，国资委首次公布央企年度经营业绩考核结果，中建总公司列25家A级企业名单之中，是唯一一家建筑企业。中建总公司从1994年起连续被评为中国500家最大服务企业国际经济合作类第一名。中建总公司以承建“高、大、新、特、重”工程著称于世，在“神舟”号载人航天实验飞船工程中，其“火箭垂直总装测试厂房综合施工技术”获得国家科技进步一等奖；截至2004年，共获得国家级科技进步及发明奖31项，各类省部级科技进步奖近500项，获得中国建筑业最高奖——鲁班奖80项。“中国建筑”已成为国内外知名的建筑业行业品牌，这为公司获得更多优质项目创造了极佳的条件。近年来，中建总公司在国内和国际上完成了一大批工期要求紧、质量要求高、难度要求大的大型和特大型工程，并先后在深圳国贸大厦和信兴广场的建设中，创造了两个彪炳建筑业史册的施工速度，一些项目已成为当地标志性的建筑物。中建总公司与世界一流承建商合作的香港新机场客运大楼被国际权威组织评为20世纪全球十大建筑。21世纪初连夺为世人所瞩目的“世界第一高楼”——上海环球金融中心和中央电视台新址工程。

目前，国内实行建筑企业资质管理所反映出的结果，即建筑企业所拥有的专业资质的情况，从一个侧面体现了该企业的品牌价值。如中建总公司，拥有多个“房屋建筑工程施工总承包特级资质”、“市政工程施工总承包特级资质”以及多项专业承包资质，在美国、新加坡、阿尔及利亚等主要海外地区都拥有当地最高等级资格。从另一方面来看，工程建设质量也是形成建筑企业品牌资源的重要基础。然而，实践中发现，有些建筑企业不注重自己品牌的培养，在国内外建筑市场竞争中，缺乏必要的品牌资源，从而降低了其竞争力。如在工程建设中不注重现场管理，忽视安全文明生产工作，对工程质量不能进行有效的控制，使工程的优良品率大大降低。这些问题的存在都使建筑企业在业主面前的形象受到一定的损害，很难进行二次经营。因此，建筑企业有必要在日常生产经营活动中，注重品牌资源的积累。以青岛建设集团为例，通过对企业品牌战略的调整，确立了“创名牌工程，做明星企业”的战略目标。如集团001工程公司，经过品牌战略调整，实施“大项目战略”，在工程质量上精益求精，在施工速度上创出奇迹，在施工管理上独树一帜，狠抓安全文明工作，创精品工程，树集团形象，多次获得省市安全文明奖项，并3次获得国家工程质量最高奖——鲁班奖，使“001”品牌深入人心，在青岛被誉为“建筑行业的铁军”，并将自己的品牌战略拓展到了省内外。由此，通过品牌战略的实施，积累了一定的品牌资源，使企业在激烈的市场竞争中如虎添翼。

由于被整合的资源需具有柔性，这里不妨将其看成一种“流”的形式，那么，建筑企业的“资源流”可分为：①物流，由上述可流动的实体资源和人力资源组成；②资金流，指可流动的财务资源；③知识流，由知识资源形成；④信息流，由信息资源形成。建筑企业成长能力就是在对这些“资源流”进行积累、整合和利用中不断成长的。

4.2.2 资源整合

吴继研认为，资源整合就是企业以尽可能少的资源投入，调动一切可以利用的社会资源，通过市场化经营，实现其经营目标的发展过程。他实际上指的是企业对外部资源的整合。黄尚勇将资源整合定义为：企业运用自己的管理能力去利用外部资源来为企业创造价值服务的资源利用方式。他强调了管理能力在资源整合中的作用。笔者认为，建筑企业资源整合是指建筑企业依赖其成长能力对不同的“资源流”进行识别、汲取、配置，使之具系统性、价值性，并创造出新的资源的复杂动态过程，如图4-8。

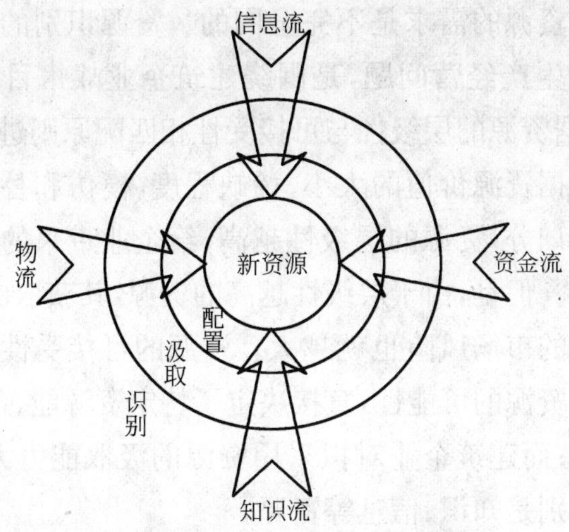

图 4-8 建筑企业资源整合过程

图 4-8 显示了物流、资金流、知识流和信息流等四种“资源流”经过识别、汲取和配置，被建筑企业整合，并创造出新资源的过程。其中，成长能力在建筑企业资源整合过程中的作用如下：

1. 建筑企业资源的识别

识别所需的资源是建筑企业进行资源整合的第一步，资源识别应从建筑企业的宏观战略及微观战术两个层面综合考虑。其中，资源识别的战略层面涉及建筑企业全局和长远发展问题，是围绕企业战略目标而选择资源的，主要是对资源选择进行基本定位，包括进入行业定位、市场空间布局和产业链环节定位等三个方面。其中进入行业定位是指选择最适合的资源应用于合适的行业领域，不同的行业需要的资源是不同的，比如从事港口、公路、铁路、桥隧等交通建设的建筑企业与从事房产建设的建筑企业所需要的实体资源和技术人才就不相同；市场空间布局是指建筑企业将经营的重点放在国内还是国际，由于各国的宏观环境和项目利益相关者的偏好不同，因此，所需要的资源也有所不同；产业链环节定位是指建筑企业选择设计、施工、咨询等产业链上具有优势的某一环节或某几个环节提供产品和服务，显然，产业链上各环节对资源的需求是不完全同的。资源识别的微观战术层面涉及建筑企业生产经营问题，是围绕建筑企业战术目标而选择资源的，主要是根据资源的层级性与可接受性相匹配原则进行识别。资源的层级性是根据资源价值的大小、稀缺程度、模仿和替代的难易程度对资源所作的划分，资源的层级性越高，给企业带来的持续竞争优势的时间就越长。但是，由于层级性越高的资源，其获取的代价就越大，因而随之而来的市场风险也就越大。资源的可接受性是指企业汲取和应用某特定资源的可能性，直接决定了特定资源能否发挥作用及发挥作用的程度；而建筑企业对拟采用资源的汲取能力大小，取决于企业现有资源特别是知识、信息等资源。

建筑企业依赖企业家能力，在识别市场机会和风险以及自身优势劣势并制定出正确的发展战略之后，结合资源的层级性和可接受性，对其内外部资源进行仔细甄别，从中汲取其持续成长所需的资源。

下面以广西水电工程局参与国际工程承包市场竞争的案例来说明。广西水电工程局隶属广西电网公司，具有水利水电施工总承包一级资质，同时拥有房屋建筑工程施工总承包二级、公路工程施工总承包二级、市政公用工程施工总承包二级、地基与基础工程专业承包二级、土石方工程专业承包一级、电力工程施工总承包二级等施工资质。20 世纪 70 年代该企业就进入非洲参与中国援外项目的施工，先后建成了布隆迪穆杰雷水电站、卡因集水电站、鲁蒙盖水电站和卢旺达吉依拉水电站。自 90 年代起，在激烈的国内工程承包市场竞争环境下，在对国内外市场机会和风险进行充分研究的基础上，工程局领导决策，决定在稳固发展国内市场的基础上，积极开拓国际工程承包市场。对国际工程承包市场的开拓，开始阶段主要在东南亚国家，2005 年底，又重新进入非洲。其工程以进度快、质量好而受到业主和监理工程师的好评。

近几年来，广西水电工程局虽然先后参与孟加拉、尼泊尔、斯里兰卡、柬埔寨、老挝、巴基斯坦、马来西亚、坦桑尼亚、乌干达等国的国际工程项目的考察和投标，不断寻找新的工程项目，努力扩展国外工程业务，然而却没有取得好的效果。经过考察和深入分析，广西水电工程局发现主要存在以下方面的问题：企业规模小，市场过于集中，业务范围狭窄，在国外所承担的项目均为水利水电项目或房屋建筑项目；承包方式比较单一，只能采取分包或非责任方的联营方式，还不能承担多种形式的承包方式；获取工程项目信息渠道相对狭窄，对区域市场的信息缺乏系统的跟踪和筛选；缺乏既熟悉国际工程承包业务、掌握工程技术同时又精通外语的复合型人才；劳动力价格优势正在不断削弱；缺乏利用国家政策支持国际项目的能力。

鉴于以上存在的问题，广西水电工程局采取了一系列措施，对企业内外部资源进行了积极地甄别和整合，主要包括以下方面：

(1)实施联合战略。与国外大企业进行合资与合作，借助他们的资金和人才优势，进入更多国家的工程承包市场；与国内大企业联合，优势互补，扩大承包领域。

(2)改革经营机制和分配机制。逐步建立起与开拓国际工程承包业务相适应的管理和监督机制；建立有效的激励机制，充分调动起员工的积极性。

(3)有计划、合理地开拓国外区域市场。利用多年海外工程承包的优势，由驻外机构担负起区域内信息收集、整理和筛选的任务，改变在国内坐等中介上门推销信息的做法，降低项目追踪的盲目性。

(4)加强市场调研和项目前期考察工作，防范和规避各种风险。

(5)进行人力资源和技术资源的整合，为开拓国际工程承包市场提供支持。

(6)重视员工的培训和开发工作，加强国际人才的培养。以企业内部培养和外部培训相结合的方式，根据不同的岗位需要，进行各种在职培训，同时鼓励职工进行各种继续教育。

通过采取以上措施，尤其是联合战略，广西水电工程局的国际工程承包业务取得了一定的进展。首先，与国际大公司香港 CIF 公司合作，于 2005 年 10 月取得了安哥拉罗安达四个市政工程施工承包合同，合同金额达 26 395.71 万美元，这是该企业有史以来获得的最大国际工程项目；其次，与国内大公司四川东方电气集团公司合作，于 2005 年 12 月取得了巴基斯坦真纳水电站土建工程施工承包合同，合同金额5 356.89 万美元。

2. 建筑企业资源的汲取

识别企业发展所需资源之后，建筑企业便开始了资源汲取过程。资源汲取的方式不仅包括市场机制下的资源购买，而且包括准内部化的资源联盟以及完全内部化的资源并购等，其核心内容是如何运用这些资源并为企业所能接受。其中，购买主要是通过市场购入所需的资源，但知识资源尤其是隐性知识资源很难通过购买获得并能为企业所用，这些资源可能是附着在非知识资源(如引进的设备等实体资源)之上。资源联盟是指通过联合其他组织，对一些难以或无法通过自己进行开发的资源实行共同开发。这种方式不仅可汲取财务资源、信息资源和显性知识资源，还可汲取隐性知识资源，比如建筑企业与银行、科研院所、媒体、政府主管部门建立起资源联盟。资源并购是通过股权收购或资产收购，将企业外部资源内部化的一种交易方式。不过，资源并购的前提是并购双方的资源尤其是知识资源具有比较高的关联度。

按照本书对建筑企业“资源流”的分类，在一个施工项目中，建筑企业汲取资源的方式如图 4-9 所示。图中，建筑企业从业主那里获得项目的需求、指令、反馈信息及资金，这些信息有助于施工经验的积累以及企业的市场营销和项目管理能力的提升；从勘察、设计单位得到勘察、设计结论及解决方案等知识流；从供应商和分包商那里得到实体资源、信息资源和知识资源；从政府主管部门、科研院所、咨询公司和银行等获取知识、信息和资金资源。

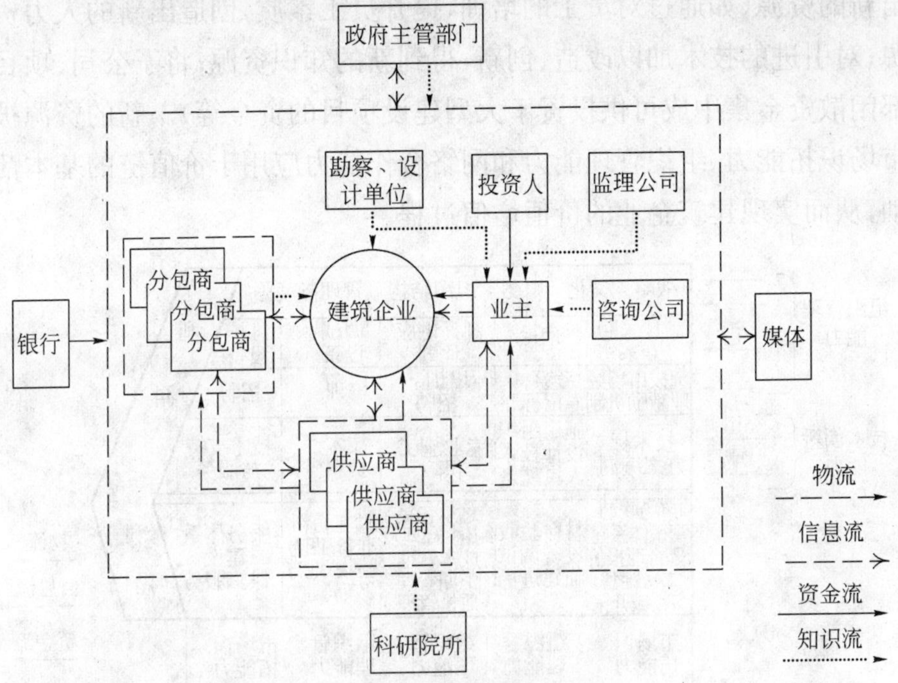

图 4-9 建筑企业资源的汲取方式

在资源汲取环节中，建筑企业依赖其市场营销能力扩大资源来源，并依赖其网络合作能力及网络平台的构建使得“资源流”能够稳定地流入企业，从而为建筑企业进一步配置资源以增加企业价值、促进企业成长提供条件。

3. 建筑企业资源的配置

已汲取的资源要为建筑企业创造价值，还必须将其配置到研究开发领域、组织和管理领域、市场开拓领域、施工生产领域以及售后服务与反馈领域中去，即根据建筑企业的内部价值链合理地配置资源。图 4-10以建筑总承包企业为例，描述了建筑企业成长能力按其内部价值链对资源的配置过程。

图 4-10 中，被汲取的物流、信息流、资金流和知识流被组织管理

能力和技术创新能力配置到建筑企业价值链的支持性活动中，并创造出新的资源（如通过对员工的培训，提升员工素质，创造出新的人力资源；对引进的技术加以改造、创新，得到新的知识资源；将子公司、项目部闲散资金集中成可供投资于大型建设项目的资金等）。新的资源被市场识拓能力、组织管理能力和网络合作能力应用于价值链的基本活动，从而实现建筑企业的价值增值过程。

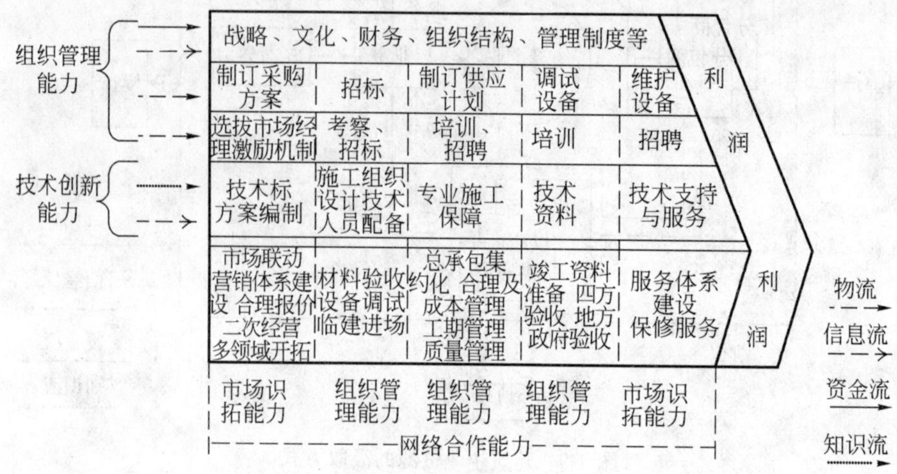

图 4-10 建筑企业成长能力按其内部价值链对资源的配置

综上所述，在资源的整合过程中，建筑企业首先依赖于其企业家能力对资源进行识别；其次，市场营销能力扩大了建筑企业的资源来源，而网络合作能力使得这些资源稳定地流入企业；最后，组织管理能力和技术创新能力将汲取的资源配置到建筑企业价值链的支持性活动中去，并创造出新的资源后将其应用于价值链的基本活动，从而为建筑企业创造价值。

第5章

建筑企业成长能力的培育和提升

导读

既然建筑企业成长能力形成的本质是一个通过学习将知识整合成各种流程的过程，那么，如何有效地汲取、创造、传播和存储知识就成为建筑企业构建和培育其成长能力的关键问题。而知识的获取和转化，归根结底在于智能化的学习，因此，同时进行以不断学习创新为目的的学习型组织的创建和以统一员工价值观和行动为目的的企业文化的建设是建筑企业培育其成长能力的有效途径。本章将从市场识拓能力、组织管理能力、技术创新能力、网络合作能力四个方面论述建筑企业成长能力的培育和提升。

建筑企业成长能力的培育可以按其构成要素分解成对其四个子能力分别进行培育，主要方式包括注重营销策略、创建学习型组织、重视技术创新管理和网络合作关系的构建。但培育是一个较为长期和缓慢的过程。在市场竞争日益激烈的今天，建筑企业需迅速提升其成长能力，或跃迁到另一种新的、更高级别的成长能力，以确保其能够持续、健康、有序地成长。通过分析建筑企业成长能力的非平衡相变、对称性破损，以及分岔与涨落，笔者认为，成长能力的演化若是在同一基础上的能力提升，只需沿着原有的成长路径不断完善，在适当的外力扰动下便可实现；若是由当前的一种成长能力转变到另一成长能力时，则其四个子能力需要作出很大的调整才能实现，而合并、重组和整合正是使建筑企业成长能力达到提升与跃迁的有效途径。

5.1 建筑企业成长能力的培育

建筑企业成长能力是建筑企业成长发展的核心能力，培育和提高建筑企业成长能力是每个建筑企业都面临的挑战。上文已经对建筑企业的成长能力的形成和作用机理进行了分析，建筑企业成长能力分为四种子能力。因此，本节将从市场识拓能力、组织管理能力、技术创新能力、网络合作能力四个维度分析建筑企业成长能力的培育策略。

5.1.1 建筑企业市场识拓能力的培育——注重营销策略

建筑企业要获得持续成长，必须不断地进行市场开拓。与其他企业不同，建筑企业产品的销售先于生产，必须先通过竞标获得项目后才能进行下一步的价值创造活动。也就是说，市场营销活动处于建筑企业内部价值链的起点，而市场营销能力则成为影响建筑企业市场开拓成果的重要因素。

建筑企业的市场营销与一般制造业相比有着自己很多的运作特点，主要表现在以下十个方面：

(1)甲方(业主)购买过程与乙方(制造方)制造过程同步化。而一般制造业是先生产后推向市场。

(2)乙方(制造方)生产过程直接置于甲方(顾客)的监督之下。而一般制造业生产过程保密，一般是封闭的。

(3)产品设计的美观和安全要求高于其他要求。一般先由甲方(顾客)聘请设计院做施工设计，而通常制造业要自行设计。

(4)定价方式独特。主要用密封报价方式进行，参考生产资质和公共关系等服务内容定标。

(5)制造施工过程中的内容变动和时间变动干扰多。一般制造业生产过程标准化。

(6)每次服务的顾客多为群体(一般为单位)且涉及金额大。

(7)各市场进入的壁垒多,受地方保护和资质限制,目前存在歧视性政策。

(8)单次单件制造组织复杂,涉及劳务现场管理、资金收付、物资设备调动等多个方面。而一般制造业单件制造要简单得多。

(9)涉及的法律事务多,一是单次中的劳务纠纷;二是资本运营中的甲乙方官司多。

(10)单个产品的制作周期长而且影响时间久远,影响范围广。

建筑企业市场营销的上述特点影响了其营销方式和重点,而建筑企业市场营销能力的强弱,则主要反映在其所采取的如下几个方面的营销策略上,如图 5-1 所示。

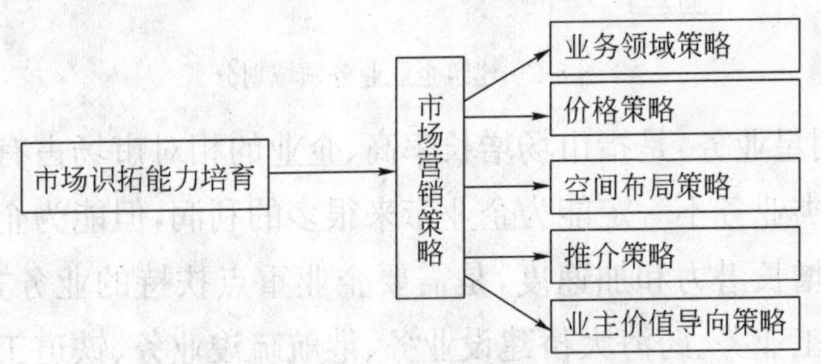

图 5-1　建筑企业市场识拓能力培育路径

1. 业务领域策略

建筑业涉及的范围非常广泛,从行业、产业链和空间布局三个维度,可以对建筑企业的业务领域按如图 5-2 所示进行划分。

受资源和能力的限制,很难有哪家建筑企业能够同时经营图 5-2 所确定的所有领域;相反,如果一家建筑企业的业务领域过于宽泛,反而不利于其成长与发展。因此,建筑企业应该在分析自身优势、劣势并进行建筑产品细分的基础上,重点发展优势类产品,寻找市场突破口。这里借用波士顿矩阵来对建筑企业业务进行分析。

按市场增长率和企业相对市场占有率之间的相关关系,可以将建筑企业业务划分成以下四大类:

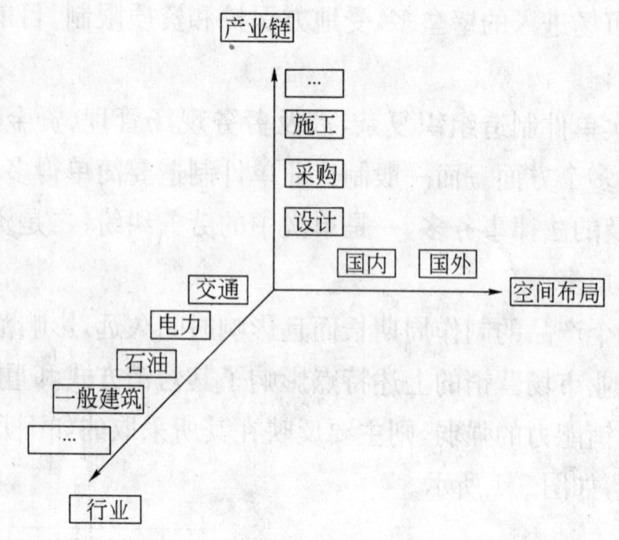

图 5-2　建筑企业业务领域划分

(1)明星业务:是指市场增长率高、企业的相对市场占有率也高的业务。这类业务不一定能为企业带来很多的利润,但能为企业明天的利润带来增长潜力和加速度,是需要企业重点扶持的业务方向,如水利水电施工业务、跨海大桥建设业务、港航疏浚业务、铁道工程建设业务等。

(2)金牛业务:是指市场增长率低,但企业的相对市场占有率高的业务。这类业务因其市场发展潜力较小,故不必消耗太多的经营成本,但可以给企业带来大量的利润,如公共建筑施工业务、住宅施工业务对有些建筑企业来说,就是属于轻车熟路的金牛业务。

(3)问题业务:是指市场增长率高,但企业相对的市场占有率低的业务。比如路桥施工业务、高科技工程等就属于某些建筑企业的问题业务。虽然这些项目有较高的市场增长率,但是因为企业目前在这类项目尚没有形成自己的优势和品牌,因此存在发展症结。故可以通过分析、研究其未来的市场发展变化曲线,调整企业经营结构布局的广度和深度,并抓住机会通过适量的投入,把问题业务转变为明星业务。

(4)瘦狗业务:是指市场增长率低、企业相对市场占有率也低的业务。这类业务一般很难为企业创造更多的利润,但又有可能因企业经营的原因造成该业务的发生,属于企业应逐步淘汰的业务,如开发潜力较差的房地产建设业务。

按照上述划分,建筑企业应采取的业务领域策略是,保住金牛业务,不断培育和提升明星业务的经营能力,寻求问题业务的创新突破。如 1990 年北京亚运会后,北京建筑业曾经一度处于低迷状态,北京建工集团的营业额受之影响在近 10 年的时间里徘徊不前,到 2000 年综合经营额仅 80 亿元。北京建工集团深感建筑业"一业独大"的格局,在面临市场风险时抵抗力是那么的脆弱。集团果断决策转型,根据国家和北京市的产业政策导向,大力实施产业结构调整,转变经济增长方式,寻求在新的业务领域有所发展,优化经营结构。经过 5 年多乘风破浪般的发展,到 2006 年北京建工集团已形成以工程建设、房地产和物业为主业,工业、市政基础设施运营、服务业为支柱的"双主业多板块"的产业格局,在北京市大型建筑企业中率先迈出差异化发展的一步,实现了"主营板块稳步提升、支柱板块效益突出、朝阳板块迅速崛起并能持续培育行业增长亮点"的目标。

下面以某大型建筑集团为例,介绍其在业务领域策略方面的探索。

某大型建筑集团是以建安施工为主业,集市政基础设施建设、房地产开发、建筑设计、建筑科研、设备安装、机械施工和租赁、工业制造、材料供应等为一体的大型建筑企业集团。2003 年底,集团根据形势需要发布了《××集团建设具有国际竞争力的新型企业集团发展纲要》,明确了 2004~2008 年的企业发展战略、实施纲要、规划目标和战略措施。其中,"建安为主,多元发展"的产业延伸策略,提出利用建安主业带动装饰业和相关工业产品的发展,做大房地产、市政基础设施等产业；“立足背景，辐射全国，拓展海外”的地域扩张策略，要求加紧开发国内市场，努力拓展境外市场；“广结联盟，共同发展”的开放型发展战略，明确加速形成产业链联盟和同业联盟，增强项目总承包和工程总承包能力，扩大市场占有率；“产业相关，效益优先”的投资策略，倡导以资产经营带动生产经营，延伸产业链，追求效益最大化。这些策略主张与图 5-2 中的行业、产业链和空间布局三个维度的业务领域策略模式是基本一致的。

接下来，该集团将业务领域策略付诸行动。2004 年，集团与青海省自来水公司合资组建青海省京宁水务有限责任公司，以 BOT 方式共同投资建设西宁第七水厂项目，总投资 5 亿元。这一措施是建筑企业地域策略、产品策略与产业策略有机结合的典型实例，一方面通过获得施工总承包权，开辟了外埠施工市场，同时也实现了由传统房建产品向市政产品的延伸，以及通过 BOT 投融资，成功地打破了被动承包的局面，实现了企业经营方式由被动向主动的转变。与此类似，集团先后在上海、广州、济南、西安投资房地产项目，均达到了带动建安主业、开辟外埠市场、延长产业链的目的。2004 年，集团市政道路建筑业产值 36 241.6 万元，外埠产值 80 303.0 万元，境外产值19 197.8 万元，房地产销售收入 151 199.8 万元，整个集团综合经营额达到 1 746 232.5万元。各项指标相比 2003 年均取得了较大增长，客观上证明了该集团的业务领域策略取得了初步成功。

2. 价格策略

建筑企业主要是通过招投标方式来获取建设项目订单，价格因素则是建筑企业能够中标的决定因素之一。在投标过程中，能否采用灵活的价格策略，适当运用一些投标报价技巧，是决定建筑企业能够成功中标的关键。通常，建筑企业的价格策略和投标报价技巧包括低价中标法、多方案报价法、增加建议方案法、突然降价法、不平衡报价法、投标文件中附带优惠条件法、综合法等。

(1)低价中标法

考虑到价格因素对能否中标的影响,建筑企业在投标决策活动中通常表现得非常谨慎,既怕标价过低导致中标后亏损,又怕价格过高而错失机会。实际上,很多建筑企业考虑到市场开发是以中标占领市场为首要目标,其最终的获利是以中标为前提,可以通过施工索赔、现场签证、加强管理、降低成本等“二次经营”来实现。因此,很多建筑企业通过采取合理低价中标、高品质管理参与竞争。若采用低价策略中标,以施工索赔等手段实现获利,其前提是,低价必须是详细了解工程实情下的合理低价,避免由于报价失误带来较大的经济风险,进而导致后期索赔目的无法实现。下面以一个例子来说明:

总承包商B以公开竞争投标方式建造业主A的一项大厦工程,中标价为2 850万美元、工期32个月,系总价合同。在开挖地基的过程中,发现地下有一层很厚的淤泥层,这一情况在招标文件的资料中没有任何反映,在设计图纸、施工技术规程、工程量表中也没有叙述和要求,因此,承包商以施工现场条件变化为由,提出增加打基桩以加固大厦基础,从而,增加了额外工程量。经过计算,要求延长工期4.5个月,并补偿成本超支283万美元。

业主委托咨询工程师对索赔报告进行了全面分析,经业主同意后向承包商作出答复:①在原定施工进度基础上重新进行网络分析,调整施工顺序安排,允许在原32个月基础上延长3.5个月的工期;②考虑新增加的工程量和各项直接费的增加,同意工程总造价为3 085万美元,较原招标文件工程造价3 010万美元追加了75万美元。经咨询工程师的论证和说明,承包商B最后同意接受此处理意见。

这是一例为中标而压低报价的案例。承包商在竞争投标时,为了中标而压低报价,因此工程还未实施,就已经给自己造成了160万美元的经济风险(3 010－2 850＝160万美元)。由于实施过程中出现了额外工程,为承包商提供了施工索赔的机会。承包商原本试图以此来挽回全部亏损，当然，也不排除承包商有意抬高索赔款额，但索赔的结果仍造成了一定量的亏损：283－(160－75)＝48 万美元。由此看来，“中标靠低价，盈利靠索赔”策略的实施是有一定风险的，低价未必能中标，不科学不实际的报价不但不能中标，反而会丧失业主对承包商的信任；盈利也非索赔所创，如果没有严格的管理、科学的计算，没有足够证据材料的提供，即使有索赔事项的存在，承包商也不一定能取得成功。

有经验的承包商在投标报价时还应搞清工作量的虚实，即哪些工作量是偏大的，哪些工作量是偏小的。如果某项工程量比实际可能发生的数量大得多，那么报价过高，不利于中标，而实际上也拿不到钱。因此，可采用转移费用的办法，即把这部分少报的款额转到另外的工程项目中去。反之，若某工程量比实际可能发生的数量小得多，则可适当提高这项工作的单价，把多报的款额均匀地摊减到别的工作项目中去，使总标价不提高，从而在维持同样中标机会的前提下，使承包商的实际工程款收入有所增加。

(2)多方案报价法

多方案报价法是利用工程说明书或合同条款不公正或不明确之处，争取达到修改工程说明书或合同条款为目的的一种报价方法。运用该报价技巧的前提是必须对原招标文件中的有关内容和规定进行报价，否则，可能被认为对招标文件“未做出实质性响应”，而被视为废标。工程说明书或合同条款不公正或不明确时，投标人往往承担很大风险，为了减少风险就必须扩大工程单价，增加“不可预见费”，但报价过高导致被淘汰的可能性增大。这时可采用多方案报价，一方面是按原工程说明书或合同条款报价，同时加以注解“如工程说明书或合同条款作某些修改，可降低多少费用或可减少预付款百分之几”等，吸引业主主动修改工程说明书或合同条款，又使报价较低。下面通过一个例子加以说明：

某办公楼施工招标文件的合同条款中规定：预付款数额为合同价

的10%,开工日支付,基础工程完工时扣回30%,上部结构工程完成一半时扣回70%,根据所完工程量按季度支付工程款。

承包商B对该项目进行投标,经造价工程师估算:总价为9 000万元,总工期为24个月。其中,基础工程估价为1 200万元,工期为6个月;上部结构工程估价为4 800万元,工期为12个月;安装与装饰工程估价为3 000万元,工期为6个月。

承包商B考虑到该工程虽然有预付款,但平时工程款按季度支付不利于资金周转,所以除按上述数额报价外,另外建议将付款条件改为:预付款为合同价的5%,工程款按月度支付,其余条款不变。经过计算,按原付款条件所得工程款的终值为9 934.90万元,按建议的付款条件所得工程款的终值为9 990.33万元,二者之间的差异为55.43万元。比较条款改变前后所得工程款的终值,承包商B按建议的付款条件比原付款条件可多得55.43万元。

(3)增加建议方案法

投标人在编制投标文件的过程中,如发现改进某些不合理的设计或利用某项新技术可以降低造价时,投标人除按原设计提出报价外,还可以增加建议的方法,另附一个修改设计的比较方案及相应的低报价。这往往能得到业主的赏识而达到出奇制胜的效果。如在一项教学楼工程的施工投标中,A企业在按原招标文件中的有关内容和规定进行报价的基础上,还建议将框架—剪力墙结构改为框架结构,并对两种结构体系进行了技术经济比较,证明框架结构体系不仅能保证工程结构的可靠性和安全性,而且能增加使用面积,提高空间利用的灵活性,降低工程造价3%。A企业通过对两个结构体系的技术经济方案进行比较,意味着对两个方案均报了价,论证了建议方案即框架结构体系的技术可行性和经济合理性,对业主有很强的说服力。典型的案例还有:法国布维克公司在科威特布比延桥工程的投标中,提出采用预应力混凝土梁和双柱式排架桩的新方案,不但使造价降低三分之一,还缩短了工期,从而一举夺标。

(4)突然降价法

工程投标的全过程,也是建筑企业相互竞争的全过程。竞争者之间总是随时随地互相侦察对方的报价动态,要做到报价绝对保密有时很难。这就要求参加投标报价的人员能随机应变,当了解到第一报价不能保证中标时,可在自己承受范围之内采用突然降价法制胜。如石塘水电站的招标,水电第十二工程局于开标前一天带着高、中、低三个报价到达杭州后,通过各种渠道了解投标者到达的情况及可能出现的竞争者的情况,直到截止投标前10分钟,他们发现主要的竞争者已放弃投标,立即决定不用最低报价,同时又考虑到第二竞争对手的竞争力,决定放弃最高报价,选择了“中标”,结果成为最低标,为该项目中标打下基础。

又如在某建筑工程的投标中,承包商认真分析了工程条件、自身的状况和竞争对手情况,得知本企业在该项目的竞争中,实力较强,但仍有几家实力相当的潜在投标者,经精心研究,编制了较高的报价,并同时准备了一份声明将原价降低4%的补充材料。投标书在规定的投标截止日前一天报送招标人,而在规定的开标时间前10分钟又递交了那份补充材料。该承包商恰当地运用了突然降价法,原投标文件的递交时间比规定的投标截止时间仅提前1天,这既符合常理,又为其他竞争者调整、确定最终报价留有一定的时间,起到了迷惑竞争者的作用。若提前时间太多,则会引起别人的怀疑;而在开标前突然递交一份补充文件,这时其他竞争者已不可能再调整报价了。

(5)不平衡报价法

不平衡报价法是国际投标报价常见的一种手法,即在不提高总报价的前提下对不同分部分项工程可采用不平衡报价,既不影响中标,结算时又能取得理想的经济效益。不平衡报价一般有两种表现形式:一是将那些必定发生的工作项目的内容填报较高的价格,而将那些发生可能性不大的工作项目填报较低的价格以增加承包商的收益水平；二是将那些在前期发生的预备性和一般性工作项目填报较高的价格，而对后期实施的项目填报以较低价格，以利于承包商资金周转。在标前的谈判过程中，业主往往会要求投标人对其报价的不平衡性做出解释。

对于前者，业主会要求投标人对那些被认为是明显偏高或偏低的项目单价提交单价分析，做出合理解释，如有闲置的设备、有现成的临时设施，或拥有特别优惠的采购渠道，或拟采用的施工工艺可使相关成本大幅度降低等等，业主一般不会在此类问题上过分计较。但如果个别单项的成本在整个工程项目中所占比重较大，且其投标价严重背离市场价格，而投标人又无法自圆其说时，不排除业主会以投标人未正确理解招标文件的内容为由判定投标书"未做出实质性响应"，列为废标。因此，采用这种方法时，要特别注意显而易见的畸高畸低，以免降低中标机会或成为废标。

对于后者，如果价格分布的不平衡表现出严重的头重脚轻，业主也可能将所有投标人的报价按预计的付款进度折算为同一时点的现值，将不平衡报价可能给业主带来的建设成本增加计入投标人的评标价，从而在客观上削弱不平衡报价者的价格竞争优势。此外，业主还可能在标前谈判过程中要求投标人提高履约保函的比例，以保护业主的利益。

不平衡报价的具体策略有：对难以准确计算工程量的项目（如土石方工程）或能先结算工程价款的项目（如土石方、基础工程）、施工过程中可能增加工程量的项目及估计暂定工程，其单价可适当高一点，但应进行合理解释；对施工中会减少工程量的项目、估计不会施工的部分或对工程内容做法说明不清楚的项目，对后期项目（如装饰、安装工程）或有漏洞的地方，其单价可低一些，以利于降低工程总报价和工程索赔。

(6)投标文件中附带优惠条件法

按相关法规，在招标文件中缺乏具体规定，对超过最低标准的参数缺乏评标权重的情况下，满足和超过最低标准的投标人应受到同等对待，超过招标文件要求的最低标准而带给业主的额外利益在评标时不予考虑。但在实践中，不排除业主在不影响按正常程序选择承包商的情况下顺水推舟，接受投标人承诺的优惠条件，并将其纳入合同，从而演变为承包商的一种额外合同义务的做法。只要此类做法不违背招标文件确定的基本原则，对合同当事方的义务不产生实质性影响，也是可以的。所以在投标文件中，给业主提供一些优惠条件，比如贷款、提供材料设备等，替业主解决困难，有时也能成为中标的关键。如上海石洞口电厂主厂房基础打桩工程招标中，二十冶获得了业主缺乏钢板桩的消息，就在投标书中提出可以垫借 12 000 根钢板桩给业主，并可力争提前 15 天完工(工期与竞争者一样)，解决了业主材料短缺的燃眉之急，虽然报价较高，但却中标。

(7)综合法

实际报价中，可以根据具体情况，采用综合报价的方法，即同时应用以上几种报价技巧，以增加投标的竞争性。下面以某建筑企业投标报价实例来说明：

某产业基地建设工程分为 A、B、C 三个区和一个地下室，建筑面积约 12 万 m^2。其中，桩基工程为人工挖孔嵌岩灌注桩，共计 505 根，桩径 900～1 400mm，以第 15 层或 17 层较完整石灰岩为桩端持力层，工程的计划工期为 75 天。

该人工挖孔桩工程采用基于工程量清单的邀请招标的组织形式选择施工单位，招标范围是图纸设计范围内桩基工程。包括－5.6m 以下土石方，土石方外运 200m；桩孔－5.6m 以下用 C20 混凝土护壁，C40 或 C30 钢筋混凝土柱芯；－7.0m 以下岩基及柱基检测等。招标分两个标段：

①一标段为B区、C区及BC之间连系走廊下桩基。桩数共241根，其中ϕ900mm为160根，ϕ1 200mm为59根，ϕ1 300mm为20根，ϕ1 400mm为2根。

②二标段为A区、地下室及AC之间连系走廊下桩基。共264根桩，其中ϕ900mm为213根，ϕ1 200mm为30根，ϕ1 300mm为18根，ϕ1 400mm为3根。

该工程投标人为甲、乙、丙三家建筑企业，其中甲企业为本案例的主要研究对象。其主要业务是从事大直径钻孔桩、人工挖孔桩、预制桩、深层搅拌桩、高压喷射注浆处理地基及深基坑支护与施工降水等。近3年完成的人工挖孔桩工程包括住宅、工业建筑等近10项，造价总额达1 068万元；质量均为合格以上；在当地有很好的社会信誉，施工经验十分丰富。作为三家被邀请参与桩基施工工程投标的单位之一，甲企业结合自己在当地的实力和以往的工程经验，考虑到此次投标涉及的合同金额比较大，投标决策层利用权数计分评价法对是否参与该工程的投标作了认真的分析，分析结果为可以参加该工程的投标。甲企业经过对投标环境及企业自身优劣势的深入分析，在深入了解业主和乙、丙两家竞标企业的有关情况后，决定重点突击，选择工程规模最大、最能发挥企业优势的二标段进行重点竞标。对其他两家竞争相对激烈的一标段，采取了不主动竞标的战略，以充分利用招标文件中最多中一个标段的规定，争取实现最大的经济效益。

该工程采用工程量清单招标，甲企业根据业主方在招标文件中提供的二标段分部分项工程工程量清单，依靠企业自身的竞价能力，并结合市场参考价，确定了综合单价中人工、材料、机械台班单价的取定标准，在此基础上，对分部分项工程费用、措施费、其他项目费、规费和税金等进行了填报，最后得出了汇总的二标段的单位工程费。在报价的过程中，不仅严格遵循报价计划和程序，而且还运用了多种投标报价技巧，主要有不平衡报价法、多方案报价法、突然降价法和增加优惠条件法等。

①不平衡报价法

在分部分项工程费的报价中，对部分纵向的子项采用了不平衡报价。一是考虑到挖基础土方(桩)是能先拿到钱的项目，单价定得较高，有利于资金的周转，可为企业增加利润。二是估计到以后基础大开挖工程量会增加，其单价可提高，而混凝土灌注桩预计工程量会减少，则适当降低了其单价。另外，护壁没有工程量，对其单价报得比较高，这样做既不影响投标报价，以后发生时又可多获利。对于现浇混凝土钢筋，考虑到建材市场价格的实际情况，一般都会采用市场价，故对其所报的单价较低。

具体到各单价的横向组成上，也是综合考虑了目前的行情和甲企业的实际水平，相应地采取了不平衡报价的技巧。一是甲企业对工程所在地区的地址条件尤其是本项目所在区域的地质情况掌握较深，并且还有专业的岩土工程研究所可以随时解决工程中遇到的技术问题，故在人工费上可以大大地降低造价，提高生产率和节资率。二是由于甲企业配套机械设备种类齐全、技术先进，在机械使用费上又可报低价。三是甲企业项目管理能力强，人员经验丰富，管理费和利润适当地提高一些，可增强团队的积极性，从而创造更佳的质量和效益，这应该也是业主能够认可的。四是将管理费和利润的费率分别定为6%和3%，从而取得了一个能充分反映甲企业综合实力的综合单价。

另外，在措施项目费报价的过程中，也用了不平衡报价策略。首先，将单价组成中的人工费和机械设备费报得较高，而材料费相对算得比较低。这主要是为了在今后补充项目报价时可以参考选用“单价分析表”中的较高的人工费和机械设备费，而材料往往采用市场价，因而可获得较高的收益。其次，措施项目清单中所列的措施项目均以“一项”提出，在计价时，充分考虑各措施项的不同特点，并针对每一分部分项工程如挖基础土方(桩)等平衡综合地确定出人工、材料等分项措施费。最后，得到了二标段相对客观而又有竞争力的措施项目费。

②多方案报价法

甲企业在仔细研究招标文件时，发现部分挖孔桩桩心混凝土设计强度等级C40。根据多年的施工经验，技术人员认为强度偏高，于是又组织了一批有经验的设计和施工工程师，进行价值工程的研究。经过计算和分析，提出用C35代替C40的方案，该方案可使总造价降低0.5%。后来业主会同设计单位经研究决定采取该方案，从而有效地降低了工程的总造价。

③突然降价法

在本工程二标段的竞标中，经过甲企业的调查，其他两家企业对该标的重视程度也是非常之高。因此，甲企业从一开始就采用了迷惑对手的战术，表现出对二标段兴趣不大，而且只是按照一般情况来报价，相反却在表面上表现出对一标段十分看重，组织核心力量参与报价竞争。应该说，这种声东击西的战术确实收到了很好的效果。其实，甲企业一直在潜心研究二标段的报价，而且对其他两家的情况也一直在关注。最后在临近投标前，突然把二标段的报价降低了2%，取得了最低报价，为以后的中标打下了基础。

④增加优惠条件法

在进行程序化报价的同时，甲企业结合自己基坑支护的业务和降水设备齐全的实际情况，十分聪明和适时地提出了附带的优惠条件：若需要基坑支护，将免费为业主单位提供经济、安全、可行的支护方案的论证和设计；如果在挖孔施工中需要降水，将免费设计降水方案。这样的优惠条件其实易于达到甲企业和业主的双赢。一方面，只有对本工程进行了充分的研究和准备，才有可能提出优惠条件，反映了诚意；另一方面，优惠条件的费用其实已经通过价格调整计入到其他子项中去了，对于甲企业来说基本上没有什么损失，却能得到业主的赞赏和信赖。

⑤投标文件与投标结果

甲企业在充分研究了招标文件的基础上，成立商务、投标报价和施工组织设计3个编制小组，根据各自的分工，组织企业骨干力量认真进行，最后汇总形成了投标文件。在开标时，甲企业二标段单位工程费的总报价为580万元，而乙和丙两家企业的总报价分别多出甲企业约6万元和15万元。在评标办法中规定：以各投标人全部有效投标报价的平均值的95%作为评标标底，总报价占20%的比重。各投标单位的投标报价与标底值比较，与标底相同得满分20分，每高于标底1%减2分，每低于标底1%减1分，最多减10分。经计算，二标段工程的标底为560万元，由于甲企业的报价与该标底最为接近，所以在报价这一指标上已占到了很多的优势。后来的评标结果表明，正是凭借这一点，甲企业的综合得分位列三家企业之首，如愿地中得了二标段。

3. 空间布局策略

建筑产品具有不可移动性和按订单生产的特点，使得建筑企业没有生产之后的产品分销和配送问题，也就不存在产品的分销渠道问题。但正是由于建筑产品具有固定性的特点，使得建筑施工队伍必须随着产品所在地点的变化而到处流动，这种特点决定了建筑公司的布局一定要与其生产方式的特点相适应。因此，建筑企业应采取区域化经营策略，避免各子公司跨区域互相竞争，并且每个经营机构要有合理的经营半径，以免大范围转移施工力量造成成本的上升。以某建筑集团为例，随着市场范围的逐渐扩大，该集团的项目遍布全国大部分地区及国外，这对企业的管理体制和管理方式提出了更高的要求。按照“下放生产经营权，控制人事权，强化审计、财务、监督权”的原则，该集团对公司的管理体制进行了一次重大创新，采取区域化经营策略，全面实施区域化运作。近几年来，该集团不断地在实践中对区域化经营进行完善和创新，最显著的成效是，大大缩短了管理链条，提高了各个区域公司、分公司和各个项目部的市场反应灵敏感，避免了各分公司跨区域互相竞争，最大限度地调动了各个层面的积极性和创造性，确保了集团内部各区域公司、分公司的协调发展。

4. 推介策略

建筑企业仅有好的产品是不够的，还必须采取有效的手段向业主传递企业实力、特色以及能够给业主带来的利益等方面的内容，也就是向业主进行推介。适合建筑企业进行推介的方式有：①建立规范的现场管理和鲜明的CI形象；②对完成的各类工程的工程图片及时进行拍摄，对工程资料及时进行整理和积累，并通过别具特色的方式向业主进行介绍；③在专业杂志上刊登广告，突出宣传已成功完成的合同；④向社会宣传本企业正在进行技术改造，拥有素质好、经验丰富的管理人员。企业总部给予项目良好的指导和有力支持，例如：施工组织设计、临时设施设计、成本控制等，也都会给潜在的业主留下很深的影响。

5. 业主价值导向策略

了解业主需求、以业主价值为导向的营销是建筑企业赢得市场的关键。因此，建筑企业有必要分析业主的关注重点，有针对性地与业主进行沟通。建筑企业的主要业主类型及其关注重点如下：

(1)中央或地方政府及其行政部门，其类型为重实力型。政府部门最注重的是施工单位的实力、管理、质量等，对价格的考虑放在次要的地位。

(2)公司，其类型为重实效型。施工单位的产品质量和价位、服务等方面是这类业主关注的重点。

(3)事业单位，其类型为重实在型。事业单位往往考虑只要能按要求完成任务即可，在选择施工单位时很注重与其关系的疏密的程度。

(4)房地产开发商，其类型为重实惠型，价格是其关注的重点。

(5)海外工程业主，其类型为重实绩型，建筑企业的业绩和品牌是其关注重点。如上海建工集团，在中美洲的巴巴多斯实施希尔本会议中心经援项目的同时，以精良的施工技术和一流的现场管理赢得当地有关方面的一致好评，先后又承接了包括1座板球场项目在内的5个承包项目；在承担科摩罗总统官邸这一经援项目后，在当地主动出击，与有关各方建立起了良好的关系，又承揽了联合国官员住宅等项目。

总之，采取各种营销策略进行市场开拓，是建筑企业进行市场识拓能力培育的一个重要方面。

5.1.2 建筑企业组织管理能力的培育——创建学习型组织

学习型组织理论是20世纪90年代兴起的新的管理理论。许多管理学家、组织理论学家对这一理论进行了积极探索，其中美国麻省理工学院教授彼德·圣吉提出的学习型组织的五项修炼，在管理学界引起了强烈的反响。彼德·圣吉认为，学习型组织是“一群能不断增强自身的创造力的人组成的集合或团队；全体成员全身心投入并有能力不断学习的组织；让成员体会到工作中生命的意义的组织；通过学习创造自我、扩大创造未来的能量的组织。”他进一步指出：“在这种组织里，你不可能不学习，因为学习已经完全成了生活的不可分割的一部分。”彼德·圣吉指出五项修炼是创建学习型组织的捷径。五项修炼的主要内容为：①“自我超越”，是指自己对学习不断理清并加深个人的真正愿望、集中精力培养耐心、善于客观观察问题的能力，它是学习型组织创建的基础，是“终生学习”的愿望和能力；②“改善心智模式”，是指改善思维模式，转变固有的旧观念、价值观、世界观和方法论，学会从不同的角度观察和思考问题，使思维方式更合理、更完善；③“建立共同愿景”，是指企业与员工共同追求的目标，有了共同的渴望实现的发展目标，全体员工才会努力学习、追求卓越，企业应把整体发展目标同员工个人的发展目标有机结合，把个人的愿景融入到团队的大愿景中，创造更大的动力；④“团队学习”，团队整体智慧永远高于个人的智慧，培育团队学习的氛围与能力，不仅能够使团队产生出色的成绩，个人的成长速度也比其他方式快，因此，提高团队整体智商，充分发挥综合思考优势，强化团队通过学习把智慧转化为实际生产力；⑤“系统思考”，强化其他每一项修炼，通过融合整体从而得到大于各部分之和的效力，最终构筑企业整体系统思考的能力。

学习型组织往往被认为是组织学习的同义语，但实际上两者是有区别的：①组织学习强调的是“一个组织现在怎样学习”，而学习型组织强调的是“一个组织应当怎样学习”；②组织学习是一个描述的问题，而学习型组织是一个诊断的问题；③组织学习是分析取向的，以研究为目的，而学习型组织是行动取向的，以诊断为目的。④“学习型组织是以自我超越和系统思考为前提，以组织目标为核心、共享心智模式的组织模式，学习型组织的任务是使个体学习和组织学习一体化”，组织学习是学习型组织具体体现的组成部分，是必要条件而不是充分条件。如图5-3所示，通过创建学习型组织和企业文化，达到建筑企业组织管理能力培育的目的。

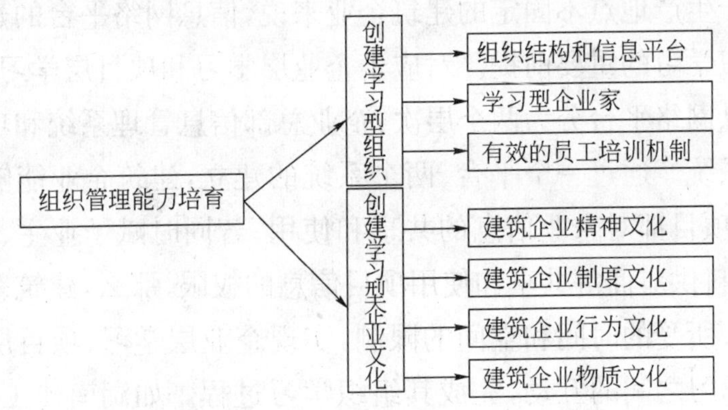

图5-3 建筑企业组织管理能力培育路径

1. 创建学习型组织

在建筑企业成长能力的形成过程中，以组织学习为特征的创新环是主导环，因此，成长能力的培育要求建筑企业建立一种能够保证其不断地进行组织学习的机制，学习型组织因其内部具有极强的学习能力和持续的更新能力而成为建筑企业成长能力培育的重要途径。那么，建筑企业如何创建学习型组织呢？笔者认为可从以下几个方面着手：

(1)建立适于学习的组织结构和信息平台

学习型组织强调信息和知识的迅速、有效地传播和共享。这一方面要求组织结构应尽可能的“扁平化”；另一方面要求企业建立信息网络平台，借助现代通信技术实现信息、知识的共享。

传统的大型建筑企业管理层级过多，例如在我国大型建筑企业的组织结构中，就存在局（总公司）、公司、分公司（施工处）、项目经理部等四个主要层次；各主要层次中，还存在次层级。如此众多的层级，不仅直接导致企业机构臃肿，而且也阻碍信息在企业内部的正常传递。“扁平化”的组织结构（如第3章提到的“首席项目经理制”就是一种“扁平化”的组织结构）则因其管理层级的减少、权力重心的下移，使得建筑企业能够更加开放地思考和学习，从而提高组织学习的效率。

对于生产地点不固定的建筑企业来说，信息网络平台的建立是实现其组织学习的重要前提。对应于企业层学习和项目层学习，建筑企业的信息网络平台分为两个层次：企业总部信息管理系统和项目部信息管理系统。通过一个平台、两个系统的建立，建筑企业能够实现企业总部、项目部对企业信息的共享和使用；若同时赋予业主、监理、分包商、材料供应商等共享和使用项目信息的权限，那么，建筑企业便能打破原来所受的时间和空间的限制，实现企业层学习、项目层学习和企业间学习之间的互动，完成其组织学习过程。如湖南建工集团，以提高员工素质为目的，建立了职业技能培训学校，以建设学习型企业。要求员工掌握四种语言，即普通话、一门外语、计算机语言和图纸语言。通过岗位培训，全面提高企业员工的综合素质，把企业建设成一个不断学习、不断创新的学习型组织，推进了企业的科技进步与技术创新。

围绕工程项目建设活动，对于建筑企业来说，项目层学习的效果体现得更加直接。下面以A公司为例说明建筑企业学习型项目部的建设及其成效。该公司承担了一项奥运工程建设任务，项目部领导班子带领全体施工人员，以学习型项目部为载体，立足技术攻关，励精图治，群策群力，取得了工程建设的胜利。该项奥运工程建设任务繁重，结构形式国内并无先例可借鉴，国际上可供参考的技术标准也很少。面对崭新的课题和严峻的挑战，项目部全体人员以自强不息的精神、敢于胜利的气概，“破”字当头，“学”字当先，明确提出要“在干中学、在学中干”。为此，在总公司率先创建学习型项目部，要求将学习融入员工工作、生活之中，贯穿于项目建设全过程，通过创建学习型项目促进素质工程建设，创新创效，确保建设施工顺利推进。

围绕学习观念的转变和学习能力的增强，项目部采取“班子带动学习”、“氛围促进学习”、“愿景引导学习”等多种方式，扎实开展学习活动。首先是抓好班子学习，项目部制订了切实可行的学习计划，要求班子成员做到“三个一”，即每周集中学习一次，每次集中学习不少于1小时，每人每天读书看报不少于1小时。班子成员要先学一步，多学一点，学深一点，要带着问题学，带着目的学，经常进行反思反馈、消化吸收，做到日有所获，月有所成。通过班子学习带动全员学习，对普通员工的读书学习做了量化安排，要求做好学习笔记，项目部定期检查。其次，大力营造轻松、快乐的工作和学习氛围，组织员工进行启发式、互动式案例培训，使广大员工不断加深对“孜孜以学，成就明天”学习理念的理解和掌握，做到“内化于心、固化于制、外化于行”。再次，项目部发动员工制订座右铭、警示录和个人愿景，组织大家讨论制订项目部愿景，最大限度地将员工的个人愿景纳入到项目部愿景之中，实现员工思想上同向，步调上同步，行动上同行，调动员工开展学习的积极性和热情。同时建立了员工述“学”、考“学”机制和学习档案，将学习情况纳入目标考核，作为年终评奖、晋级的重要参考依据，借此保证了学习活动的落实，保证了效果。创建学习型项目部以来，项目部建立健全了专题培训体系、学历教育体系、专业技能培训体系、反思反馈共享体系和读书自学体系，学有制度，学有形式，学有渠道，学有载体，有效地推进了素质工程建设，全面提高了项目部管理人员的综合素质和业务水平，适应了项目建设需要，对攻克技术难题、提升工程质量起到了积极的促进作用。

(2)塑造学习型企业家

建筑企业识别市场机会和风险、制定正确的发展战略依赖企业家能力。作为企业家，最基本的应具备“专业精神”。麦肯锡曾有这样一位顾问：他每天研究企业案例，直到很晚才回家。他每天都是搭乘晚上10点48分的电车赶回家，从公司到家的车程是28分钟，在这每天两个28分钟里练就了极强的思考力，即在短时间里分析问题和提出解决思路的能力。例如，在路上看到番茄酱广告，他就会设定一系列问题：“如何扩大番茄酱的市场”、“这样的广告是否能增加销路”……他设法在下车之前把这些问题解答完毕。长达一年的“电车思维训练”，使得后来只要客户一提出问题和要求，他就能立即在脑海中形成解决方案。正因为这位“专业人士”具备非同寻常的“专业精神”，所以他成为唯一一位赢得西方企业家与管理学界尊重的亚洲专家。他就是大前研一。自1972年以来，大前研一总共出版了140多本书。其中，《专业主义》是非常值得一读的新作。大前研一所说的“专业”是指专注顾客价值，以满足顾客需求为志业。具有“专业精神”的企业家就应该像医生信奉“希波克拉底誓言”(The Oath of Hippocrates)一样对顾客具有高度的责任心和奉献精神，与“专业相关”的“专家”的词源“profess”一词的本义正是“向上帝发誓，以此为职业”。正如莱维特教授所言：“企业通过商品与服务销售其誓言，那是百分之百地让你满意，顾客购买的就是这种誓言。”为了让顾客百分之百地满意，除了“专业精神”外，一个企业家还应具备四种基本能力：不拘泥于成见，积极理解环境变化的“先见能力”；迅速地在预测的未来蓝图上描绘新事业的“构思能力”；调动组织成员进行开诚布公地“讨论问题的能力”；以讨论的结果为基础调和矛盾“适应矛盾的能力”。

对于建筑企业家来说，从企业成长的角度来看，敏锐的市场洞察力和远见卓识的战略眼光来源于其不断地学习。企业家学习指企业家获取、保存、使用企业家知识的活动过程与认知过程。企业家知识指企业家在发展其事业过程中所使用与表现出来的概念、技巧与心理。企业家所使用的概念不仅包括功能管理类的概念型知识，也包括以企业家方式运作的特殊知识，如迅速把握机会的能力。

企业家学习包括隐含学习和明晰学习。隐含学习是一个偶然地不被感知的过程，这一学习过程产生抽象的知识。例如，企业家们通常有一种感觉或一种灵感去完成某一任务或知晓某一特定系统的作用机理，却不能表达清楚他究竟学了什么，也不能表达清楚这些知识是如何获得的。当企业家意识到自身能力低于完成某项任务所需的能力时，便开始进行明晰学习。明晰学习就是企业家有意识地获取、保持并使用必要的企业家知识以解决特定问题的活动过程与认知过程。建筑企业塑造学习型企业家，就是要使企业家不断地进行明晰学习。这一方面要求建筑企业建立有效的激励机制，使企业家目标和企业目标最大程度上保持一致，从而使企业家能够主动学习；另一方面，企业家应该将其有限的注意力资源配置到对市场的识别和企业发展战略的思考上去，而不仅仅局限于企业的日常运作管理。

建筑企业塑造学习型企业家，不仅能够提高企业家能力，还能够带动整个企业进行学习创新，最终促进成长能力的形成。

(3)建立有效的员工培训机制

彼德·圣吉在其著作《第五项修炼》中提出了学习型组织应进行的五项修炼，即“自我超越”、“改善心智模式”、“建立共同愿景”、“团队学习”和“系统思考”，但这只是学习型组织的一种理想状态，实践中这种状态很难达到。实际上，由于勘察、设计、采购、施工等产业链上各环节以及同一环节上不同工种对员工的技术、能力的要求不同，导致建筑企业人员结构复杂，文化程度和个人素质参差不齐。就我国建筑企业目前的状况而言，其员工素质、结构仍存在如下问题：

①从业人员整体素质普遍偏低。据有关部门统计，目前在建筑业现有的工人队伍中，绝大部分是农民工，初中以下学历者所占比例超过90%，他们基本上没有通过培训就直接上岗，由于缺乏基本的操作技能和安全知识，造成生产事故和安全事故较多；大专以上学历者极少，所占比例不足1%。

②技术人员队伍薄弱。在建筑工人队伍(一线劳动力)中，绝大多数是非技术工人，技术工人只占从业人数的1/1 000，技术工人的技术水平同国外同行业相比存在较大差距。建筑企业一线劳动力操作水平低，技能水平低，机械装备率低，过分依赖“人海战术”，造成劳动生产率水平低，建筑产品质量不高，很难达到国际先进水平。

③员工结构不合理。建筑企业员工整体素质偏低，低学历员工所占的比例过大。而高学历的员工所占比例过少，应用型人才多，管理型、科研开发型人才偏少，特别是缺乏高水平的复合型人才，科技成果转化能力较弱，技术创新能力差，人才与员工的比例不合理，技术工人所占的比例偏低，技术工人的年龄偏高，技能水平低的工人比例偏高。

因此，建立有效的员工培训机制，提高员工整体素质，是建筑企业创建学习型组织的一个重要方面。有效的培训机制要求对不同层次、不同类别的员工分别进行有针对性的培训，如对主力工种管工、钳工、焊工、起重工、电工、仪表工等，进行经常性的强化培训和岗位练兵活动；对施工员、质检员、定额员、预算员、材料员、统计员、计划员、安全员等一线管理人员进行经常性业务技术培训；对中高级管理人员要进行技术、管理、外语、计算机、法律等专业方面的培训，利用职业教育、成人教育、在职教育、脱产教育及各种灵活有效的培养方式，加紧培养高水平的专业人才、复合型管理人才，对企业管理层重点灌输管理意识、创新意识、市场意识、质量意识，提高其管理水平，建立高效的人力资源创新能力培养制度。

以广厦集团为例，为解决农民工的教育培训问题，从2004年起在广厦建设全集团开办“广厦民工学校”，加强对现场一线员工的教育培训，增强安全意识，提高安全技术和综合素质。通过办班，工伤事故大幅减少，农民工的业余活动也被吸引到“正道”上来，农民工上街喝酒滋事、打架斗殴等现象大幅减少。广厦民工学校的教材名称为《把生命意识融入建筑》。这部十几万字的教材，详细地列举了“建筑工人安全生产基本要求”、“安全技术操作基本知识”、“工地工伤救护”、“典型事故案例分析”、“安全基本常识”等内容，文字简洁、通俗易懂，十分贴近当代建筑工人的工作和生活，是国内最早的一套针对农民工教育的规范性教材。2006年，温家宝总理视察广厦工地，肯定了广厦的民工管理经验，并称赞到：“如果每个工地都能像这里就好了”。

2. 建立学习型企业文化

学习型组织的有效运行还需学习型企业文化来支撑。前已述及，建筑企业的企业文化具有很强的路径依赖性，这对建筑企业成长能力的培育将产生两种截然相反的影响：落后的企业文化将阻碍企业的知识创新，而学习型企业文化则将促进成长能力的形成并使其不可模仿或替代。

建筑企业的企业文化可以分为精神文化、制度文化、行为文化、物质文化等四个层面，这些均是建筑企业的学习型企业文化建设过程中不可分割的组成部分。

(1)建筑企业的精神文化。所谓建筑企业的精神文化是指建筑企业在生产经营过程中受一定的社会文化背景、意识形态影响而长期形成的一种文化观念和精神成果，它是建筑企业的上层建筑。在这一意识形态中，企业精神、企业价值观、企业道德、企业经营哲学都是它的重要内容，因此，精神文化是建筑企业精神力量的源泉。

(2)建筑企业的制度文化。建筑企业的制度文化是由企业的法律形态、组织形态和管理形态构成的外显文化，它是建筑企业文化的中坚和桥梁，把企业文化中的物质文明和精神文明有机地结合成一个整体。建筑企业的制度文化一般包括企业法规、企业的经营制度和企业的管理制度。

(3)建筑企业的行为文化。建筑企业的行为文化是指建筑企业员工在生产经营、学习娱乐中产生的行为文化，包括企业经营、教育宣传、人际关系、文娱体育活动中产生的文化现象。行为文化是企业经营作风、精神面貌、人际关系的动态体现，也是企业精神、企业价值观的折射。从人员结构上划分，建筑企业行为中又包括企业家行为、专家和技术人员行为，以及其他员工行为等。建筑企业的经营决策方式和决策行为主要来自企业家，企业家是建筑企业经营的主角；在具有优秀企业文化的企业中，最受人敬重的是那些集中体现了企业价值的专家和技术人员，他们使建筑企业的价值观得以“人格化”；员工的群体行为决定建筑企业整体的精神风貌和企业的文明程度。

(4)建筑企业的物质文化。建筑企业文化作为企业文化的一个子系统，其显著的特点是它以特殊的物质形态为载体，即建筑产品的特点体现了建筑企业的企业文化特点。

对建筑企业来说，建立学习型企业文化既能增强职工的集体观念、工作责任心、对企业的信任和依赖性，还能培养员工的开拓进取意识，使得员工更加积极地工作和不断学习。但由于施工现场分散、劳动强度高、工作环境艰苦、异地施工较多，使得建筑企业的学习型企业文化建设具有离散性；而建筑企业员工大部分文化水平较低、素质不高、企业的临时用工较多、队伍流动性大等情况，则又加大了学习型企业文化建设的复杂程度。那么，建筑企业如何建立学习型企业文化，以统一员工的价值观和行动、增强企业的凝聚力、营造企业良好的学习氛围,从而促进建筑企业成长能力的培育呢?笔者认为可从以下三个方面进行:

(1)培育企业精神,统一企业价值观。企业精神是一个企业基于自身特定的性质、任务、宗旨、时代要求和发展方向,为求生存、发展而在长期生产经营实践基础上,经精心培育而逐渐形成的,并为整个职工群体认同的正向心理定势和主导意识;而企业价值观则可称之为企业的灵魂,决定着企业文化的基本形态,把握着企业发展的方向。建筑企业应根据企业所处行业的特点、企业发展的历史、内部的员工状况等情况,培育独特的企业精神,统一企业价值观,例如树立"以人为本"的理念。目前大多数建筑企业机械化程度低,影响工程产品质量因素中的人的因素所占比重很大,这就需要加强员工的素质教育。针对建筑行业工作条件差、劳动强度大、员工收入少的特点,建筑企业要建立"人企合一"的企业文化氛围,用优秀的企业"文化力"协调和引导人的行为,统一共同的价值观,才能形成有力的内聚力和吸引力。如湖南建工集团六公司,以理念建设为核心,逐步形成了企业的核心理念体系。在贯彻执行集团基本理念等一系列企业文化的实践中,六公司建立了符合企业发展、适应市场要求的企业核心理念体系,即以"创新、诚信、和谐、奉献"为企业精神,"专业化、集团化、国际化"为发展战略,"服务顾客、超越自我"为质量方针,"湖南六建、诚信立业"为经营宗旨,建立了公司员工统一的价值观,"创新、诚信、和谐、奉献"逐步成为了全公司员工的行为标准。

(2)制定明确细致的企业制度。建筑施工的过程是烦琐复杂的,要使其配料合理、施工科学,没有科学严格的操作规程和技术指标,优质的工程便无从谈起,因此,建筑企业一定要有明确细致的企业制度以规范员工的具体操作和工程项目中的各种具体指标。目前,建筑企业都比较注重技术上的创新,认为技术就是生命,技术就是生产力,但在具体工作中却多把技术创新的任务交给了一些实验室里的技术人员。这对一些中小型的建筑企业是很不实际的,一来需要很大的投入,二来创造出来的成果不一定能应用于工程实践中。而在工程项目建设中不断摸爬滚打的员工凭着长期积累的经验,加上工作中的不断实践,则很有可能在技术上拥有自己独特有效的实现方式,更有可能创造出新的施工方法。但是,他们的这些非常有价值的贡献却很难为领导、为企业所发现和重视,随着人员的流动也很容易散失。而企业可以通过相应的奖惩制度进一步地鼓励员工进行创新,更可以将员工们宝贵的经验建档保存起来,以供参考和学习。这样,一种比学习、争创新的氛围便在员工之中形成了。

(3)加强工地文化建设。工地是各类建筑工程施工的场所,是建筑企业的基层,也是建筑企业的"窗口"。建筑企业学习型企业文化建设的离散性,正是由工地的离散性导致的。因此,作为一种具有建筑特色的价值观念、经营理念、管理制度、社会诚信、道德伦理的文化现象,以及构筑行业精神、树立企业形象的重要载体,工地文化建设对建筑企业的学习型企业文化建设极为重要。开展工地文化建设,一方面,要有丰富多彩的文化活动,如工地配备电视机,建立娱乐室,设置报栏,在工程中开展"青年突击手"、"技术能手"竞赛,树立学习典型等活动;另一方面,组织开展创建文明工地竞赛活动,按竞赛标准进行月、季检查,并根据检查结果实施奖罚手段,做到施工现场标准化、施工安全化,同时将企业精神、宣传口号等具有企业特色的标语图牌悬挂张贴。建筑企业只有将工地文化扎扎实实做好,才能真正使学习型企业文化植入员工心中。

下面仍以A公司承担的奥运工程建设任务为例。针对该项奥运工程技术难点多、新技术应用多等特点,项目部围绕立足技术攻关、做精做细项目开展工地文化建设活动。项目部进驻现场后,立即成立了奥运工程青年突击队。突击队瞄准"危、重、险、难"目标,热火朝天地开展科技比武、科技练兵和“比进度、比质量、比安全、比创新、比管理”劳动竞赛，由项目部总工程师领衔成立科技攻关小组和QC质量小组，中青年技术人员全部参与，涌现了一大批青年岗位技术能手，为工程顺利推进提供了可靠的人才保障和技术保障。同时，为建设“科技奥运、绿色奥运、人文奥运”，项目部针对工程管理的薄弱环节以及降能节耗、创新创效广泛征求意见和建议，广大员工围绕技术质量、施工生产、安全文明管理、经营核算等建言献策，纷纷提出合理化建议和意见，项目部对于切实可行的建议及时予以研究采纳，大幅节约了成本。此外，项目部将创建活动与节约型项目部建设紧密结合起来，号召广大员工积极开展技术创新，通过采用新技术、新工艺、新方法和“小发明、小设计、小改进”降能节耗，节约“每一滴水、每一度电、每一张纸、每一分钱、每一寸料”，实现创新创效，提高经济效益。如通过改进脚手架搭设方法，不仅保障了安全施工，而且大幅节约了脚手架的使用量，降低了租赁成本。为保障各项活动切实落实，项目部制订了详细具体的活动方案，做到了“有规划、有安排，有形式、有内容，有检查、有考核，有奖惩、有落实”，使工地文化建设活动如同施工生产一样始终处于受控状态，实现量化管理、精细化运作，成为A公司基层组织学习型项目部建设的一个标杆和观摩基地。

企业文化建设是一个长期过程，建筑企业通过上述方式构建的学习型企业文化，既能增强员工对企业目标的认知和对不确定性的容忍程度，又能增强团队成员之间的信任度，而这些都是诱使企业进行组织学习的内部因素，因此，学习型企业文化的建立，有助于建筑企业成长能力的培育。

5.1.3　建筑企业技术创新能力的培育——重视技术创新管理

从整个建筑行业来看，建筑企业的技术创新受到多种因素的制约。第一，建筑产品是多技术系统的集成，由于生产地域的不确定性，建筑企业在空间上处于离散的状态，不能像一般的制造企业一样享有区域的范围经济和规模经济的优势。第二，由于项目的单件性和生产区域的离散性，企业与企业，比如总承包商和分包商之间，通常缺乏足够的稳定的信息交流，使得建筑业增值链上的各个部门不得不承担各自的创新风险和费用，这极大地限制了建筑企业的创新。第三，建筑业组件和材料的复杂性和耐久性也极大地影响了建筑企业的技术创新。作为复杂的开放系统，建筑企业外部价值链所涉及的行业极其广泛，各行业所涉及的专有技术也截然不同，因此，在没有政府的干预下难以进行有效的技术交流和合作，这不仅限制了技术在产业链的扩散，还限制了整个行业的技术创新。第四，建筑项目的契约特性也极大限制了建筑企业同用户的沟通，建设项目契约（合同）的不确定因素，增加了建筑企业经营的风险，从而降低了建筑业生产者对新工艺和新技术改造的积极性。同时，建筑企业技术创新的项目导向性特点，不利于其长期的创新及创新能力的积累。而另一方面，由于缺少同建筑企业和材料供应企业的交流，用户不得不依赖设计工程和建筑咨询公司的专业建议，这又在一定程度上限制了需求产品的产品创新。第五，政府管制中存在一些影响建筑企业创新效率的因素。例如，招投标的竞价制度和对总分包的规定，这些规定过于保护业主的权益而忽视了作为创新主体的总承包商的权益。在技术创新过程中，总承包商不得不大部分承担项目创新的责任和风险，这极大地限制了其创新热情。又如，由于政府管制的一些规定导致了建筑材料供应商过大的成本支付，从而限制了创新的发展。

在行业技术创新不利因素的制约下，建筑企业如何培育其技术创新能力呢？笔者认为应从五个方面入手，如图 5-4 所示。

1. 建立健全技术创新管理体系

建立健全技术创新管理体系，是从组织上为技术创新提供保障。自企业到项目部要形成一个系统的技术创新管理体系，积极营造以重

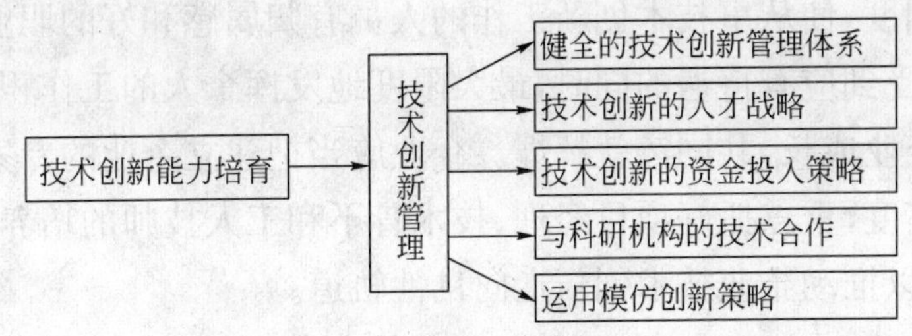

图 5-4 建筑企业技术创新能力培育路径

点、难点工程项目为中心的技术创新格局，分层次完善职能、落实目标。企业要从全局的角度出发，在技术、生产经营等多条战线上开展创新工作，发挥技术开发技术咨询和技术服务的职能作用；项目部要强化科技攻关的主体意识，在工程项目上积极推广应用新技术，重点强化项目部工程技术控制管理工作在不同层次及各自的职权范围内抓好技术管理和开发工作。如中建总公司，建立了以企业总工程师为龙头的科技进步领导体系和科技管理的指挥体系，建立了以企业技术中心为平台的科技创新体系，建立了依托项目、面向基层，以先进技术的推广应用和实用技术开发为核心内容的技术服务体系。基本形成了以总公司技术中心为龙头，以专业技术中心和区域技术中心为骨干，以下属企业技术中心为分支，以科研机构为辅助支撑的树状科技创新体系。

2. 建立创新人才的引进、培养和激励机制

创新人才是建筑企业技术创新的资本和关键。因此，建筑企业应重视创新人才的引进、培养工作，并通过激励机制的建立更好地发挥其创造性。在培养人才过程中，建筑企业要着重在现有的基础上更新技术人员的知识，调整科技人员的知识结构，培养新领域的人才，造就一支思想过硬、技术精湛、专业配套、结构合理的技术干部队伍，同时营造专业技术干部成长的良好环境，建立良好的竞争机制，依靠事业待遇、价值实现、感情维系来吸引人才、留住人才。此外，还要探索新的激励制度，使从事技术创新工作的人员有归属感和好的职业发挥空间，在享受到应有待遇的同时，最大限度地发挥个人的工作积极性，共同伴随企业成长，共同铸就辉煌。企业应当把建立企业的专家队伍提到战略高度，重点抓好项目经理、技术骨干和工人技师的培养，倡导自主研发，以推动企业技术创新走向良性轨道。

3. 多方筹集资金、加大技术创新投入

建筑企业要正确处理好投入与产出、眼前利益和长远利益的关系，坚决克服只顾眼前、忽视长远的短期行为。不能在企业经济效益好时满足现状，忽视技术创新；当企业效益不佳时，又以财力不支放弃技术创新。一定要在企业发展规划中就着手建立和完善企业科技发展资金制度，按上年完成产值的一定比例提取技术创新资金。对于一些新型结构和技术难度较大的工程项目，应积极争取政府、业主和地方的立项和资金支持，必要时还可以向银行申请贷款解决一些较大的技术引进项目的难题。大型建筑企业在资金投入的过程中，要从全局出发，为提升企业的综合实力而重视对科技创新的资金投入，把经费真正落实到符合企业发展方向的重点科技项目上，通过技术创新，提高劳动生产率和获利能力，促进建筑企业的资金积累，进而继续增加科技的投入，使建筑企业形成科技投入、技术创新、企业赢利的良性循环，促进建筑企业的创新与发展。

4. 加强与科研机构的技术合作

建筑企业的技术创新离不开建筑行业的实际。建筑企业的技术管理人员具有丰富的施工技术和施工管理经验，由其提出的科研课题更切合实际、更具有针对性，研究成果更具有推广价值。但是离开科研单位和高等院校的配合、支持，建筑企业也是难有作为的，因为高等院校、科研单位具有人才、信息和科研优势，有良好的从事科学研究的检测和实验设备。因此，建筑企业要结合自身的核心业务和发展方向，与科研院所和高等院校建立长期的技术合作。通过信息交流，聘请专业人士并组成专家委员会，对企业的研究发展方向、重大技术创新项目、重大引进技术及设备的立项进行评估咨询和成果鉴定。对一些重大的科研项目，可以向社会高薪聘请技术专家，发挥他们在国内外重大工程、科研项目中论证和攻关中的作用，弥补企业的不足。另外，在技术创新过程中，要有效地推进科技成果转化，实现技术与生产经营的有机结合，产生良好的经济和社会效益。以中建总公司为例，充分联合高等院校、研究机构，实现科研领域的多赢模式，建立并完善了科技示范工程管理制度，将科技示范工程作为科技推广与转化的有效组织形式，大大拓展了科技示范的作用和影响力。以中建八局组织实施的武汉天河体育中心工程为例，按中标合同价和传统的施工组织和生产手段，这个项目的亏损额估算近千万元，但这个项目通过大量的科技成果推广和科技创新活动，最终不仅按期、按质、按量完成了这一重点工程的建设，还实现了直接经济效益 800 多万元，科技进步效益率达到 3.2％。整个“十五”期间，共完成总公司级示范工程 42 项，平均科技进步效益率 2.2％，仅这些项目科技的贡献就超过 1 亿元。同时科技示范工程的做法在集团内各企业普遍得到重视，每年通过的局级示范工程约 80 项，公司级示范工程数量上百项，科技进步效益率达到 1.8％以上，产生的效益是相当可观的。

5. 运用模仿创新策略、加快技术进步

对于技术创新能力较弱、投入有限、抗风险能力不强的建筑企业，可以通过模仿创新来实现其技术进步。选择经济技术效果好、可靠的技术模仿，可以减少建筑企业研究开发探索的风险，回避市场开发的不确定性。模仿创新也有利于技术创新的扩散，众多企业采取模仿创新战略将会加速国内外先进技术的转移和扩散，加快企业的技术进步。建筑企业采取模仿策略时，要注意根据市场需求进行改进和创新，同时应注意自主开发能力的培育，真正提升自身的技术创新能力。

5.1.4 建筑企业网络合作能力的培育——网络合作关系的构建

建筑企业进行网络合作能力培育的核心在于网络合作关系的构建。建筑企业在与其利益相关者建立网络合作关系时，一般按照如下步骤进行，如图 5-5 所示。

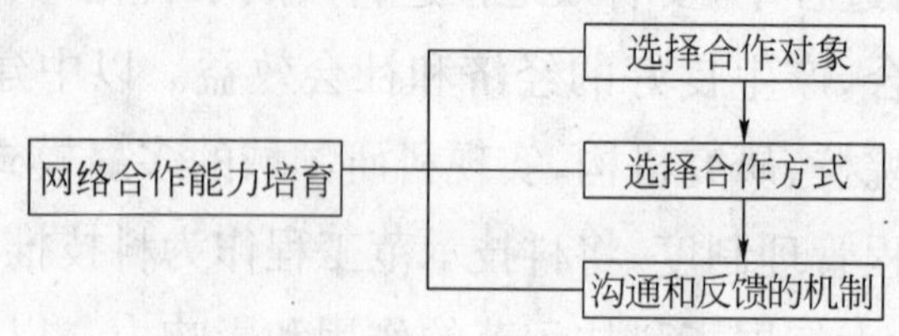

图 5-5 建筑企业网络合作能力培育路径

1. 选择合作对象

首先，建筑企业应分析本企业的优势和劣势，明确自身竞争优势及所需要知识、资源或服务；其次，分析拟合作对象的核心竞争力，如材料、设备供应商在行业内的竞争力，或科研院所的科研能力等，以保证对方能够提供有价值的资源或服务；最后，在拟定合作对象中选择与本企业能力和战略发展相匹配的单位或部门。由于建筑业是一个特殊的行业，对企业的资质实行严格管理，只有达到要求的建筑企业才有资格承接相应的工程；另外，建筑企业与其合作对象的合作关系分为项目层面上的合作和企业层面上的合作，前者是一种临时的、动态的合作关系，因项目实施而建立、随项目完工而结束，而后者则是一种长期的战略合作关系，直接影响建筑企业的长期发展。因此，在建筑企业构建的关系网络中，与其能力和战略相匹配的合作对象尤为重要。

2. 选择合作方式

建筑企业与其利益相关者可通过如下几种方式进行合作：①研究与开发协议。主要是指建筑企业与研究院、设计院、高等院校等单位签订联合开发协议，各方分别以资金、设备、技术、人才等互补性优势资源为投入，推进创新技术、产品的研发，为建筑企业在竞争中专有某方面优势技术、产品带来可能。这也是企业创新机制的风险投资。②特许经营。合作各方通过契约或特许的方式建立合作关系。其中一方具有知名品牌或为知名企业，允许生产能力较强且生产能力过剩的另一方使用自己的品牌、专有技术等进行生产。特许方通过特许权获取收益，并可借助规模优势加强无形资产的影响，受许方利用剩余生产能力谋取收益。建筑承包商与施工分承包商之间的关系就是特许经营关系。③参股或相互持股。合作各方通过相互参股可以长久、密切地合作，增加彼此投资收益的渠道，降低风险。如CC集团就是招商银行的参股股东。④临时合作协议。这种合作方式主要适用于项目层面上的合作关系。由于建设项目周期较长、信息处理较为复杂，建筑企业有必要与业主、咨询、监理、当地政府等签订临时合作协议；国际工程承包企业还需聘用当地代理机构为其提供信息咨询服务，于是，双方建立起临时的合作关系。

3. 沟通和反馈机制的建立

建筑企业构建的关系网络并没有一个明确的组织结构，合作各方之间都处于平等的地位，因而不能像一般组织那样传递指令或信息。建筑企业借助信息和网络技术，建立强大的信息管理系统，变纵向的信息传递为横向沟通，从而为合作双方创造了方便的交流与反馈机制，使得合作各方能够共享信息，及时解决研发或施工项目等出现的问题，并就合作的运行情况进行反馈。

5.1.5　建筑企业成长能力培育逻辑分析

5.1.1～5.1.4已经从市场识拓能力、组织管理能力、技术创新能力以及网络合作能力四个方面提出了建筑企业成长能力的培育途径，如图5-6所示。

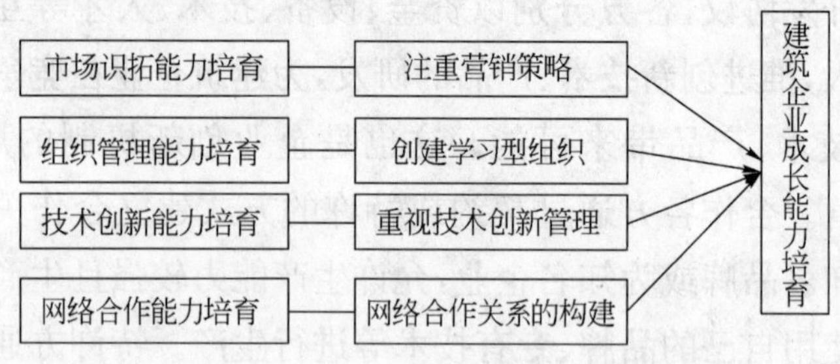

图 5-6　建筑企业成长能力培育逻辑图

建筑企业市场识拓能力是企业识别市场机会和风险，进行市场开拓的能力。由于建筑行业受宏观环境和行业竞争环境的影响异常明显，因此，市场识拓能力在建筑企业的成长过程中起着非常重要的作用，建筑企业要获得持续成长，必须不断地进行市场开拓，注重各种营销的策略，包括产品策略、价格策略、空间布局策略、推介策略以及业主价值导向策略。

建筑企业组织管理能力是建筑企业经过长期生产经营管理固化下来的一系列企业内部的组织结构和流程所反映出来的一种特定能力，它是企业资源的"整合器"，也是企业求得可持续发展不可复制的独特优势。正因为如此，企业才不断地创新管理模式。在建筑企业成长能力的形成过程中，以组织学习为特征的创新环是主导环，因此，成长能力的培育要求建筑企业建立一种能够保证其不断地进行组织学习的机制，学习型组织因其内部具有极强的学习能力和持续的更新能力而成为建筑企业成长能力培育的重要途径。

建筑企业技术创新是建筑企业为了降低成本、提高劳动生产率、满足业主的特殊需求或增加业主的价值，研发和应用新技术、新工艺、新设备、新材料的能力。对于建筑企业来说，要建立健全技术创新管理体系，建立创新人才的引进、培养和激励机制，多方筹集资金、加大技术创新投入，加强与科研机构的技术合作，运用模仿创新策略，加快技术进步。

网络合作能力就是建筑企业与其外部利益相关者建立互助合作关系，并从中共享知识、整合资源以降低市场风险，增强企业竞争力的一系列流程。对于建筑企业来说，网络合作能力尤其重要。5.1.4 阐述了构建网络合作模式的各个步骤。

通过各种成长能力的培育，就可以做到从整体上提高建筑企业的成长能力。

5.2　建筑企业成长能力的提升与跃迁

3.4.3 中分析了各生命周期阶段的建筑企业成长能力的强弱特征，亦即建筑企业成长能力是有高低层次之分的。建筑企业通过对市场识拓能力等子能力的培育，能够培育出初级水平的成长能力，但培育是一个较为长期和缓慢的过程。在市场竞争日益激烈的今天，建筑企业需要将其成长能力提升乃至跃迁到另一种新的、更高级别的成长能力，向高端成长能力发展，以确保其能够持续、健康、有序地成长。

5.2.1　建筑企业成长能力的演化

根据哈肯协同学理论，系统在外界负熵作用下，形成多种多样的运动模式或组态，它们彼此之间竞争，结果是其中的一种呈增长趋势的慢变模式被选择，成为了系统的主流模式直至成为系统的整体模式，这种在竞争中获胜的模式被命名为序参量。其实这里所谓的慢变模式归根到底是由系统各元素的共性，或同一性所决定的模式，而系统元素的个性所决定的模式都是属于快变模，共性支配个性，所以慢变模支配快变模。由此引申到建筑企业成长能力上，建筑企业的有序结构是由少数几个缓慢增加的模（或变量）决定的，所有子系统都受这少数几个模的支配，通过这几个慢变量，即可对系统的演化做出描述。建筑企业各子能力的产生与其内外部资源关系密切，直接受到内外环境的影响和作用，且易于从资源和学习中获得并为竞争对手所模仿，即其形成和演化是较为迅速的。而成长能力是在各子能力基础上协同生成的，一旦建立起来便具有较大的稳定性。建筑企业成长能力对其子能力起支配作用，驱使各子能力的运动和演化，进而达到自身的演化。根据支配原理，不稳定模支配稳定模，慢变量支配快变量，不稳定模或慢变量就是序参量，从无到有，从低级到高级缓慢地变化着，并能够产生新结构（基于更高层次的成长能力的结构），因此成长能力是建筑企业的序参量，其形成和扩增后，直接影响到建筑企业的市场识别和开拓、企业研发费用的投入和技术创新能力的提升、组织结构的调整和管理制度的更新完善，以及企业网络关系的构建和改善等，而各子能力的改善又反作用于成长能力，促进其演化发展。

1. 建筑企业成长能力的势函数分析

势在社会领域中泛指系统具有采取某种走向的能力，或者指从一种状态趋向另一种状态的能力，是系统内部各部分之间相互作用的外部表现。协同学中对系统的结构、性能和演化行为的研究，都归结于对势函数的研究，所以可以利用势函数研究成长能力对企业系统成长演化的影响。借用非简谐振子的运动特性，建筑企业成长能力非线性变化的动力学方程可用式(5-1)表示。

$$\frac{\mathrm{d}S}{\mathrm{d}t}=(-k+g)S-\beta S^{3}+F \tag{5-1}$$

式中：t——时间；

k——可持续成长能力的变化率与其原有状态的关系；

g——促使系统演化的控制参量；

$-\beta S^{3}$——可持续成长能力的非线性；

F——随机涨落外力。

建筑企业成长能力的势函数可表示为：

$$V(S)=[-(-k+g)/2]S^{2}+(\beta/4)S^{4} \tag{5-2}$$

该函数的曲线形状由二次项的系数决定。

(1)当$(-k+g)<0$,势函数曲线如图 5-7a)所示。这种状态下的建筑企业成长能力演化行为,犹如一个处于势函数谷中的粒子,粒子不断受到随机涨落外力 F 的冲击,每次冲击都迫使粒子离开 $S=0$ 的平衡位置,而沿势函数斜坡向上运动,但每次冲击之后最终在恢复力作用下又回到 $S=0$ 位置上。

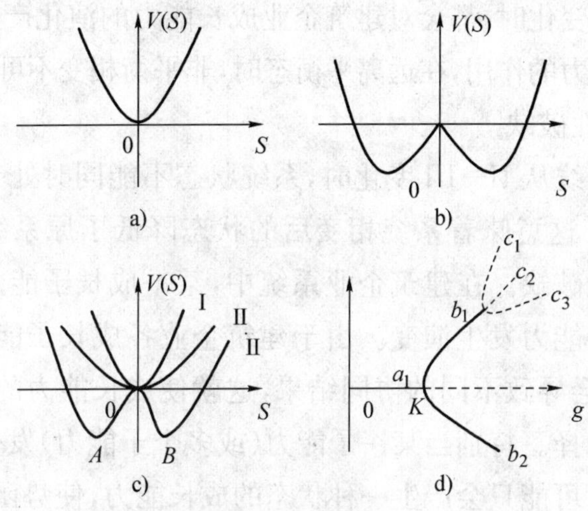

图 5-7　势函数曲线

(2)当$(-k+g)\geqslant 0$ 时,势函数曲线如图 5-7b)所示。从势函数曲线形态可知,系统原来的平衡位置变成不稳定点。在没有涨落时,粒子在两个能谷中以相等概率出现,既可能出现在左边的能谷,也可能出现在右边的能谷(即对称破缺)。建筑企业成长能力将从一个状态变到多个可能状态,形成系统的非平衡相变。

2. 建筑企业成长能力的演化提升——非平衡相变

耗散结构理论认为,非平衡相变是指远离平衡态系统从一种稳定状态跃迁到另一种稳定状态的现象。当外界提供物流、资金流、信息流和知识流达到临界值(或阈值)时,非平衡相变就会突然发生,系统从无序向有序的新态转变。

(1)非平衡相变

建筑企业成长能力势函数中的二次项系数($-k+g$)从负到正的变化过程,对应着图5-7c)中势函数曲线由I—II—III的变化过程。势函数曲线斜率越来越小,原平衡点$S=0$处越来越平坦,系统的恢复力越来越弱,建筑企业成长能力的演化范围就越大。此时,当建筑企业系统内部的市场识拓能力、组织管理能力、技术创新能力和网络合作能力等发生微小变化时,都会对建筑企业成长能力的演化产生影响;同时由于随机涨落力的作用,在远离平衡态时,非平衡相变不可避免发生。

(2)对称性破缺

势函数曲线从II—III变化时,系统状态不能同时处于图5-7c)中A、B两点上。这意味着系统相变后的状态降低了原系统的对称性,出现了对称性破缺。在建筑企业系统中,某一成长子能力的改变,都会促使其成长能力发生演变。由于建筑企业各成长子能力的变化及其速率不同,会导致不同的协同结果,这就使成长能力的演化方向存在多种路径选择。特别当某一子能力(或多个子能力)发生变动后,在自组织作用下可能只会产生一种状态的成长能力,使势函数呈现极端的不对称性。

(3)分岔与涨落

图5-7d)中,当$g<k$时,即系统处于原来的稳定态;当$g>k$时,系统不稳定,出现了分岔现象,即出现两个分支b_1和b_2。由于外部市场、经济、政治等随机涨落作用,会使建筑企业成长能力对系统整体性产生微小的偏离,并通过内部四个子能力的自组织运动而被迅速放大,形成巨涨落。协同作用的结果使成长能力得以跃升,进而带动建筑企业系统演变到新的有序状态,或更高一级的成长能力状态,如图5-7d)中由a_1—b_1跃变到b_1—c_2。由于每一成长能力都是稳定有序结构,所以图5-7d)中a_1—b_1、a_1—b_2这两条分岔代表两种强度不同的成长能力。另一方面,由于建筑企业不能自发地实现在两种成长能力

之间变换，必须对其四个子能力作较大调整才可能实现。因此，建筑成长能力的演化若由低层级的成长能力提升到较高层级的成长能力时，亦即在同一基础上进行能力的提升，只需沿着原有的成长路径不断完善，在适当的外力扰动下，便可实现；若由当前的一种成长能力转变到另一成长能力时，则其四个子能力需要作很大的调整才能实现。

5.2.2 建筑企业成长能力提升与跃迁的途径

根据5.2.1的分析，建筑企业要实现其成长能力的提升和跃迁，需在适当的外力扰动下，沿着原有的成长路径不断完善，对其四个子能力作出调整，合并、重组和整合是使建筑企业成长能力实现提升与跃迁的有效途径。

通过合并重组，建筑企业能够减少同业竞争、提高市场占有率，同时因为引入更有能力的企业家、扩大市场营销网络而增强了市场识拓能力。建筑企业通过合并重组获得的优质资源和先进的管理经验，如获得研究能力非常强的勘察设计研究院、经验丰富的技术人员和项目管理人员等，并对这些资源加以整合，能够较快地提升其技术创新能力和组织管理能力。著名的瑞典工程公司斯堪斯卡公司(Skanska)通过兼并，使其2000年国际市场营业额达86.4亿美元，一举获得全球最大国际承包商亚军；2001年该公司又荣登冠军宝座。从中可以看出，通过并购不仅可以获得超强的竞争力，还可以成功地拓展发达国家的市场。又如，原中国石化工程建设公司、中国石化集团北京设计院、中国石化集团北京石化工程公司、中国石化集团兰州设计院、中国石化集团勘察设计院和中国石化集团洛阳工程公司六家单位进行战略性重组，成为中国石化工程建设公司(SEI)。通过重组和融合，成为以设计总承包为主的总承包企业。重组后的企业建立了项目管理基础数据库，开发了一系列项目管理与控制软件，加强了计算机应用系统的网络化和集成化，实现了从总部到工地的信息传递与共享。这样解决了总承包企业的技术问题，也就解决了企业之间协调工作的管理问题，实现了企业内部的业务流程重组，通过技术互补性的重组和联合，提升了企业的技术优势，增强了企业的技术创新能力和组织管理能力。此外，合并重组后，建筑企业能够强化其在外部价值链中的地位，成为更多利益主体寻求合作的对象，有利于其网络合作能力的快速提升。

下面以中国交通建设集团有限公司为例，说明企业重组对提升建筑企业成长能力的作用。2005 年，根据国务院国资委关于中央企业布局结构调整的战略部署，原中国港湾建设(集团)总公司与原中国路桥(集团)总公司经过充分沟通与慎重研究，达成重组意愿。当年 12 月，原中港集团和路桥集团以强强联合、新设合并方式重组成立中国交通建设集团有限公司(中交集团)，目标是组建一家资金雄厚、人才密集，具有科研、设计、施工、装备制造和投融资功能一体化的特大型交通建设集团。当时，这被视为国务院国资委监管的中央企业中实现强强联合的典型案例，是国家实施大公司大企业集团战略的一次有益实践。

完成战略重组后，在全面分析企业的内外部环境、发展优劣势的基础上，中交集团确定了“独家发起，整体上市，谋求企业又好又快发展”的改革思路。作为第一家整体上市的中央企业和第一家在国际资本市场整体上市的交通基建企业，在没有先例可供借鉴的基础上，集团在不到 9 个月的时间里，以前所未有的力度，对 609 家下属机构进行了重组，对 117 家企业进行了改制；完成了 526 宗土地评估，2 255 宗物业评估；4 年 10 期 2 704 家报表单位审计，近 280 万张各类财务报表的填报，最终使 535 家法人单位和 54 家分支机构全部纳入上市范围。2006 年 10 月，中国交通建设集团有限公司以全部主营业务及相关资产作为投入，独家发起创立了中国交通建设股份有限公司。经中国证监会和香港联交所批准，2006 年 12 月 15 日，中交股份在香港成功上市，共发行 40.25 亿 H 股，募集资金 24 亿美元。中交集团的整体上市创造了多项发行纪录:2006 年全球十大 IPO 之一;全球基建公司有史以来最大的 IPO;中央企业第一家整体上市、不留存续的企业;香港有史以来发行规模 10 亿美元以上超额认购倍数最高(除招商银行外)的香港公开发行。由于规范的管理和优良的业绩,2007 年 1 月 3 日,中交股份被纳入摩根士丹利资本国际(MSCI)指数,3 月 12 日被纳入恒生中国企业指数,7 月份又在《财富》杂志发布的中国上市公司 100 强中跻身十强。

伴随着成功重组上市,中交集团不断稳固传统业务,开拓新兴市场;加强基础管理,增强发展能力;坚持自主创新,实施领先战略;提高跨国指数,实施"走出去"战略。实现战略重组后,中交集团通过资源整合,整合原中港集团和路桥集团的各自优势,以全新的姿态参与国际和国内市场竞争,综合实力明显增强,生产经营稳步增长,经济效益大幅攀升,集团经营、管理、改革等各项工作驶入了跨越式发展的快车道。在重组后不到 3 年的时间里,中交集团规模不断扩大、自主创新能力不断增强、市场不断扩展,尤其可贵的是,公司利润率也在大幅提高。目前,中交集团已经具备相当强的实力,后劲越来越足,已经是全球前 5 家建筑企业中最具成长性的企业。

1. 建筑企业合并、重组与整合的目标定位

建筑企业合并、重组与整合的目标是按市场经济原则实现建筑业结构调整。目前被行业纵向分割局限在施工环节、被横向分割局限在不同行业的各类建筑施工企业,将根据未来金字塔型的服务需求分化重组为工程总承包公司、施工企业、各类专业工程公司和劳务分包公司。

(1)工程总承包公司,其目标是资金实力雄厚,技术密集(资质等级为总承包一级、勘察设计甲级)、管理现代化水平高,多产业综合发展,具有承揽国内外大型建设项目和从事项目融资(包括 BOT、EPC、BOO、ROOT 形式)的能力,远期发展为集投资发展商、项目开发商和承包商于一体的大型综合商社。中建二局一公司和香港保华的联合就是我国工程总承包建筑企业迅速成长的成功案例。新组建的中建保华成为香港保华进军内地建筑市场的代理人，跨国工程公司的管理人员本土化是国际工程公司抢占内地市场的必然选择。这种重组，对于中建二局一公司来说解决了资金问题，又可以从容进入香港保华的东南亚、澳大利亚、新西兰等海外市场。

(2)施工企业和各类专业工程公司，其目标是具有较强的专业优势，具有专业领域的设计施工一体化能力，如钢结构、装饰、智能化系统施工等专业，逐步发展成具有专业技术或专利技术的公司，为工程总承包公司服务。

(3)劳务分包公司，主要是协作性为主，由一些专门劳务班组人员组成，如木工、泥工、钢筋工等，为工程总承包公司和专业施工公司服务。

建筑企业合并、重组与整合的合理目标定位使得企业四种子能力得到合理调整以实现建筑企业成长能力从低层级到较高层级的演化。工程总承包公司、各类专业工程公司和劳务分包公司位于整个建筑市场产业链和价值链的不同环节，各类专业工程公司和劳务分包公司处于下游，工程总承包公司居于核心地位，业主在最上层对应一个工程总承包公司。它们各司其职，互相协助，实现了建筑产业结构优化和建筑企业成长能力的不断提升。

2. 建筑企业合并、重组与整合的趋势路径

依托原产业开展建筑企业合并、重组和整合，以提升建筑企业成长能力，比较典型的有如下几种类型：

(1)横向拓展与纵向延伸型。作为这种类型的个别形态，有的企业以横向拓展或位移为主，从一个产业扩到多个产业，或转移到非建筑业。如中国中铁，设立了青海中铁矿业发展有限公司、绿纱矿业有限责任公司等，从建筑业主业扩展到资源业务领域。2008 年 4 月，中国中铁与刚果共和国签署了《关于刚果共和国矿业开发和基础设施建设的合作协议》。同时签署的还有以中国中铁为主的中国企业集团与刚果共和国国家矿业总公司共同设立合资公司的协议。根据协议，刚果(布)将刚果矿业总公司持有的五大铜钴矿的矿产权和矿产证划入由中国中铁控股，中国水电、刚果矿业总公司等参股的华刚矿业股份公司，并由该公司进行不低于 30 年的直接经营。两个协议的签署标志着备受瞩目的中国中铁"资源换项目计划"进入实质性操作阶段，资源业务的良好发展，必将给中国中铁带来持续的利润增长，促进企业成长能力的提升。有的企业以纵向延伸或位移为主，在原产业链上下游延伸，如施工企业发展设计咨询能力，设计咨询企业发展施工能力等。仍以中国中铁为例，大力发展勘察设计与咨询服务，设立了"中铁工程设计咨询集团有限公司"、"中铁大桥勘察设计院有限公司"、"华铁工程咨询有限责任公司"等，极大地提升了中国中铁的设计咨询能力。又如吉林省建筑设计院有限责任公司，根据市场形势的发展需要，从 1996 年起先后取得了凿井、基桩检测、地基与基础、工程施工的资质，尤其是地基与基础施工业务的扩展，取得较好的效果，实现了设计咨询企业在施工业务领域中的拓展。

(2)低端向高端的市场跨越型。如中建国际根据未来建筑市场结构变动趋势，逐步摆脱低端市场，将目标市场定位在单体工程国内8 000万元人民币以上、国外 1 000 万美元以上的高端市场；中建总公司成功开拓欧美高端建筑市场，中标欧洲最高建筑——俄罗斯联邦大厦，在美国市场上，相继成功中标南卡杉地中学、布鲁瑞吉高中、纽约布鲁克林第 8 大道地铁站、万豪酒店等项目，实现了从做使馆项目到做中资企业在美投资项目，再到参与美国本土工程主流市场竞争的"三级跳"；中建一局建设发展公司 2002 年中标的 LG 大厦和 2003 年中标的金融街 B7 项目，合同额分别为 10 亿和 9 亿人民币，在高端市场开拓方面取得了突出成绩。

(3)国内向国外的外向扩张型。目前我国施工企业在开拓国际市场过程中取得了骄人成绩，在非洲更是签订了一系列大单。中土集团在2006年10月与尼日利亚签署了83亿美元的尼铁现代化铁路改造项目协议，刷新了我国国际项目的最大合同额纪录。

(4)向建筑配套产品投资方向发展。如浙江宝业成功在香港交易所上市募集资金，目前已在住宅小区、住宅产业化、产品工业园和研发制造方面投入巨资。又如中国中铁，通过整合资源、优化资源配置，对中铁工程机械研究设计院有限公司、中铁重工有限公司、中铁大桥局集团第七工程有限公司等3家单位进行了战略重组，成立了集科研设计、工业制造、工程施工与安装、大件物流于一体的“中国中铁科工集团有限公司”，使中国中铁的业务领域向建筑配套产品投资方向发展，提升了企业的核心竞争力。

(5)向房地产业发展。如北京住总的房地产开发已成主业，形成了建安与房地产两大产业并举，把住宅小区作为产品来生产和销售的一体化经营体系。一大批改制后的乡镇建筑企业也成了当地的房地产开发商。又如中国中铁，凭借在长期的土地一级开发及房屋建筑施工中累积的人脉、土地开发、项目运作等各方资源和经验，积极拓展房地产业务领域，设立了中铁置业集团，在房地产领域具备明显的先发优势。与其他房地产开发商相比较，中铁置业集团拥有房屋建筑的特级资质和设计咨询等甲级资质，具备无可比拟的竞争优势；同时，具有从土地一级整理到土地开发、房屋建筑、城市配套设施建设、物业管理等“一站式”的综合服务能力。

(6)向BOT等方向发展，并依托新的项目承包方式，培育不同行业投资项目的运营能力，最终发展成为跨行业、跨领域的投资商。如中国中铁，经营模式在向BOT等方向积极转变。2007年，中国中铁股份有限公司所属全资子公司中铁三局集团有限公司中标汾阳至邢台高速公路平遥至榆社段及榆社至和顺(省界)段BOT项目，标志着山西省第一个BOT项目由中国中铁所属中铁三局集团有限公司正式投资建设，这也是截至目前中国中铁最大的BOT项目。又如中国核工业建设集团公司与清华大学合资成立了核能科技开发公司，不但努力由建设者成为投资者，还试图建立这一领域的技术创新平台。

这三种类型在不同企业的实践中表现出不同组合的多样化选择。由建筑产品的生产制造者向拥有者转化，建筑业资本通过向产业链上游转移，由生产经营者转为投资开发者，由单一的建筑产品建造服务提供者变为工程项目的拥有人或运营管理者，也代表了合并、重组和整合的另一趋势。

资本的大规模重组和流动已渐成潮流。流转顺畅的现代产权制度的建立，极大地促进了各类资本的流动，加快了建筑企业合并、重组和整合的速度。但选择哪种趋势路径要结合建筑企业的自身特点，采取适合自身发展的路径，以完成各子能力调整，进而实现成长能力的提升。

3. 建筑企业合并、重组与整合的形式

(1)大型国有建筑集团内部资源整合。一是为适应加入WTO挑战、提高国际市场竞争力而实施的国内外一体化重组。如中建总公司内部将中建承包公司与海外部等重组为中建国际；中国铁路建设总公司与中土集团重组等，这种整合形式首先是调整了企业的市场识拓能力。二是实现功能上的匹配。如北京城建集团通过整合内部资源组成设计研究总院，以城市轨道交通工程咨询设计为重点，创建咨询、设计、采购到工程建造为一体的新型承包模式，逐步建设国际化的工程承包商务运作模式，在国内外市场竞争中争取主动。这种整合形式首先是调整了企业的技术创新能力。此外，为实现向价值链上游的转移而进行的施工企业与设计企业的大规模重组等也值得重视。

(2)不同所有制建筑业企业间的兼并重组。主要是为快速低成本扩张或进入新市场，非国有建筑企业收购兼并国有建筑企业。如上海智福对北京三建的控股；浙江中天采取整体受让、全资收购的方式对湖北襄樊路建公司和山东烟台市政工程公司的购并；香港保华对中建二局一公司的股份收购等。在这种整合形式中，对市场识拓能力、组织管理能力和网络合作能力的提升都有所体现。

如上海建工集团，于 2003 年 7 月成功收购入主香港建设(控股)有限公司，以 24%的股份持有率成为"香港建设"第一大股东，并派出董事长、总经理负责经营。"香港建设"创立于 1973 年，原名为香港熊谷组，总股本 6 亿余股，是 1987 年在香港联交所挂牌上市的股份有限公司，是香港排名前 10 名的建筑公司之一。上海建工集团入主前，"香港建设"由光大集团辖属的子公司"光大国际"控股，在世界各地主要从事建筑工程、基础设施、土木工程的承建，如香港迪士尼乐园、香港西部铁路等，以及物业投资、酒店经营业务，如深圳地王大厦、北京王府饭店、金光大厦、海南洋埔开发区等，2002 年合约额达 180 多亿港元。上海建工集团入主"香港建设"后，不仅使"香港建设"的股东配置更具管理优势，而且对集团提高总体竞争实力，进一步拓展国际工程承包市场，拓宽资本经营渠道，完善产业功能，都将起到积极的推动作用，在一定程度上提升了上海建工集团的市场识拓能力、组织管理能力和网络合作能力。

(3)国内建筑资本与国际建筑资本的合作。一是针对国内大型基础设施项目的建造服务市场而出现的合资企业。如北京住总与瑞典金门斯堪亚公司共同投资成立的地铁盾构公司。二是针对国内公用事业市场逐步放开的政策，国际资本与国内建筑业合作抢占市场。如北京城建三公司与德国柏林水务国际股份公司组建的南昌青山湖污水处理厂项目公司，采用 BOT 的方式，建设运营投资近 3 亿元的污水处理厂。

从以上分析和案例可以看出，建筑企业市场识拓能力的提升是实现成长能力提升和跃迁的最有效手段和途径。另外，建筑企业组织管理能力、技术创新能力和网络合作能力的提升通常是伴随着市场识拓能力的提升而展开的。

第6章

建筑企业成长能力的评价

导读

对成长能力进行评价，可以让建筑企业了解其成长与发展水平以及在行业内的竞争地位，进而培育与提升其成长能力。评价的关键是建立一个较为科学完善的评价指标体系，但由于人们对企业成长的决定性因素理解的不同，导致其构建的指标体系也不尽相同。

周建军、王韬在分析了高科技企业质的成长和量的成长的内涵之后，建立了影响高科技企业成长的研究与开发能力、战略管理能力、市场营销能力等评价指标体系。孙建华从盈利质量、竞争能力和财务指标三个方面建立了评价企业成长能力的定性和定量指标体系。李柏洲、李海超从成长环境、成长能力、成长潜力角度设计了12个具体指标来评价高技术企业的成长力。朱和平等将决定中小型高科技企业成长性的因素归结为财务潜力、人力资本、市场和公共关系能力，以及技术和创新能力，据此建立了20个细化评价指标，并加以实证。马璐、胡江娴则从行业状况、企业核心能力、制度体系和市场营销能力四个方面建立了企业成长性评价指标体系。上述对企业成长评价的指标体系的设计，或各层次指标之间性质不一致，不能全面地反映企业的成长性；或定性指标太多，不具备操作性；或未能对评价对象进行实证，缺乏说服力；或在实证过程中主观评价太多，损害了结果的可信度。

结合以上学者的研究成果，本章将从市场识拓能力、组织管理能力、技术创新能力和网络合作能力等构成建筑企业成长能力的四个方面，通过逐层指标分解，建立评价建筑企业成长能力的一个较为科学完善的指标体系，同时选择恰当的评价方法以合理地确定各指标的权重，得出总的评价结果，并对最终评价结果进行比较分析，从而使建筑企业获得对自身成长能力水平的认识。

本章提出了适合中国建筑行业的建筑企业能力评价指标体系，并对各指标分别进行了论述。

6.1 评价指标体系设计思想及原则

6.1.1 评价指标体系设计思想

在建筑企业成长能力的评价中，目前大部分相关的评价指标表现的是企业过去的经营状况，是一些静止状态的指标，只能反映企业过去和目前的状况，无法全面、真实反映企业未来的发展。从建筑企业成长能力的定义中可以得知，建筑企业能力必须具有可持续发展能力，可持续发展是目前全球经济发展中企业必须追求的目标。因此，在评价企业成长能力时，必须坚持动态观点，对企业自身的成长能力给予高度重视。

企业自身成长能力反映企业不易为其他企业所知和模仿的核心竞争力。其评价指标包括信息技术水平、技术创新能力、组织结构、人力资本、企业文化、资本运营能力、知识管理能力等。本书将其分为企业市场识拓能力、企业组织管理能力、企业技术创新能力以及企业网络合作能力，以此来设计建筑企业成长能力的评价体系。

6.1.2 评价指标体系设计原则

建筑企业能力是与现有的和潜在的竞争对手相比较而言的，它面向由一百多个国家和地区组成的国际建设市场，由于其复杂性和不确定性，使得研究企业竞争力变得非常困难。因此，在研究建筑企业能力时，应先对评价范围进行界定，澄清一些概念，建立评价的基本原则。

企业能力是由相互联系、相互作用的许多要素组成的有机整体，是一个系统。它以多层次、多指标的方式揭示构成企业能力各要素间的相对独立性和对上一级目标层的相关性，它将一个复杂的问题分解为多个相互联系的部分或要素，构成一个有序的递阶层次结构。通过研究该结构中各要素的功能和相互作用原理，以及对整个系统可能的作用结果，对这些因素进行干预，达到使系统目标最优化。同时，企业能力的复杂性需要比较直观的和简单的研究方法。因此，本书遵循以下原则确定企业成长能力的评价指标体系。

1. 目的性原则

指标体系应是对建筑企业成长能力的内涵、构成要素及各构成要素对建筑企业成长的作用的客观描述，并为测评的目的服务，为测评结果的判定提供依据。

2. 完备性原则

指标体系应涵盖与建筑企业成长能力各构成要素相关的、主要的财务和（或）非财务指标，以保证综合测评的全面性和可信度。就现有统计指标而论，在实际中建立一套满足绝对完备性的指标体系是相当困难的。由于许多指标的数据无法得到，所以这一条件在实践中完全得以实现是不可能或不切实际的，只能使指标体系尽可能地接近完备；并且指标体系的完备性也是一个相对概念，随着时代的变迁，满足前一时期完备条件的指标体系有可能并不适应当前发展的需要。因此，在实践中所要执行的标准是渐进完备性，即在特定的环境和条件下，使指标体系最大限度地满足完备性的要求。

3. 科学性原则

指标体系应围绕测评目的，科学地反映建筑企业成长能力及其特征，指标概念正确，含义清晰，各指标之间不应有很强的相关性，尽可能避免显而易见的包含关系，对隐含的相关关系在处理时尽量将之弱化消除。然而，指标体系要真正满足这一条件同样比较困难。因为建筑企业成长能力的子能力之间本身具有交叉部分（笔者在第 3 章第 3. 4 节中提到了组织管理能力和网络合作能力之间的部分渗透），使得在设计评价指标体系时难免出现指标之间存在相关关系；而同时还需考虑指标体系的完备性，则更增加了这一困难。所以，与完备性一样，科学性也是一个相对的、渐进的概念。

4. 有效性原则

指标体系应合理构造层次数量和指标数量，与测评对象无任何关系的指标不应被纳入到指标体系中，既要避免琐碎繁杂，又要避免过于粗略。

5. 可行性原则

指标体系的设计应考虑现实可能性，数据包含的信息集中，数据资料容易获得，并且测评方法易于掌握，降低测评负担。在评价建筑企业成长能力的指标中，有的可以量化，有的则很难量化，加之很多企业不善于收集、处理信息，如我国大多数建筑企业除了国家要求上报或统计的数据外，对其他数据很少统计，从而加大了数据获得的难度；另一方面，有的数据的获得需要花费较高的成本，例如建筑企业需要安排专门的人员去收集、整理，甚至支付较高的费用才能获得竞争对手的相关资料。因此，可行性原则对于指标体系的建立也相当关键。

6. 可比性原则

各测评指标要具有可比性，即各建筑企业成长能力能够进行比较。事实上，单独一个建筑企业成长能力的评价结果没有太大的意义，只有通过比较才能发现被评价建筑企业存在的问题，并据此进行成长能力的培育和提升。

7. 发展性原则

发展性是指建筑企业成长能力的评价指标体系是随着时间推移、企业经营模式的变化而发展变化的。由于时代背景的不同，建筑企业的经营模式也可能不同，所以构成建筑企业成长能力的要素也可能与现在不同，这就影响了其评价指标体系的设计。

本书立足于目前对建筑企业成长的内外部环境和经营管理模式

的认知，建立了一套现今可行、实用的评价指标体系，随着社会的发展和该命题研究水平的提高，将逐渐完善已建立的评价指标体系。

6.2 建筑企业成长能力评价方法

6.2.1 评价方法比较

由于建筑企业成长能力由四种子能力构成，而各子能力又可进一步分解成多个次级指标，这就决定了其评价方法具有多目标综合性。目前国内外对企业成长性综合评价的方法有很多，但实际测算中普遍采用的方法主要有以下几种：

1. 单一指标法

这种方法以单一的指标或者是由多项因素构成一个合成的单一指标模型，对企业的成长性进行评价。其优点是思路简单明了，计算量小；缺点也十分突出，即单一性的指标难以涵盖企业成长性的方方面面，具有较大的局限性。采用此种方法最典型的模型是《新财富》每年推出的上市公司成长性排名。

2. 加权评分法

这是目前经济评价中应用最多的一种方法。一般做法是根据各具体指标在评价总目标中的不同地位，给出或设定其权重；同时确定各具体指标的标准值（通常为该指标的行业平均值）。然后比较指标的实际数值与标准值得到级别指标分值，最后汇总指标分值求得加权评估总分。加权评分法的最大优点是简便易算，但也存在三个明显的缺点：第一，未能区分指标的不同性质，会导致计算出的综合指数不尽科学；第二，不能动态地反映企业发展的变动状况；第三，忽视了权数作用的区间规定性。

3. 主成分分析法

主成分分析法也称主分量分析，旨在利用降维的思想，把多指标转化为少数几个综合指标。为了全面、系统地分析问题，我们必须考虑众多影响因素(一般称为指标，在多元统计分析中也称为变量)。因为每个变量都在不同程度上反映了所研究问题的某些信息，并且指标之间彼此有一定的相关性，因而所得的统计数据反映的信息在一定程度上有重叠。主成分分析法既能避免因变量太多而增加计算量及分析问题的复杂性，又能将大部分信息反映到多元线性方程中，并且通过统计的方式来确定各主成分对目标值的影响程度，比较客观可信，但由于建筑企业有关经营方面的公开信息较少，因此进行大样本的统计分析尚不具备条件。

4. 隶属函数评估法

这是根据模糊数学的原理，利用隶属函数进行综合评估的方法。一般步骤为：首先利用隶属函数给定各项指标在闭区间[0,1]内相应的数值，称为“单因素隶属度”，对各指标作出单项评估；然后对各单因素隶属度进行加权算术平均，计算综合隶属度，得出综合评估的指标值。其结果越接近0越差，越接近1越好。隶属函数评估方法较之加权评分法具有更大的合理性，但该方法对状态指标缺乏有效的处理办法，影响了评价结果的准确性。同时，该方法未能充分考虑企业近几年各项指标的动态变化，评价结果很难全面反映企业生产经营发展的真实情况。

5. 功效系数法

国家经贸委财经司与国家统计局工交司联合推荐的“功效系数法”是根据多目标规划原理，对每一个评估指标分别确定满意值和不允许值；然后以不允许值为下限，计算各指标实现满意值的程度，并转化为相应的评估分数；最后加权计算综合指数。由于各项指标的满意值与不允许值一般均取自行业的最优值与最差值，因此，功效系数法的优点是能反映企业某一时点在同行业中的地位。但是，功效系数法同样既没能区别对待不同性质的指标，也没有充分反映企业自身的经济发展动态，使得评估结论不尽合理。

6. 两次记分法

这种方法是从动态和静态两方面分别考察计分。各指标实际数值与行业平均水平相比较，改善记 1.5 分，持平记 0.4 分，下降记 0 分；然后与前期水平比较，改善记 1.5 分，持平记 0.4 分，下降记 0 分；最后两项评分相加，乘上权数后汇总即得综合指数。两次记分法从空间和时间两个方面评估企业，思路是全面的。但是，这种方法过于粗略，使得评估结果具有很大的模糊性。如资产报酬率指标，若行业平均值为 20%，那么，一个企业为 26%，另一个企业为 32%，按两次评分法评估两个企业，结果都得 1.5 分，两个企业在资产报酬率上的差异就会消失，因而评估结论将难以准确描述一个企业在本行业甚至全产业中的正确地位。

7. 二维判断法

二维判断法是由我国“中小企业发展问题研究”课题组提出的一种评价中小企业成长性的一种方法。所谓二维判断法，就是从两方面同时考察企业的变动状况：一是空间，即正确反映企业在本行业（或全产业）时点状态所处的地位；二是时间，即尽可能考虑一段时期内企业连续成长的速度和质量。其基本原理是：在确定各指标状态值及标准分值的基础上，首先测算评估期前 3 年企业各指标的平均数值，并确定平均分值，考察企业以往（评估期前 3 年）的发展状况；然后根据企业评估期某一指标的实际值，测算企业该指标的行业比较得分，考察企业该项指标在同行业（或全产业）所处的地位；据此再计算该指标行业（全产业）比较得分与前 3 年平均分值的比值，考察企业该指标在整个测评期内的成长状态；最后将各指标的比值加总得出综合成长指数，从整体上反映企业的成长状况是越来越好，还是有进有退，抑或是逐渐萎缩。但是，与其他综合评价方法相比较，二维判断法也存在明显的不足：一是这种方法在确定标准分值上仍存在较多的人为因素，只能靠充分调查、分析和征询专家的意见，以尽可能避免人为失误；二是这种方法的计算过程比较烦琐，需要的数据量非常庞大。为此，只能借助计算机等设备，在事先编好运算程序和做好基础数据处理的基础上，才能取得较好的结果。

8. 层次分析法

由美国著名的运筹学专家、匹兹堡大学教授 T. L. Saaty 于 20 世纪 70 年代初提出的层次分析法（Analytic Hierarchy Process，简称"AHP"法），原理简单，有较严格的数学依据，被广泛地应用于复杂系统的分析与决策。层次分析法是一种定性分析和定量分析相结合的评价决策方法，它将评价者对复杂系统的评价思维过程数学化。其基本思路是：评价者通过将复杂问题分解为若干层次和若干要素，并在同一层次的各要素之间简单地进行比较、判断和计算，得出不同替代方案的重要程度，从而为选择最优方案提供决策依据。由于层次分析法将人们的思维过程数学化、系统化，易于让人接受，但它同时要求评价者对评价问题的本质、包含要素及其相互之间的逻辑关系有十分透彻地掌握，且在判断时难免掺加主观因素，因此，其评价结果有一定的主观性。

9. BP 神经网络法

BP 神经网络法是一种具有模式识别能力、自组织、自适应、自学习特点的计算机制。它的知识编码于整个权值网络中，呈分神式存储且具有一定的容错能力。BP 神经网络由输入层、隐含层、输出层构成，其神经元的变化函数是 Sigmoid 型函数，即 $f(x)=\dfrac{1}{1+e^{-x}}$。评价时，从输入层输入评价的具体指标数据，经隐含层处理后传入输出层，即可得到评价结果。在 BP 神经网络的正向传播阶段，每一层神经元的状态只影响到下一层神经元的状态。如果输出层所得到的输出结果与期望输出结果的误差超过误差允许范围，则进入误差的反向传播阶段，误差信号按原来的连接通路返回，将误差进行反向传播，求出隐含层单元的一般化误差，调整各层之间的连接权值以及隐含层、输出层的阈值，直到系统误差可以接受为止，此时的权值、阈值不再改变。由于 BP 神经网络法是沿梯度下降平方误差函数来指导搜索的，若学习率选得过大，则很可能回馈调整过头而产生振荡，甚至无法收敛；若学习率选得过小，又容易陷入局部极小点，而且学习时间长，学习精度不高。此外，BP 神经网络法的计算过程比较复杂。因此，该方法的应用有一定的局限性。

10. 突变理论评价法

突变理论（Catastrophe Theory）是 20 世纪 70 年代发展起来的，建立于微积分、拓扑学、奇点理论和结构稳定性等数学理论基础之上的一门研究不连续变化现象的新兴数学。突变理论认为，系统所处的状态可用一组参数描述，当系统处于稳定状态时，标志该系统状态的某个函数就取唯一值；当参数在某个范围内变化，该函数值有不止一个极值时，系统必然处于不稳定状态。当系统从一种稳定状态进入不稳定状态，随着参数的变化，又使不稳定状态进入另一种稳定状态，那么，系统状态就在这一瞬间发生了突变。通过萨姆（Thom）、兹曼（Zeeman）、阿诺德（Arnold）等人的工作，突变理论的应用已经遍及应用数学、物理、生物等自然科学领域，同时也逐渐被引入到社会科学领域中来。

6.2.2 评价方法选择

为尽量避免上述某些方法中存在的主观性较强、计算复杂或可操作性不强等问题，本书选择了基于突变理论的评价方法（以下称“突变理论评价法”）对建筑企业成长能力进行评价。由于建筑企业成长能力可以分解成四个子能力，若能为各个子能力找到较为合适的衡量指标，且能较为合理地确定各要素和各子能力对其上一层决策变量的影响程度，则最终能够衡量出建筑企业成长能力，这正好符合突变理论评价法的思想。其评价步骤如下：

1. 按突变理论评价法组织指标体系

根据评价目的，将建筑企业成长能力的评价逐层分解，得到一个倒树状型结构的指标体系。对指标进行分解是为了获得更具体的、便于量化的指标，当分解到可量化的子指标层次时，分解就可停止。需要注意的是，各层级指标之间应按照其对上一级的重要性大小排序（如若市场识拓能力比组织管理能力对建筑企业成长能力更为重要，则前者排在前面），以便于各指标权重的确定。重要性是一个定性的概念，其优先次序可根据理论分析和管理经验进行判断。

此外，还需对指标层原始数据进行无量纲化处理，换算成 0～1 之间的数，并且保证其数值越大对目标值越有利，即越大越好原则。具体处理方法为：

$$y_{ij} = (x_{ij} - \min_{1\leqslant j\leqslant n} x_{ij}) / (\max_{1\leqslant j\leqslant n} x_{ij} - \min_{1\leqslant j\leqslant n} x_{ij}) \tag{6-1}$$

式中，x_{ij} ——指标层中的原始指标；

y_{ij} ——修正后的指标值；

i ——指标层中的指标个数；

j ——样本数。

2. 确定突变评价指标体系的突变系统类型

萨姆归纳的初等突变系统类型共有 7 个，分别是尖点突变、燕尾突变、蝴蝶突变、折迭突变、椭圆型脐点突变、双曲型脐点突变和抛物型脐点突变，常用的是前三个。

(1)尖点突变系统，其模型为：

$$f(x) = x^4 + ax^2 + bx \tag{6-2}$$

(2)燕尾突变系统，其模型为：

$$f(x) = \frac{1}{5}x^5 + \frac{1}{3}ax^3 + \frac{1}{2}bx^2 + cx \tag{6-3}$$

(3)蝴蝶突变系统，其模型为：

$$f(x)=\frac{1}{6}x^6+\frac{1}{4}ax^4+\frac{1}{3}bx^3+\frac{1}{2}cx^2+dx \tag{6-4}$$

以上各式中：x ——系统的状态变量；

$f(x)$ ——一个系统的状态变量的势函数；

a，b，c，d ——状态变量的系数，表示该状态变量的控制变量。

突变系统的势函数 $f(x)$ 所有临界点集合成平衡曲面 M，其方程可通过对 $f(x)$ 求一阶导数得到，即 $f'(x)=0$，它的奇点集通过对 $f(x)$ 求二阶导数得到，即 $f''(x)=0$。由 $f'(x)=0$ 和 $f''(x)=0$ 消去 x，便得到突变系统的分歧点集方程。当各控制变量满足分歧点集方程时，系统就会发生突变。各突变模型中状态变量和控制变量的关系如图 6-1 所示。

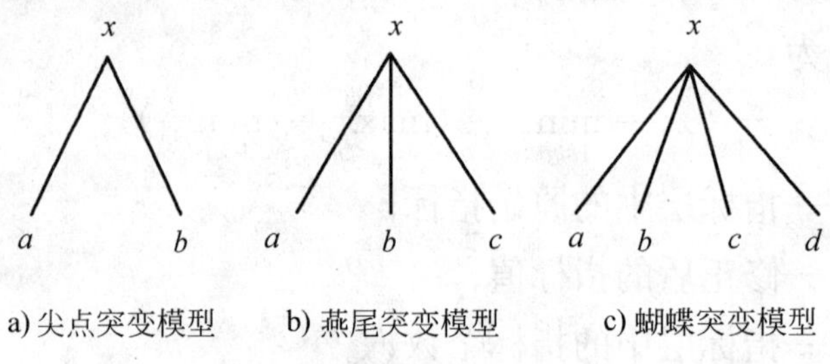

a) 尖点突变模型　　b) 燕尾突变模型　　c) 蝴蝶突变模型

图 6-1　突变模型中的变量关系

以尖点突变模型为例，在研究突变中 a、b 的作用时，可以先把 b 看作是系统某种状态的保守力量，是它使系统保持原有的质态。当 a 变化不大时，b 是矛盾的主要方面，决定着系统维持某种质态；随着 a 的继续变化，它将逐步成为矛盾的主要方面，而一旦 a、b 满足分歧点集方程所表示的关系时，则系统发生突变，由原来的质态突变到与其相反的新的质态。在本书对建筑企业成长能力的评价过程中，可以把 a、b 看做评价中的两个指标，并且以 a 为主要指标，b 为次要指标，主要指标写在前面，次要指标写在后面。若某个指标可分解为两个子指标，则该系统可视为尖点突变系统；若某个指标可分解为 3 个子指标，则该系统可视为燕尾突变系统；若某个指标可分解为 4 个子指标，则该系统可视为蝴蝶突变系统。

3. 导出"归一公式",进行评价

直接依赖分歧点集方程还不能进行评价决策,还需将突变系统的分歧点集方程加以推导,得出"归一公式",由"归一公式"将系统内各控制变量 a 、b 、c 、d 不同的质态化为同一质态,即化为状态变量表示的质态。

如对尖点突变系统,其相空间是三维的,求解 $f'(x)=0$,得到平衡曲面 M : $4x^3+2ax+b=0$;解方程 $f''(x)=0$,则得到满足方程 $12x^2+2a=0$ 的奇点集。联立两个方程消去 x ,得到方程 $8a^3+27b^2=0$,此即为分歧点集方程,其分解形式为: $a=-6x^2$, $b=8x^3$,化为突变模糊隶属函数可得如式(6-5)所示的尖点突变模型的"归一公式"。

$$x_{\mathrm{a}}=\sqrt{a}\ ,\ x_{\mathrm{b}}=\sqrt[3]{b} \tag{6-5}$$

式中: x_a 、x_b ——分别为对应 a 、b 的 x 的值。

同理,燕尾突变模型和蝴蝶突变模型的"归一公式"分别如式(6-6)、式(6-7)所示。

$$x_{\mathrm{a}}=\sqrt{a}\ ,\ x_{\mathrm{b}}=\sqrt[3]{b}\ ,\ x_{\mathrm{c}}=\sqrt[4]{c} \tag{6-6}$$

$$x_{\mathrm{a}}=\sqrt{a}\ ,\ x_{\mathrm{b}}=\sqrt[3]{b}\ ,\ x_{\mathrm{c}}=\sqrt[4]{c}\ ,\ x_{\mathrm{d}}=\sqrt[5]{d} \tag{6-7}$$

另一方面,若同一层次控制变量之间的关系不同,则其对应状态变量 x 的取值原则也就不同。由模糊理论可知,在多目标情况下,若设 A_1 、A_2 …… A_{n} 为模糊集,则要满足评价目标的策略为 $C=A_1\ \mathrm{I}\ A_2\ \mathrm{I}\ \Lambda\ \mathrm{I}\ A_{\mathrm{n}}$ 。设 μ_{A_1} 、μ_{A_2} …… $\mu_{A_{\mathrm{n}}}$ 分别为 A_1 、A_2 …… A_{n} 的隶属函数,$\mu_{c(x)}$ 为 C 的隶属函数,则:

$$\mu_{\mathrm{c(x)}}=\mu_{\mathrm{A_1}}\ \mathrm{I}\ \mu_{\mathrm{A_2}}\ \mathrm{I}\ \Lambda\ \mathrm{I}\ \mu_{\mathrm{A_n}}=\min[\mu_{\mathrm{A_1}},\mu_{\mathrm{A_2}},\cdots,\mu_{\mathrm{A_n}}]$$

即利用"归一公式"对同一层次控制变量计算出的 x 值应采用"大中取小"原则,但存在互补性的控制变量(即控制变量分别说明了事物的某一方面,且其加总后说明了事物的全部。比如,在评价一个人是否健康时我们一般选择身体健康和心理健康作为其控制变量，那么身体健康和心理健康就是互补性的两个控制变量），通常用其平均数来代替。

最后，为了便于各建筑企业之间的成长能力的比较，可将各企业总的评价结果按大小进行排序，以便发现各建筑企业存在的问题。

将突变理论评价法应用于建筑企业成长能力的评价过程之中，其优点如下：

（1）突变理论评价法不需要对评价指标直接赋予权重，而是根据指标的内在矛盾地位和机制，采用“归一公式”对其重要性进行量化，从而减少了权重确定过程中的主观性，使得评价结果更为科学、准确。

（2）突变理论评价法用突变模糊隶属函数把突变理论同模糊数学结合起来，它实际上是关于复杂的抽象目标（概念、范畴）的模糊隶属函数。通常模糊数学中的隶属函数只是用一个参数计算得来，即是一维的，但对复杂概念来说，则很难用一个一维参数来计量。突变理论评价方法正好可以解决这一问题，它把复杂概念分为多项，直到可以具体量化为止，再用“归一公式”由下向上综合求出隶属函数。因此，用突变评价法来解决类似多目标评价决策问题，则更趋合理、更为准确。

（3）与 BP 神经网络法、层次分析法等相比，突变理论评价法使用“归一公式”，计算简便，便于掌握。

6.3 建筑企业成长能力评价指标体系设计

根据本书第 2 章的分析，在构成建筑企业成长能力的四个子能力中，市场识拓能力决定了建筑企业战略的制定和建筑市场的开拓，对其他三个子能力起着导向作用，因此，其作用无疑是最重要的；组织管理能力体现为建筑企业协调内部生产运作，根据企业的战略导向整合内部资源的一系列流程，它决定了建筑企业能否有序、高效地经营，其重要性相对次之；技术创新能力是建筑企业成长的动力源泉，但受市场识拓能力的指导和组织管理能力的制约，其重要性相对又次之；网络合作能力是建筑企业为适应新经济环境，整合外部资源以降低市场风险、增强企业竞争力的一系列流程，但在建筑企业成长初期表现得并不明显，而只在稳定成长期得到强化，因此，其相对重要性排在四者之末。基于这一判断，同时考虑到上述评价指标体系设计的原则、突变理论评价方法对指标体系组成的要求，以及第 2 章利用结构方程对建筑企业成长能力影响因素的验证分析，本书按目标层、决策层和指标层四个层次建立了如表 6-1 所示的建筑企业成长能力评价指标体系。下面将对各指标一一进行解释。

建筑企业成长能力的评价指标体系 表 6-1

目标层	决策层	指标层	指标计算
成长能力	市场识拓能力（X_1）	新签合同额（X_{11}）	本年度新签项目合同额
		投中标率（X_{12}）	中标项目数/年度投标项目总数
		市场开发费用利用率（X_{13}）	年度新签合同额/年度市场开发费用
	组织管理能力（X_2）	全员劳动生产率（X_{21}）	主营业务收入/职工平均人数
		总资产周转率（X_{22}）	主营业务收入/平均总资产
		工程质量优良率（X_{23}）	年度内达到优良标准的竣工项目数/年度内全部竣工的项目数
		安全工程项目率（X_{24}）	年度内安全运行的施工项目数/年度内施工项目总数
成长能力	技术创新能力（X_3）	专利获取并应用数（X_{31}）	年度内取得并应用的专利数
		应用技术创新种类（个）数（X_{32}）	应用新技术、新工艺、新材料和新设备的种类（个）数
	网络合作能力（X_4）	分包或合作单位合同额（X_{41}）	因分包给其他建筑企业或建立起合作关系的建筑企业而签订的合同额

续上表

目标层	决策层	指标层	指标计算
成长能力	网络合作能力（X_4）	政府框架下合同额（X_{42}）	因承接市政建设项目、国家基础建设投资项目、援外项目而签订的合同额
		可用银行信贷额度资产比（X_{43}）	年度内可用银行信贷额度/平均总资产

6.3.1 市场识拓能力评价指标说明

在市场识拓能力的三个指标中，新签合同额综合反映了建筑企业获得项目的能力。如果某建筑企业本年度新签合同额大，或者是因为获得项目的量多，或者是因为获得的工程项目大，不论怎样，都说明了该建筑企业市场识拓能力较强。

投中标率则从成功获得项目这一角度来反映建筑企业的市场识拓能力。中标率越高，说明企业的市场识拓能力越强。

市场开发费用利用率反映的是建筑企业每一单位的营销费用带来的产出。该比率越大，说明建筑企业营销效率越高。

从三个指标的重要性来看，由于新签合同额直接影响建筑企业的主营业务收入，因此最为重要；投中标率从另一个角度反映了建筑企业在市场上的认可度，因此其重要性次之；市场开发费用利用率只是从成本控制的角度来反映建筑企业的市场营销能力，属于辅助指标，其重要性最次。

6.3.2 组织管理能力评价指标说明

建筑企业的组织管理可以分为企业整体管理和项目管理两个层面。显然，企业整体管理能力的重要性大于项目管理能力。

(1)企业整体管理能力

企业整体管理能力主要体现在其经营效率方面，包括生产效率、资金使用效率、资产使用效率等。

A——全员劳动生产率：根据我国统计制度规定的计算方法，建筑企业以价值计算的全员劳动生产率等于施工产值（或竣工产值）与全部职工平均人数的比值。在建筑企业报表上，施工产值以主营业务收入表示，因此，全员劳动生产率等于“主营业务收入/职工平均人数”，其中，职工平均人数等于“（年初职工人数＋年末职工人数）/2”。

B——资产周转率：即销售收入与平均资产总额的比值，或“主营业务收入/平均总资产”。该指标反映建筑企业资产（主要指施工设备）的利用效率，施工项目越多，管理效率越高，建筑企业施工设备的利用就越充分，相应地，资产周转率也就越高。

（2）项目管理能力

建筑企业的项目管理包括施工进度管理、成本管理、工程质量管理和施工安全管理等，前两者在企业整体管理能力指标中得到体现。本指标层只考察质量和安全管理两项。

A——工程质量优良率：是指以竣工的单位工程个数作为观察对象，用以衡量经过验收的已竣工工程或面积达到优良标准的比率，即“年度内达到优良标准的竣工项目数/年度内全部竣工的项目数”。该比率愈大，说明企业竣工工程质量状况愈好。

B——安全工程项目率：是指建筑企业年度内无安全事故发生的项目占所有施工项目的比例，即“年度内安全运行的施工项目数/年度内施工项目总数”。该比率愈大，表示建筑企业的安全管理水平越高。

6.3.3　技术创新能力评价指标说明

建筑行业是一个技术密集型行业，企业在施工过程中需要解决各种技术难题，对于一些有创新的重点工程，一般都是先科研、技术攻关，再进行建设，如我国的奥运体育场馆工程、核电建设工程，以及国家大剧院、东海大桥、润扬大桥、青藏铁路工程等。建筑企业在技术攻关的过程中，通常会有新的专利技术产生，或直接应用新技术、新工艺、新的材料和新设备。

A——专利获取并应用数：指建筑企业年度内获取专利技术，并将其应用到施工项目的个数。专利获取并应用数越大，说明建筑企业自主创新能力越强。

B——应用技术创新种类(个)数：指建筑企业在施工过程中直接应用新技术、新工艺、新的材料和新设备的种类(个)数。这一指标越大，说明建筑企业研发和引进的新的技术创新项目越多，创新能力越强。

6.3.4 网络合作能力评价指标说明

纳入建筑企业网络关系中的利益主体较多，包括业主、咨询单位、勘察设计单位、监理机构、分包商、材料供应商、设备供应商，以及银行、媒体、科研院所和政府主管部门等。考虑到评价的准确性和可行性，本书选取了建筑企业与竞争对手、政府，以及银行之间合作关系的构建来评价其网络合作能力，并分别以分包或合作单位合同额、政府框架下合同、可用银行信贷额度资产比三个指标来反映。由于在市场经济条件下，与竞争对手建立战略联盟或合作关系是企业寻求外部支持的一种普遍和重要的方式，因此其重要性位为三者中第一位；建筑企业的海外项目涉及违约风险、汇率风险等，若有政府支持则能大大降低甚至避免该类风险，此外政府的援外项目合同额一般较大，因此，政府框架下合同指标重要性次之；尽管获得高的银行信贷额度对建筑企业在项目竞标尤其是BOT等项目竞标中非常重要，但市场化下，业绩优良的建筑企业通常会获得银行的主动贷款，因为银行之间同样面临着激烈的竞争，因此，可用银行信贷额度资产比指标重要性为三者中最次。

需要说明的是，为了满足突变理论评价法的要求，上述指标设计中第一层控制变量即决策层变量选择的是建筑企业成长能力的四个子能力，彼此之间具有互补性；要素层评价指标的选择采用的则是可量化的财务或非财务指标，彼此之间也构成互补关系。

第7章

实证研究

导读

本章分析了CH集团和RB集团的发展历程，并对建筑企业成长能力的提升进行了实例分析。其中第一部分分析了CH集团、RB集团成长历程，旨在说明随着四个方面子能力的提升，CH和RB集团公司的成长能力越来越凸显，2005年底，随着两个公司强强联合，合并成CC集团，更是实现了能力提升的跨越式发展，这一部分主要是案例分析；第二部分是数据实证验证部分，主要通过CH集团、RB集团十几年的发展数据，通过本书建立的成长能力评价体系进行实证分析，验证笔者提出的能力评价体系，以及进一步验证本书关于能力提升的观点。

7.1 案例分析:成长能力在两个建筑企业的应用分析

7.1.1 CH 集团成长能力分析

CH 集团的前身是成立于 1980 年的 CH 工程公司,1991 年 7 月更名为 CH 总公司。1996 年 10 月以 CH 总公司为母公司组建 CH 集团,更名为 CH 建设集团。CH 集团注册资本234 549万元人民币,其主营业务包括以沿海和内河水上交通运输港口枢纽工程设计建设为主的水运建设业,以海洋和江河大型桥梁道路建设为主的路桥建设业,以港口装卸机械设计制造为主的重工制造业,以及以国际工程承包和对外技术贸易为主的外经外贸业,是一家集勘察设计、施工监理、施工承包、科研咨询、工业制造、远洋运输和外经外贸于一体的国有大型企业集团。

2004 年度,CH 集团总资产达 331 亿元人民币,共完成营业额 440 亿元人民币,新签合同额 495 亿元人民币,在国内 500 强企业排名中位居第 60 位;在中国交通百强企业排名中名列第 3 位;在中国出口额最大 200 家企业中排名第 92 位。在国际上,CH 集团被选入 2004 年世界最大的 200 家国际工程设计公司排名榜;自 1992 年以来,集团连续十三年入选美国《工程新闻记录》(ENR)杂志评选的全球最大 225 家国际工程承包商行列,并且排名逐年提高,2004 年名列第 36 位。

CH 集团的快速发展,得益于其成长能力的增强。

1. 市场识拓能力

CH 集团管理层在多年的学习和工作经验中,培养出敏锐的市场洞察力。在详细分析国内外建筑市场的现状和发展趋势后,结合自身的优势,制订了“立足水工、疏浚主业,强化港机、航标专业,调整产业结构，开拓路桥、环保、水利、市政工程领域，开发新的经济增长点”的发展战略，并打造强有力的营销队伍，大力开拓国内外建筑市场，从而使得CH集团在二十多年的时间里，从只有两三个规模有限的筑港和疏浚公司，发展到拥有四个航务工程局、三个航道局、四个航务工程设计院、上海港机厂、广州港机厂、上海航标厂、中交水运工程设计咨询中心、水运规划设计院，以及在20多个国家和地区设有全资子公司或办事处的大型企业集团。

CH集团积极开拓国内水运建设市场。其下属子公司设计并建设了建国以来中国沿海及内河中几乎所有大中型港口基础设施，承担了沿海各港口、港池航道的开挖与维护以及吹填造地等工程；先后承担了长江口航道综合整治工程、上海国际航运中心洋山集装箱枢纽港、东海跨海大桥和杭州湾跨海大桥基础工程、苏通长江大桥、南京长江三桥、海南三亚项目等一大批国家重点交通、国防项目，成为国内港口航道建设领域的重点骨干企业集团。

CH集团积极开拓路桥工程建设市场，并取得了斐然业绩。集团先后承建了黄石、军山、白沙洲、江阴、润扬等长江公路大桥和温州大桥、肇庆公路大桥以及澳门友谊大桥、泰国八世皇大桥等国内外的大型、特大型桥梁80多座。承揽的桥型有钢构桥、悬索桥、斜拉桥、拱桥等，几乎涵盖所有桥型；承建了高等级公路500多km。还参与了澳门国际机场、上海浦东新机场、天津机场、珠海机场等多项大型机场的建设。

CH集团积极开拓疏浚工程业务，并在国际上享有盛誉。集团共有各类疏浚船舶及辅助船舶400余艘，年疏浚能力超过2亿m^3，位居世界前5名之内，成为全球大型疏浚工程承包商之一。随着世界疏浚市场的发展，集团加快了设备更新、改造的步伐，一批仓容1万m^3以上、挖深达$-70m$的世界上最先进的现代化大型挖泥船以及其他各类新设备相继投入生产，CH公司的疏浚能力得到进一步加强。

在国际承包工程市场上，CH 集团的业务也不断地拓展，其范围涉及亚洲、非洲和美洲的数十个国家和地区。早在 20 世纪 70 年代，集团就成功设计建造了马耳他 30 万 t 干船坞及毛里塔尼亚友谊港项目；90 年代作为总承包商承建了澳门国际机场工程；最近几年，先后承揽了巴基斯坦瓜达尔深水港、卡拉奇 OP—5 液品码头、潮汐通道工程、孟加拉吉大港、澳门友谊大桥、香港新机场平台、香港葵涌九号货柜码头、马来西亚沙巴州 K. K 吹填工程、科威特舒艾拜油品码头、哥伦比亚费罗达吹填工程、尼日利亚卡拉巴航道疏浚、苏丹港等一大批有影响的经援和承包工程，“CH”已成为国际承包工程业知名品牌。

2. 组织管理能力

CH 集团成立之初，在长期计划经济体制下所形成的企业“大而全”、“小而全”的现象十分严重，产业分散，企业管理层级过多，产权关系、劳动关系、管理关系相当混乱。虽然集团资产总额庞大，但是存在大量辅业资产、劣质资产以及闲置资产，组织管理水平不高，运营效率低下。认识到组织管理能力的不足后，CH 集团采取了如下措施：

(1)调整结构，减少层级。集团自 2000 年起，进行组织结构改革，降低结构成本，减少管理层次，推行“局—公司—项目管理部”的管理架构，实行项目管理体制，推行项目管理层与作业层分离，进行项目管理体制创新。集团三个航道局以结构调整为主，转换管理职能，进一步降低管理成本，基本实现了由三级管理架构向局—项目经理部两级架构的转变。

(2)精干主业，主辅分离。集团集中精力，采取各种措施，削枝强干、抓大放小，突出主业。到 2003 年底，集团各级企业从组建之初的 700 多家减少为 207 家，分离、关闭了 500 多家企业，使主体企业更加精干。

(3)加强项目管理、强化质量安全意识。CH 集团着力强化创优意识和精品意识，不断完善施工质量体系。仅 2003 年，集团就荣获鲁班奖 1 项、国优奖 1 项、部优奖 5 项。竣工项目优良等级符合率为 99.5%；竣工单位工程综合优良品率为 97.2%。CH 集团从施工到产品、从领导到职工均反映了对环境的深切关注。不仅在生产中认真遵循国家有关环保的规定，积极参与各种环保设施的建设，同时也在生产中努力开拓环保生产方法。

(4)资金集中管理，化零为整。早期 CH 集团因分权严重，管理松散，各成员企业独立核算，银行账户数量过多，由于资金沉淀、“体外循环”，使得集团公司财务成本居高不下。从 1999 年 5 月起到 2001 年 3 月，CH 集团相继成立了上海、广州、天津、北京、武汉等五个办事处，负责当地的成员企业之间资金统一结算、统一调配、统一融资、集中监控工作，从而最大可能地实现了集团公司内部结算中心模式下的资金集中管理。2000 年全年，上海、广州、天津三个地区资金结算中心累计为 30 个单位办理银行贷款业务 157 项，贷款金额 16.91 亿元；累计为 36 个单位办理内部资金调剂业务 123 项，金额 5.25 亿元；仅上述两项业务就为集团节省财务费用约1 700万元。截至 2004 年末，CH 集团结算中心吸收企业存款本外币合计达 14 亿元，广义结算量超过 500 亿元，发放内部贷款本外币合计 20 亿元，银行授信总额超过 200 亿元，其中借款额度超过 50 亿元。通过集中管理，不但提高了集团资金的安全和使用效率，同时由于变各成员企业单独向银行借款为集团统一和银行办理资金借贷，提升了企业的信贷水平，增强了集团的融资能力。

上述措施的实施，极大地提高了 CH 集团的组织管理能力，促进了集团的长足发展。

3. 技术创新能力

CH 集团具有较强的技术创新能力。集团拥有以工程院院士为首的各类工程技术人员、管理人员近17 000人，建有五大专业重点技术实验室，在水工、路桥、港机等专业的技术研发水平居世界前列，结合专业和实践的工程应用技术的研究也取得了丰硕成果，在行业中拥有成套专项技术，技术创新和科技成果的快速转化为工程建设和设备制造提供了可靠的技术支持。

在设备方面，拥有各类现代化的大型施工设备和工程船舶3 800台（艘）以及各类先进的设计科研设备。近几年，集团又投入巨资，购买和改造各类设备，除各类挖泥船外，还拥有高度为 93m 的打桩船和2 600t 起重船，使集团的施工、设计、科研能力有了明显提高。

另一方面，CH 集团紧随当代信息技术的发展，加强了企业信息化建设，完成了基于 B/S 架构的信息系统的开发和应用。通过这一系统，集团实现了对其核心业务项目、船机设备的管理，在项目招标、项目施工设备调度方面最大限度地共享集团内信息资源；实现了集团内部日常业务的信息化管理，对资金业务、人力资源、海外业务、进出口贸易采购业务、固定资产设备、集团各类报表的定义和上报、统计进行管理；实现了集团办公自动化，使日常各种往来文件的审批、上传下达等流程无纸化；建立了集团的内、外部（中、英文）网站，利用 Internet 这一网络窗口，向世界宣传 CH 集团。

4. 网络合作能力

CH 集团积极构建与维护和政府、业主、竞争对手、银行等的合作关系，不断加强自身的网络合作能力。

在政府关系方面，由于 CH 集团是国有企业，因此能够较容易获得政府支持，如签订政府框架下项目合同、享受财政补贴和优惠贷款等。同时，由于 CH 集团尊崇“诚信服务、优质回报”的价值观，使其赢得了国外政府的信任。例如，在菲律宾，CH 集团通过投标承建了菲日公路 3 号、4 号段，被菲律宾工造部评为样板工程，并组织其他外国公司前往参观，CH 集团也因此被菲律宾工造部批准为唯一的有资格在菲律宾同时参加两项大型国际工程竞争的外国公司；在苏丹，由

CH集团无偿提供的苏丹港20年的发展规划设计，受到该国政府的称赞。良好的声誉也为CH集团带来了良好的机遇，CH集团由此实现了水工工程的设计、咨询、施工、港机设备供货的一体化，仅1999年就签订合同3 000万美元。

CH集团注意加强与国内外同行之间的合作关系。集团与一些跨国巨头如韩国三星建设、比利时国际疏浚等先后建立了联系，签署了战略合作意向。集团在经营国际工程项目中与国外索赔公司合作，取得了快捷高效的良好效果，特别是在承揽大型的高技术水准要求的工程项目中，采取与外国公司合作的方式使其在不熟悉的境外环境中仍能获得较高的项目成功率。

为及时地获取项目建设所需的大量资金，CH集团凭借其良好的经营业绩和信誉，积极寻求与各大商业银行的合作，大大增强了其融资能力。

7.1.2 RB集团成长能力分析

RB集团是于1997年由经原国家经贸委和交通部批准，由原隶属于交通部的公路建设领域的设计、施工、机械制造、贸易等企业组建成立的。集团注册资本为1 369 006.2万元人民币，主要从事国内、国际工程总承包，公路工程的勘察、设计、施工、咨询、监理，以及公路机械制造，国内外贸易等业务。

RB集团具有施工总承包资质、专业承包资质和公路工程施工总承包特级资质，种类覆盖目前所有公路建设行业现有的资质项目类别，承建了众多技术含量高、附加值大、极具影响力的“高、精、尖”公路、桥梁工程。2001～2004年，RB集团新签合同额从157亿元增长到343亿元，年复合增长率为29.76％。2004年，RB集团总营业额为166.04亿元，在中国总承包商60强中排名第9位，在ENR国际承包商225强排名第71位，在全球最大承包商排名中名列第56位。总体上，RB 集团的成长性比较好，其成长能力在不断增强。

1. 市场识拓能力

RB 集团致力于国内外路、桥、隧道建筑市场的开拓。截至 2004 年底，RB 集团在国内外共修建各种等级公路 1.478 万余 km，其中高速公路6 573km；承建各类桥梁4 405座，其中独立大中型桥梁 857 座，桥梁总长度为 63.79 万延米。隧道 25 座，总长度1.633 5万延米。1979 年进入国际承包市场，先后在亚洲、非洲和中东地区承包工程和劳务项目 500 多个，完成营业额 50 多亿美元；先后承建了伊拉克摩苏尔四桥、五桥，毛里塔尼亚友谊港，马耳他 30 万 t 干船坞，香港西九龙高速公路北段，肯尼亚 A109 国道、埃塞俄比亚首都亚的斯亚贝巴环城公路、“中吉乌”公路等著名工程项目。近几年又开展了政府框架下的合作项目，成功地建成了刚果(布)鲁特特水泥厂，于 2004 年正式投入生产运营。

2. 组织管理能力

RB 集团由交通部第一公路工程局、交通部第二公路工程局与中国公路桥梁建设总公司合并成立。为了将三者进行整合，RB 集团提出了“五个结合”的管理方案，即坚持生产经营和资本经营相结合；坚持体制改革与转换机制相结合；坚持传统生产方式与科技创新相结合；坚持短期目标与长远发展目标相结合；坚持国内市场和国际市场相结合。为此，RB 集团对经营方案、资产运作、体制改革、技术创新、市场开拓作了重新的部署。

(1)首先将其旗下的 RB 集团国际建设股份公司运作上市，然后对集团其余产业作了改制工作。

(2)为了突出主业，集团对主业实行了“国有控股，增量扩大规模”的改制方式，即企业的现有国有法人资产原则上全部进入改制企业，集团保持控股，在此基础上，吸纳职工、社会资金和外资入股，实现产权多元化。集团通过购并、转让、关闭、破产等方式，使资不抵债、扭亏无望、靠输血维持生计的企业或经营实体退出，使资产逐步向具有效益优势的主营业务集中。同时，采取改制为非国有企业、整体出售、清盘撤销等多种方式对管理链条中那些规模小、与主业无关的4级公司进行了清理，理顺了产权和劳动关系。

(3)RB集团加强了海外公司和事业部的组织管理的改革力度。首先调整了经营方式，把自营、联营、分包等经营方式有机结合起来；其次理顺了从机关到办事处的关系，彻底废除沿用多年、同时已被实践证明束缚生产力发展的老制度、老办法，建立了新的制度；同时，推行项目标后预算，超出核定利润部分允许项目经理和主要工作人员按约定的比例提成；加大驻外机构用人制度的改革，在着力提高中方人员素质的基础上，积极招聘、培养所在国雇员，着力解决急需人员国内派不出、派出后不稳定的状况。

通过一系列的改制变革，RB集团明晰了内部的产权关系，突出了主业，使集团逐渐走向了健康、有序的成长道路。

3. 技术创新能力

RB集团深刻认识到“科学技术是第一生产力”，大力开展技术攻关活动，并通过科技创新寻求新增长点。集团设有专项资金用于科技项目的研发，经常召开技术交流会，编制论文集，推广新技术、新工艺、新经验。近年来，集团各企业涌现出了一大批有重大影响的技术成果，有许多设计、施工、设备生产项目获得了省部级以上的重要奖项，这些成果带来了显著的经济效益和社会效益。

4. 网络合作能力

在网络合作能力方面，RB集团与CH集团有着同样的优势，一直保持者与政府部门的优良关系，与公司重要业主之间均有着频繁的业务联系，在赞助慈善、公益事业方面也有着积极的态度。

7.1.3 CH集团和RB集团成长能力的提升与跃迁

从上述分析中可见，CH集团和RB集团均为我国交通建设领域的主力军，在国内外交通基础设施建设领域业绩卓著。其中，CH 集团在港航工程和港机制造领域具有较强优势，RB 集团则在路桥工程建设领域优势明显。考虑到一方面两家集团原同为交通部所属企业，企业规模相近、管理流程类同、企业文化相融；另一方面两集团属于同一产业链，主营业务相关性紧密，部分业务相互渗透；并且，两家集团长期以来就有良好的合作关系，在我国一批具有国际领先水平的特大型跨江、跨海大桥的建设中经常紧密配合，发挥各自优势，在国际市场上经常组成联合体参与大型项目的竞标等因素，两家集团领导层达成重组意愿，于 2005 年 12 月 18 日新设合并成立了 CC 集团有限公司（以下简称“CC 集团”）。

合并后，CH 集团和 RB 集团之间的关系由竞争变为联合，各自的品牌、商誉、资质、资金、人员、设备等优质资源得到了整合，企业经营规模进一步扩大，投资结构进一步改善，抗风险能力进一步加强，为企业进军国际工程承包高端市场，承担更大规模的国际总承包项目，以及实施 BT、BOT 项目提供了坚实保障。合并后成立的 CC 集团，拥有近 20 个科研院所、研发中心、实验中心和重点实验室，有 3 位工程院院士、13 位国家级勘察设计大师、近10 000名高级专业技术人员，集勘察、设计、施工、监理、咨询和机械制造为一体，能够引领行业技术进步。同时，CC 集团在企业外部价值链中的地位进一步增强，在政府、业主、材料设备供应商、银行等合作关系网络中的影响力进一步扩大，从而使企业的盈利能力得到进一步提高。可见，合并重组的完成，提升了 CH 集团和 RB 集团的市场识拓能力、技术创新能力和网络合作能力，使其成长能力产生了跃迁。

其后，CC 集团又作出了整体上市的决定，于 2006 年 10 月 8 日独家发起设立 CC 股份有限公司（简称“CC 股份”），并于当年 12 月 15 日在香港联交所成功挂牌上市。通过整体上市过程中的重组改制、审计、土地评估、物业评估、资产评估等工作，CC 集团对全民所有制企业进行了公司制改造，对各级控股、参股、境外上市公司进行了股权重组，对集团土地、设备、房产及其他资产进行了全面清查和资产评估，对产权、规章、合同和企业法律事项进行了全面清理，从而明晰了集团的产权关系、完善了公司的治理结构。此外，集团还利用整体上市机会，对原有业务布局进行了全面重组，将业务清晰地划分为基础设施建设、基础设施设计、疏浚、装备制造及延伸、海外工程、投资业务六大业务板块，并且在充分识别国内外建筑市场风险和机会的基础上，明确了各大板块的发展方向和发展目标。整体上市后，CC 集团不但拥有了一个良好的股权融资平台、改善了资本结构，还提升了其在国际市场的知名度和企业形象，为集团更广泛地开拓国际建筑市场、构建网络合作关系，最终获得健康、有序、持续的发展创造了有利条件。可见，整体上市进一步地增强了 CC 集团的市场识拓能力、组织管理能力和网络合作能力，是在集团成功实现成长能力的跃迁之后，对其成长能力的又一次提升。

在香港联交所成功上市后，CC 集团 IPO 募集资金主要应用于技改创新、添置新设备和信息化建设。

(1)购置引领国际海事工程及路桥工程技术前沿的、具有开拓和创造市场功能的大型关键设备，培育市场竞争的特有优势。

①满足传统市场强烈需求的大型关键设备；

②补充能力弱项，优化功能结构，提高技术水平的关键设备；

③引领、创造和培育市场的关键设备；

④改造现有设备、提高施工效率；

⑤替换行将淘汰的设备。

(2)致力于信息化建设，不断提高决策效率和水平。

建立完善的国内外信息网络和 IT 基础架构，实现公司的数据集中，建立决策支持信息平台，实现业务管理的规范化和标准化。如投资9 000万港元建成光纤通信为主的广域网络，投资7 000万港元实现网上异地的三维可视化协同设计，施工、管理一体化综合业务管理系统以及动态数据实时传输、实时监控和预警管理系统。投资6 000万港元，建立完善的信息网络安全防护体系等，该类总投资为31 000万港元。

(3)用于技术开发和技术创新体系建设，达到业内国际领先水平

投资3 000万港元，成立港湾海事工程技术研究院。投资12 000万港元，研究开发能够引领市场和创造、培育市场的核心技术，如外海深水施工技术、远程跨海峡海底隧道施工成套技术等。投资7 000万港元，引进开发勘察先进技术与设备(勘察船)及勘测分析软件，实现勘察业务的现代化、信息化。投资6 000万港元，引进开发成套设计软件，全面实现设计业务的信息化、标准化、远程化，建立涉及资源库。投资8 000万港元，引进开发海事工程相关的新模板、新材料、新工艺。

这些相应的投资同样必然会大幅度提升 CC 股份的成长能力，在各项投资落实后，各个子能力的将会有大幅度的突破。

7.2 评价模型验证:建筑企业成长能力评价——以 CC 集团为例

7.2.1 建模背景分析

为了检验上述评价指标体系和方法的可信度，本书仍选取上述两家建筑企业——原 CH 集团和原 RB 集团作为样本企业进行实证分析。样本企业的选择基于以下几点考虑：

(1)产业链长、主业突出，行业特征明显。

CH 集团主营范围包括国内外港口工程、航道疏浚工程及相应配套工程、水工、土木工程的承包，国外(含境内外资)上述工程的咨询、勘察、设计，以及相关专业的工程、劳务人员的派遣、培训等。CH 集团在港口、桥梁、机场建设和疏浚吹填工程以及港机航标制造方面具

有竞争优势,承建了包括长江口航道整治工程、澳门国际机场人工岛工程等在内的多项大规模疏浚吹填项目,长江黄石大桥、温州大桥、澳门友谊大桥、阿联酋沙哈马立交桥等特大型、大型桥梁建设,以及澳门国际机场、香港新机场、上海浦东新机场、天津机场、西安机场等机场建设。

1997年组建的RB集团其前身是RB公司(成立于1979年),主要从事工程承包、施工、设计、监理、咨询以及国际贸易等业务。RB集团具有施工总承包资质、专业承包资质和公路工程施工总承包特级资质,种类覆盖目前所有公路建设行业现有的资质项目类别,在公路和桥梁建设方面具有突出优势,先后承建了伊拉克摩苏尔四桥、五桥,毛里塔尼亚友谊港,香港西九龙高速公路北段,肯尼亚A109国道、埃塞俄比亚首都亚的斯亚贝巴环城公路、"中吉乌"公路等著名工程项目,近几年又开展了政府框架下的合作项目,成功地建成了刚果(布)鲁特特水泥厂。

可见,CH和RB具有典型的建筑企业特征:业务范围包括了咨询、勘察、设计、施工等产业链上诸多环节以及总承包、专业承包和劳务分包各种合同身份,且主业突出。相比较而言,民营建筑企业的经营范围一般较窄。

(2)企业经营历史较长,经营数据量丰富,且数据统计较为规范。

合并之前的CH和RB,其经营历史分别为25年和26年,其旗下个别子公司甚至有上百年经营历史。在多年的成长发展过程中,两家建筑企业积累了丰富的、可供研究的历史数据,特别是近20年来的数据严格按照国家规定进行统计,统计规范,口径一致。相比较而言,民营建筑企业历史一般较短,且可能存在数据统计不全的情况。

(3)数据较易获得,且能够用于双重验证评价的可信度。

首先,较之国外同行,国内建筑企业统计数据容易获得;其次,央企统计数据较为公开,便于获取且可信度高;此外,由于CH和RB两家建筑企业同属于交通建设领域，经营业务具有相似性。因此，两者评价结果可进行对比，能够进一步地印证前文所述建筑成长能力评价指标体系和评价方法的可信度。

7.2.2 样本计算过程及结果

笔者选取了CH公司和RB公司1991～2005年共15年的统计数据，用于指标计算的原始数据来源如下：

(1)年度市场发包额来源于建设部相关部门统计数据。

(2)本年专利获取并应用数、本年度研发费用来源于科技部统计数据；本年度从事研发人员数，以及应用新技术、新工艺、新材料、新设备的种类(个)数来源于科技部经验数据。

(3)财政部给予央企总的补贴额度来源于财政部相关部门统计数据。

(4)其他数据来源于样本企业各部门的经验、决算和统计数据。

上述原始数据经过整理，得到样本企业用于成长能力评价的指标层数据，见表C-1、表C-2；相应的无量纲化处理后的修正数据见表C-3、表C-4。下面以CH公司为例，其1991年的成长能力计算过程如下：

1. 决策层指标计算

根据表6-1，在指标层，反映市场识拓能力的指标“新签合同额”、“投中标率”和“市场开发费用利用率”构成燕尾突变，且这三个指标间是互补关系。由归一公式知，在分歧点有：

$X_{11}=\sqrt{0.0004}=0.2$

$X_{12}=\sqrt[3]{0.1467}=0.5274$

$X_{13}=\sqrt[4]{0.9841}=0.99599$

其决策层变量：$X_1=(X_{11}+X_{12}+X_{13})/3=0.331997$

反映组织管理能力的指标“全员劳动生产率”、“资产周转率”、“工程质量优良率”和“安全工程项目率”构成蝴蝶突变，且相互间是互补关系。由归一公式知，在分歧点有：

$$X_{21}=\sqrt{0.0004}=0.2$$

$$X_{22}=\sqrt[3]{0.1467}=0.5274$$

$$X_{23}=\sqrt[4]{1}=1$$

$$X_{24}=\sqrt[5]{1}=1$$

其决策层变量：$X_2=(X_{21}+X_{22}+X_{23}+X_{24})/4=0.637136$

反映技术创新能力的指标“取得并应用的专利数”和“应用技术创新种类(个)数”构成尖点突变，相互间是互补关系。由归一公式知，在分歧点有：

$$X_{31}=\sqrt{0.0833}=0.2887$$

$$X_{32}=\sqrt[3]{0}=0$$

其决策层变量：$X_3=(X_{31}+X_{32})/2=0.144338$

反映网络合作能力的指标“分包或合作单位的合同额”、“政府框架下合同”和“可用银行信贷额度资产比”构成燕尾突变，相互间是互补关系。由归一公式知，在分歧点有：

$$X_{41}=\sqrt{0}=0$$

$$X_{42}=\sqrt[3]{0}=0$$

$$X_{43}=\sqrt[4]{0}=0$$

其决策层变量：$X_4=(X_{41}+X_{42}+X_{43})/3=0$

2. 目标层指标计算

反映建筑企业成长能力的指标“市场识拓能力”、“组织管理能力”、“技术创新能力”和“网络合作能力”构成蝴蝶突变，相互间是互补关系。由归一公式知，在分歧点有：

$$\sqrt{X_1}=\sqrt{0.331997}=0.576192$$

$\sqrt{X_2} = \sqrt[3]{0.637\,136} = 0.860\,486$

$\sqrt{X_3} = \sqrt[4]{0.144\,338} = 0.616\,375$

$\sqrt{X_4} = \sqrt[5]{0} = 0$

因此,成长能力:$X = (\sqrt{X_1} + \sqrt[3]{X_2} + \sqrt[4]{X_3} + \sqrt[5]{X_4})/4 = 0.513\,263$

按照上述计算过程,借助计算机软件,可以很快得到其他年份的成长能力评价值。CH和RB历年成长能力的评价结果见表7-1。

CH和RB历年成长能力评价结果 表7-1

建筑企业	1991年	1992年	1993年	1994年	1995年
CH	0.513 263	0.763 703	0.755 565	0.786 432	0.756 076
RB	0.491 623	0.678 094	0.680 203	0.563 151	0.725 062
建筑企业	1996年	1997年	1998年	1999年	2000年
CH	0.804 976	0.774 242	0.804 316	0.824 510	0.865 718
RB	0.783 841	0.792 101	0.867 984	0.848 811	0.889 291
建筑企业	2001年	2002年	2003年	2004年	2005年
CH	0.8 949 256	0.912 126	0.931 962	0.961 191	0.979 126
RB	0.898 387	0.904 995	0.961 213	0.965 958	0.997 444

为了直观地表示两家建筑企业历年成长能力的变化情况,将表7-1中数据转化成折线图(原始数据请参见附录C),如图7-1~图7-6所示。

7.2.3 实证结果说明

1. CH集团公司成长能力的整体变化情况分析

根据上面的数据分析,CH集团的企业成长能力逐步提升,这样符合CH集团的整体发展趋势。从图7-2可以看出,1994~2005年,CH集团的成长能力稳步上升。通过对公司历史数据及历史发展资料进行研究发现,1994~2005年CH集团公司在各个子能力方面均有所突破。

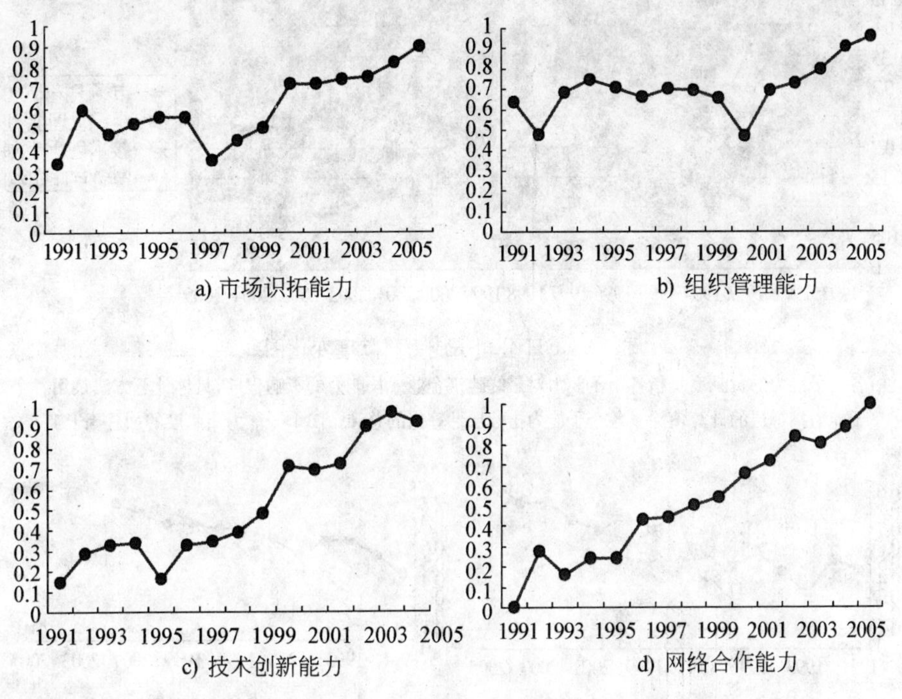

图 7-1 CH 公司成长子能力变化图

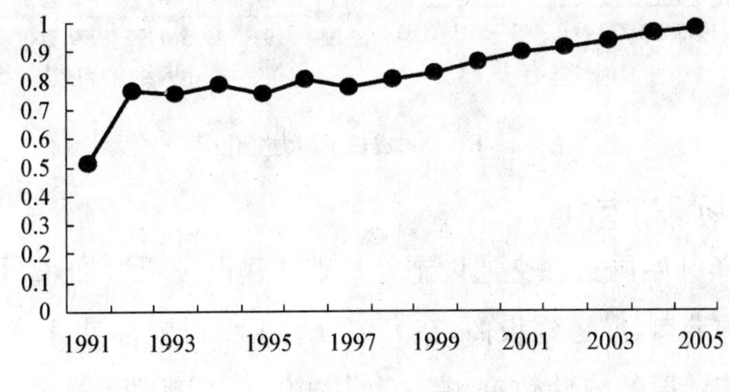

图 7-2 CH 公司成长能力变化图

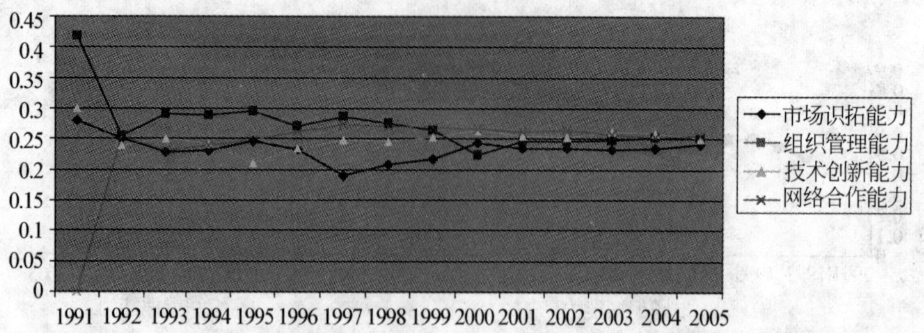

图 7-3　CH 公司子能力贡献度变化图

注:各个子能力的贡献度是指各个子能力对最终建筑企业成长能力的影响程度,具体计算方法是用各个子能力指标层的计算值除以各个子能力指标层计算值的总和。四个子能力贡献度的加总等于 1。

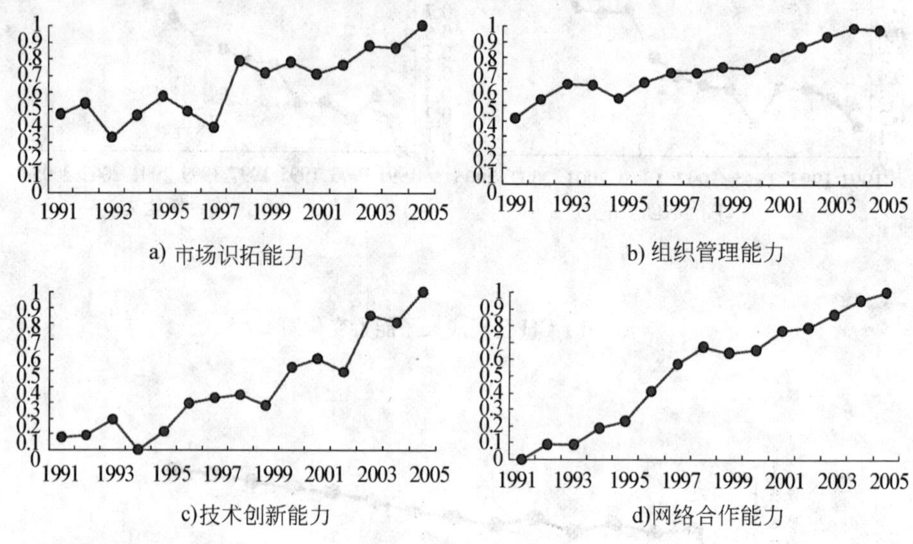

图 7-4　RB 公司成长子能力变化图

(1)市场识拓方面

1997 年开始国家在交通设施等基础性建设投资增加,CH 集团是当时主要的港口、航道建设商,在大部分水工项目中都具有垄断优势。根据国家统计局的统计数据,在 20 世纪 90 年代后期,国家在交通设施建设方面有了很大的投资。

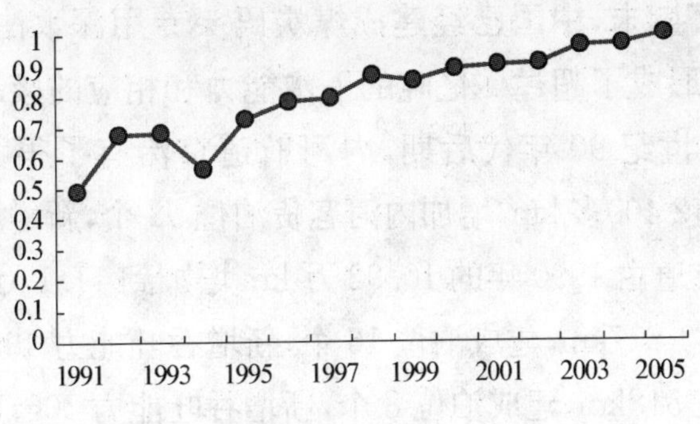

图 7-5　RB公司成长能力变化图

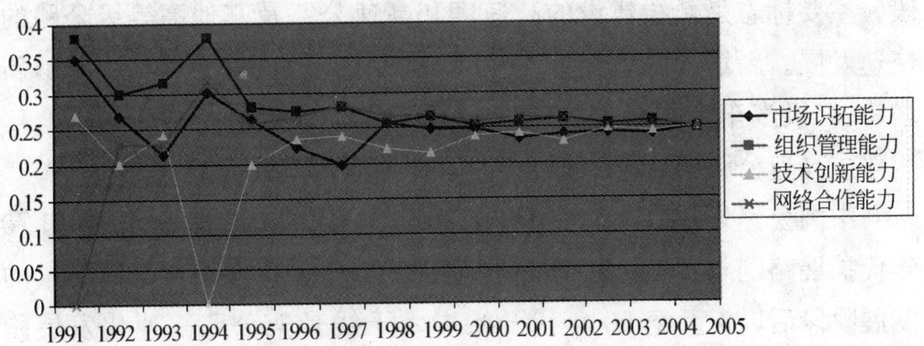

图 7-6　RB公司子能力贡献度变化图

第一,20 世纪 90 年代后期,沿海港口体系进一步完善,专业系统配套能力加强。建成泊位 296 个,其中万吨级以上深水泊位 100 个,中级泊位 51 个,新增吞吐能力 1.2 亿 t。到 1998 年,沿海主要港口深水泊位达 394 个。新建成的 100 个深水泊位中,集装箱泊位 13 个,煤炭泊位 11 个,装备水平较高的散货泊位 12 个。最大泊位吨级达 20 万 t,5 万 t 级以上的大型泊位达 5 个。这些深水泊位一改中国港口设备简陋、工艺水平落后和与世界技术水平差距较大的面貌,使中国港口的部分港区具有世界先进水平。特别是在集装箱码头建设和煤炭码头建设方面取得了卓越成就。

煤炭码头建设主要是为了地区经济发展的需要，增加新的卸煤点。到“八五”期末，中国已经建成煤炭码头专用深水泊位44个和一批中小泊位，形成了超过1亿吨的下水能力和相应的接卸能力。

第二，20世纪90年代后期，内河航道整治有了很大的发展。改善了内河航道2 400多km，增加内河客货泊位92个，新增吞吐能力2 400多万t，内河航道由1990年的10.92万km增加到11.1万km。1998年改造内河航道1 817km，建成泊位16个，新增吞吐能力495万t；1998年改善内河航道518km，建成泊位8个，新增吞吐能力106万t。

第三，20世纪90年代后期，公路进入“高级化”、“高速化”发展阶段。主要标志是新线建设的高速度和高速公路及其他高等级公路的快速发展。新增公路里程12.9万km，其中新增高速公路1 619km，新增一、二级汽车专用公路9 328km，新增普通二级公路39 169km。年均建成高速公路324km，增长速度居世界前茅。

中国公路发展在20世纪经历了50年代高速扩展路网、60和70年代扩展路网与提高路面质量并重、80年代提高等级与路面质量的发展阶段后，20世纪90年代开始进入干线骨架公路高速化发展阶段，以国家规划实施的“五纵七横”国道主干线建设为标志（即“交通基础设施工程”），构筑了高速公路网络发展框架。到1995年，高速公路已达2 141km，一、二级公路达9.45万km，高等级公路所占比重达8.4%，比“七五”期间提高近4个百分点。汽车保有量从551万辆增加到1041万辆。

因此，从市场开拓方面，CH集团20世纪90年代中后期有着得天独厚的优势，市场开拓能力有了长足的发展。

(2)组织管理方面

2000年以后，CH集团开始进行管理制度改革，主要从两个方面来加强公司的组织管理：降低管理成本，提高管理效率。

在降低管理成本方面，公司严格了施工合同签订的流程，根据施工预计的成本确定投标价格，从源头上控制施工成本。公司也开始实行内部信息化管理，建设内部网络管理平台，规范内部文件审批制度，实行了管理成本的降低。

在提高管理效率方面，公司进一步简化集团总部的部门设置，进行事业部扁平化管理。对部分大型项目部，实行集团总部直接管理，提高了施工管理的效率，也有利于CH集团高层与业主的沟通。

另外，CH集团旗下的ZPMC股份公司也在这段时间成功在上海证交所挂牌上市，进一步规范了整个集团的公司治理。

(3)技术创新方面

在技术创新方面，CH集团的技术创新成长能力一直在大幅度地上升，主要是公司在水工施工方面的技术优势一直保持。

下属上市公司ZPMC是世界知名起重机和大型钢结构制造商。按英国《World Cargo News》杂志统计，近七年ZPMC大型集装箱机械的订单居世界同行首位，国际市场份额一直保持在50%左右。

由于CH集团在水工(港务)方面积累的丰富经验，使得其在中国水工领域的勘察设计仍处于领先地位。在加上水工设计的独特性——涉及的经验和资料包括：港口的水文资料、港口的地理资料、与港务之间的历史沿革和业务关系等，其他设计院或公司均无法与之相比。

在水上建筑领域，CH集团也采取了一系列的措施，保持着一贯的技术优势：

第一，CH集团切实把技术进步作为提高施工生产力的重要环节。树立了“科学技术是第一生产力”的思想，进一步提高了对技术进步重要性的认识，加强领导，切实依靠技术进步，提高施工企业素质，提高施工生产力。在保持施工队伍总规模不变的条件下，坚定不移地把整个行业转移到依靠技术进步，提高工程质量，提高经济效益和提高劳动者素质的轨道上来。

第二，从20世纪90年代中期开始，CH建设集团开始加快改革步伐，逐步建立了推进施工企业技术进步的新机制。加大改革力度，逐步使CH集团真正成为筑港建桥的生产者和经营者。在当时的社会主义市场经济初期，既培育与发展了市场机制，又建立了必要的管理制度，强化了企业主要领导人的技术进步意识，依靠技术进步振兴建筑业。CH集团强化了总工程师的职责，建立和健全了以总工程师为首的技术责任制，充实技术管理系统；把施工企业技术进步考核指标作为一项重要内容纳入企业经营承包责任制；加快了企业的技术基础建设，提高了企业的技术素质；积极推进了工法管理制度，使科技成果迅速转化为生产力。

第三，CH集团在20世纪90年代中期开始制订奖励政策，充分调动了工程技术人员的积极性。研究制订科技人员新的奖励政策，逐步改善科技人员的工作条件，培育尊重知识、尊重人才的宽松环境，奖励科技人员开发应用施工新技术，深入工程一线承包工程项目。对有突出贡献的科技人员实行重奖。CH集团主动搞好与科研单位、大专院校的横向联合，逐步形成独立的研究、开发机构或各自的技术依托，以增强企业的技术开发能力。有条件的施工企业或科研机构还创办技术先导型企业。

第四，CH集团从20世纪90年代中期开始推广先进技术，提高施工技术水平。以工程建设为依托，企业技术进步为重点，大力推广先进的适用技术；针对工程中的关键技术和质量难点，组织技术攻关，提高工程质量，降低消耗，提高生产效率和经济效益，使施工技术的整体水平有较大的提高。

(4)网络合作方面

从20世纪90年代初期开始，CH集团网络合作方面的能力也是渐渐凸显的。本文从外网和内网两个方面来分析CH集团的网络合作优势。

①从外网方面分析，也就是集团与外部单位的合作关系方面的能力。CH 集团成立以来，一直隶属于交通部，多数项目也直接或间接来自于交通部，因此，一直以来，CH 集团都与直接管辖的政府机关保持了良好的关系，属于交通部下面的明星企业，而且集团的高管也都是交通部任命的。与交通部脱钩之后，仍然延续和保持着千丝万缕的联系，这对 CH 集团以后的发展起着很大的作用。除此之外，CH 集团的外网合作关系还包括与银行、保险公司、业主之间的关系。从 20 世纪 90 年代初期开始，CH 集团开始在建筑行业崭露头角，需要大量的资金支持，集团便开始与各个大型银行进行沟通，双方相互了解，深入合作，通过一系列的大型项目合作，各个大型银行开始对 CH 集团在水工建筑领域的龙头位置有了认识，并针对 CH 集团提出了非常优惠的贷款、保函政策，以及提供了较高的贷款授信额度。这一系列的优势为 CH 集团的成长提供了外部动力。

②从内网方面进行分析，也就是集团内部各单位之间进行信息共享的能力。CH 集团是由交通部属各个航道局及航务工程局合并成立的，可谓先有子公司再有母公司，因此 CH 集团的协同优势在很长时间没有显现出来。20 世纪 90 年代初期，集团意识到这方面的弱点，开始实施整合集团整体优势的策略，构建了集团内部网络，建立了信息共享的机制，统一了集团的文化。在资金方面，集团开始进行资金统一结算，充分利用信息技术手段和商业银行的增值服务，将银行机制引入企业，将资金管理平台延伸到银行，集团公司设立专门的资金管理机构，统筹整个集团的融资、结算、调度、预算、监控等，大大提高了集团对资金的控制，节省了贷款利息，为 CH 集团的成长提供了内部的动力。

(5)各个子能力的贡献度分析

如图 7-3 所示，各个子能力对企业成长能力的贡献度逐渐趋于一致。1991 年网络合作能力为 0，主要是 1991 年处于计划经济向市场经济转型的阶段,企业的经营资金主要依靠交通部的划拨,而银行的贷款也纳入国家的整体计划调节,因此在这个时期网络合作能力并不能发挥很重要的作用,而其他的三个子能力的贡献度就相对重要,最后各个子能力的贡献度趋于一致,到 2005 年几乎处在同一个水平上了。

2. RB 集团公司成长能力的整体变化情况分析

RB 集团的发展趋势基本上也是步步上升,成长能力一年比一年强。由于两个企业所处的行业环境、受到的政府监管都是一样的,因此 CH 与 RB 的能力成长趋势是相似的。

如图 7-5 所示,RB 集团的成长能力走势图中,各个子能力的成长趋势也存在着不同。下面我们分析一下各个子能力变动图中较大的波动。

(1)市场识拓能力成长中,1998 年有了较大幅度的上升,主要是由于 1998 年开始国家扩大内需,增加固定资产的投资,继续加大基础设施投资力度,大力发展高速公路的建设,这也使 RB 集团有了大量的建造合同,从市场开拓方面给整个集团的成长能力提升提供了动力。

(2)组织管理能力成长中,从 1995 年开始,一直在稳步上升,这是公司重视内部管理的结果。2000 年,RB 集团下面的股份公司 RBCC 成功在上海证券交易所实现上市,这是 RB 集团下面的优质资产。上市之后,RBCC 股份公司继续完善公司治理结构,提高公司经营效率,这就一方面导致整个集团开始效仿,提高了整个集团的经营效率,另一方面,RBCC 股份公司也是集团的重要资产,因此其成才能力的提升本身就会引起整个集团成长能力的提升。

(3)技术创新能力成长中,2000 年和 2001 年有较大的增长,主要是由于 2000 年交通部将公路规划设计院划入了 RB 集团下面,导致 RB 集团的整体技术实力大大提升,在公路桥梁方面具有了国内领先的优势。设计院合并进来以后,集团具有了规划、设计、施工、管理等一系列的能力,拥有了完整的价值实现链条,而且从总资产、人员的整体素质方面，也有了大幅度的提升。而在 2003 年以后公司的技术创新能力又出现了大幅度的跃升，主要是由于公司逐渐重视创新管理，加大创新投资力度的结果。

(4)网络合作能力成长中，从 1991 年开始，RB 公司的网络合作能力一直在稳步上升，这也是符合公司一般发展路径的。RB 公司在经营过程中，逐步开拓和联合各种资源，银行给予的信用额度逐年增加，政府对公司的信任程度也每年都有很大的提升，公司网络合作能力稳步上升。

(5)各个子能力贡献度方面，如图 7-6 所示，1991～1994 年各个子能力贡献度变化较大，整体的变化趋势也是各个子能力贡献度趋于一致，与 CH 集团的变化趋势相仿。1991～1994 年中国处于计划经济向市场经济转型的阶段，企业的经营资金主要依靠交通部的划拨，而银行的贷款也纳入国家的整体计划调节，因此网络合作能力水平较低，变化趋势不稳定。但是到 1995 年以后，由于中国特色社会主义市场经济体制已经成形，RB 集团也有了更大的经营自主权，需要拓展公司的经营网络，因此网络合作能力逐年提高。

3. 案例拓展

如前所述，2005 年 12 月 18 日，CH 集团与 RB 集团合并成立了 CC 集团有限公司（以下简称“CC 集团”）。这是国资委下属的特大型集团公司强强联合的典型案例。

新合并成立的 CC 集团在各个方面都有了跨越式的提升，企业成长能力有了长足的进步。集团在港口、码头、公路、桥梁、隧道、市政等方面的设计施工技术和能力，居世界同行业领先地位，创造了诸多我国乃至亚洲和世界水工、桥梁建设史上的“第一”、“之最”。集团拥有近 20 个科研院所、研发中心、实验中心，拥有众多具有自主知识产权、达到国际先进水平的科研成果。海事及公路工程 GPS 航测遥感定位技术、公路 CAD 集成技术、辅助疏浚决策系统、寒区公路与隧道冻害预报及综合防治技术、梳式防波堤等科研成果，已广泛应用于基础设施建设领域。集团设计施工了我国 6 座世界级桥梁中的润扬长江大桥、苏通长江大桥、南京长江三桥、杭州湾大桥和武汉阳逻大桥等 5 座。其中，润扬长江大桥被国际桥梁专家称为“中国奇迹”，施工中采用的“排桩冷冻法”被誉为“科技成果转化为现实生产力的典范”。近 10 年来，CC 集团共荣获国家科学技术进步奖 20 项、中国建筑工程鲁班奖 45 项、詹天佑土木工程科学技术奖 27 项、国家优质工程奖 40 多项、省部级优质工程奖 140 多项。

从 2006 年、2007 年、2008 年的年报来看，CC 股份公司的各项成长子能力均有大幅度的提升。

附录A　问卷调查

说明:

1. 本问卷调查仅用于学术研究,非商业目的,且承诺全部调查结果为被调查公司保密。

2. 本问卷调查的对象均为建筑企业管理人员。

3. 本问卷调查所涉及全部指标为2002～2006年贵公司平均水平。

---

1. 贵公司资产规模:

(1)5 000万以下　(2)5 000～10 000万　(3)10 000～100 000万　(4)100 000～500 000万　(5)500 000万以上

2. 被调查者岗位:

(1)一般管理人员　(2)处级管理人员　(3)部门领导　(4)子公司领导　(5)母公司领导

3. 被调查人员建筑企业从业时间:

(1)3年以下　(2)3～6年　(3)6～10年　(4)10～15年　(5)15年以上

4. 贵公司高管建筑企业从业平均时间:

(1)3年以下　(2)3～6年　(3)6～10年　(4)10～15年　(5)15年以上

5. 贵公司总经理学历水平:

(1)专科以下　(2)大学专科　(3)大学本科　(4)硕士

(5)博士

6. 贵公司高管平均年薪:

(1)30 万以下　(2)30～60 万　(3)60～90 万

(4)90～120 万　(5)120 万以上

7. 贵公司自有资本拥有量:

(1)5 000 万以下　(2)0.5～1 亿　(3)1～5 亿　(4)5～10 亿

(5)10 亿以上

8. 贵公司负债融资量(包括银行借款、发行债券和商业信用):

(1)1 亿以下　(2)1～5 亿　(3)5～10 亿　(4)10～20 亿

(5)20亿以上

9. 贵公司股票市场融资量:

(1)1 亿以下　(2)1～5 亿　(3)5～10 亿　(4)10～20 亿

(5)20亿以上

10. 贵公司研发费用投入率:

(1)1%以下 (2)1%～5% (3)5%～10% (4)10%～20% (5)20%以上

注:研发费用投入率=年度内研发费用/经营费用总额。

11. 贵公司研发人员比率:

(1)1%以下　(2)1%～5%　(3)5%～10%　(4)10%～20%

(5)20%以上

注:研发人员比率=从事研发设计人员数/企业全部从业人员。

12. 贵公司资质和品牌

(1)三级以下　(2)三级　(3)二级　(4)一级　(5)特级

13. 贵公司固定资产账面净值:

(1)1 亿以下　(2)1～5 亿　(3)5～10 亿　(4)10～15 亿

(5)15 亿以上

14. 贵公司资质维护费用投入:

(1)1 万以下 (2)1～5 万 (3)5～10 万 (4)10～15 万 (5)15万以上

15. 贵公司设备保养费用支出:

(1)1 000 万以下 (2)1 000～5 000 万 (3)5 000～10 000 万 (4)10 000～15 000 万 (5)15 000 万以上

16. 贵公司业务经营受国家经济政策影响:

(1)很小 (2)较小 (3)一般 (4)较大 (5)很大

17. 贵公司对客户公关投入占管理费用的比例:

(1)5%以下 (2)5%～10% (3)10%～15% (4)15%～30% (5)30%以上

18. 贵公司业务经营受国家货币政策影响:

(1)很小 (2)较小 (3)一般 (4)较大 (5)很大

19. 贵公司新签合同额:

(1)1 亿以下 (2)1～5 亿 (3)5～10 亿 (4)10～20 亿 (5)20亿以上

20. 贵公司投中标率:

(1)10%以下 (2)10%～30% (3)30%～50% (4)50%～70% (5)70%以上

21. 贵公司市场开发费用利用率:

(1)100 以下 (2)100～500 (3)500～1 000 (4)1 000～5 000 (5)5 000 以上

注:市场开发费用利用率=年度新签合同额/年度市场开发费用。

22. 贵公司全员劳动生产率:

(1)5 以下 (2)5～20 (3)20～50 (4)50～100 (5)100 以上

注:全员劳动生产率＝施工产值(或)竣工产值/全部职工平均人数。

23. 贵公司总资产周转率:

(1)0.5 以下　(2)0.5～0.8　(3)0.8～1.0　(4)1.0～1.5　(5)1.5 以上

注:总资产周转率＝主营业务收入/平均总资产。

24. 贵公司工程质量优良率:

(1)0.2 以下　(2)0.2～0.4　(3)0.4～0.6　(4)0.6～0.8　(5)0.8以上

注:工程质量优良率＝年度内达到优良标准的竣工项目数/年度内全部竣工的项目数。

25. 贵公司安全工程项目率:

(1)0.2 以下　(2)0.2～0.4　(3)0.4～0.6　(4)0.6～0.8　(5)0.8以上

注:安全工程项目率＝年度内安全运行的施工项目数/年度内施工项目数。

26. 贵公司专利获取并应用数:

(1)2 以下　(2)2～5　(3)5～8　(4)8～10　(5)10 以上

27. 贵公司应用技术创新种类数:

(1)20 以下　(2)20～50　(3)50～100　(4)100～200　(5)200 以上

28. 贵公司分包或合作单位合同额:

(1)3 000 万以下　(2)3 000～5 000 万　(3)5 000～10 000 万　(4)10 000～20 000 万　(5)20 000 万以上

29. 贵公司政府框架下项目合同额:

(1)3 000 万以下　(2)3 000～5 000 万　(3)5 000～10 000 万

(4)10 000～20 000 万　(5)20 000 万以上

30. 贵公司可用银行信贷额度资产比：

(1)10%以下　(2)10%～30%　(3)30%～60%　(4)60%～100%　(5)100%以上

附录B　表 4-1 中结果的推导过程

表 4-1 中结果的推导过程如下：

(1)对于速度函数 $\frac{\mathrm{d}X}{\mathrm{d}t}=\mu\frac{k\delta e^{\mu(T-t)}}{(1+\delta e^{\mu(T-t)})^2}$，令其一阶导数为零，即 $\left(\frac{\mathrm{d}X}{\mathrm{d}t}\right)'=0$，得到 $t_0=T-\frac{1}{\mu}\ln\frac{1}{\delta}$，此时 $\frac{\mathrm{d}X}{\mathrm{d}t}=\frac{\mu k}{4}$；令其二阶导数为零，即 $\left(\frac{\mathrm{d}X}{\mathrm{d}t}\right)''=0$，得到 $t_1=T-\frac{1}{\mu}\ln\left[\frac{(2+\sqrt{3})}{\delta}\right]$，$t_2=T-\frac{1}{\mu}\ln\left[\frac{(2-\sqrt{3})}{\delta}\right]$，对应的，$\left.\frac{\mathrm{d}X}{\mathrm{d}t}\right|_{t=t_1}=\frac{3-\sqrt{3}}{6}k$，$\left.\frac{\mathrm{d}X}{\mathrm{d}t}\right|_{t=t_2}=\frac{(3+\sqrt{3})}{6}k$。

(2)对于状态函数 $X=\frac{k}{1+\delta e^{\mu(T-t)}}$，其一阶导数恒大于零，即状态函数是一个递增函数；因其二阶导数即为速度函数的一阶导数，令 $\left(\frac{\mathrm{d}X}{\mathrm{d}t}\right)'=0$，得到 $t_0=T-\frac{1}{\mu}\ln\frac{1}{\delta}$，此时 $X=\frac{k}{2}$。

(3)由于状态函数是一个递增函数，因此，在区间 $[0,T]$ 内，当 $t=T$ 时，X 达到极大值，此时 $X=\frac{k}{(1+\delta)}$。

附录C CH和RB公司数据

CH公司各项指标历年统计数据(整理后) 表C-1

指标	1991年	1992年	1993年	1994年	1995年
新签合同额(亿元)	11.300 0	45.900 0	19.300 0	34.600 0	39.700 0
投中标率	0.245 1	0.261 3	0.274 2	0.288 9	0.305 6
市场开发费用利用率	95.503 7	74.467 0	26.130 5	24.473 4	23.728 1
全员劳动生产率	5.457 7	5.412 9	9.856 3	13.727 8	14.240 1
总资产周转率	0.621 0	0.512 5	0.777 0	0.849 3	0.660 2
工程质量优良率	0.965 5	0.886 6	0.821 4	0.907 6	0.917 9
安全工程项目率	1.000 0	1.000 0	1.000 0	1.000 0	1.000 0
取得并应用的专利数	1.00	1.00	2.00	1.00	0.00
应用新技术等个数	98.00	121.00	114.00	156.00	132.00
分包或合作单位合同额(亿元)	1.695 0	6.885 0	2.895 0	5.190 0	7.940 0
政府框架下合同额(亿元)	10.170 0	41.310 0	17.370 0	31.140 0	27.790 0
可用银行信贷额度资产比	0.000 0	0.000 0	0.000 0	0.000 0	0.000 0
指标	1996年	1997年	1998年	1999年	2000年
新签合同额(亿元)	45.200 0	48.800 0	55.400 0	81.600 0	146.000 0
投中标率	0.309 6	0.280 7	0.262 3	0.258 2	0.308 9
市场开发费用利用率	22.398 2	19.119 9	22.146 5	30.522 7	40.337 1
全员劳动生产率	13.640 8	16.738 7	18.798 6	21.065 9	23.190 2
总资产周转率	0.581 1	0.637 1	0.631 1	0.593 5	0.584 4
工程质量优良率	0.889 7	0.895 4	0.863 6	0.793 5	0.717 1
安全工程项目率	1.000 0	1.000 0	1.000 0	1.000 0	1.000 0
取得并应用的专利数	1.00	1.00	2.00	1.00	5.00
应用新技术等个数	149.00	165.00	153.00	412.00	575.00
分包或合作单位合同额(亿元)	9.040 0	9.760 0	11.080 0	24.480 0	43.800 0
政府框架下合同额(亿元)	31.640 0	34.160 0	38.780 0	32.640 0	58.400 0
可用银行信贷额度资产比	0.051 7	0.054 9	0.134 5	0.188 5	0.259 5

续上表

指　　标	2001年	2002年	2003年	2004年	2005年
新签合同额(亿元)	150.0000	261.0000	332.0000	468.0000	709.0000
投中标率	0.2964	0.2688	0.2629	0.2693	0.2666
市场开发费用利用率	46.6836	72.7190	74.9010	77.2272	96.7406
全员劳动生产率	30.5707	32.2215	47.0422	76.6415	105.4142
总资产周转率	0.7214	0.7510	0.8948	1.1441	1.2526
工程质量优良率	0.7525	0.7809	0.7935	0.8427	0.8387
安全工程项目率	1.0000	1.0000	1.0000	1.0000	1.0000
取得并应用的专利数	4.00	4.00	10.00	12.00	9.00
应用新技术等个数	657.00	767.00	854.00	989.00	1,123.00
分包或合作单位合同额(亿元)	45.0000	78.3000	116.2000	163.8000	248.1500
政府框架下合同额(亿元)	60.0000	104.4000	49.8000	70.2000	106.3500
可用银行信贷额度资产比	0.5869	0.6751	0.7776	0.7723	0.7900

RB公司各项指标历年统计数据(整理后)　　表C-2

指　　标	1991年	1992年	1993年	1994年	1995年
新签合同额(亿元)	7.2000	7.8000	7.8000	11.6000	21.0000
投中标率	0.2493	0.2551	0.2554	0.2471	0.2509
市场开发费用利用率	27.8789	31.8680	17.5076	23.0616	38.2082
全员劳动生产率	3.7244	3.5253	10.3880	11.7780	15.7182
总资产周转率	0.7272	0.5542	0.6443	0.5634	0.5139
工程质量优良率	0.5455	0.6829	0.6517	0.7087	0.6866
安全工程项目率	1.0000	1.0000	1.0000	1.0000	1.0000
取得并应用的专利数	0.00	0.00	1.00	0.00	0.00
应用新技术等个数	17.00	18.00	16.00	14.00	22.00
分包或合作单位合同额(亿元)	1.0800	1.1700	1.1700	1.7400	3.1500
政府框架下合同额(亿元)	6.4800	7.0200	7.0200	10.4400	12.6000
可用银行信贷额度资产比	0.0000	0.0000	0.0000	0.0000	0.0000

续上表

指 标	1996年	1997年	1998年	1999年	2000年
新签合同额(亿元)	21.900 0	56.300 0	123.000 0	95.200 0	118.600 0
投中标率	0.244 1	0.234 8	0.250 0	0.252 8	0.257 8
市场开发费用利用率	26.242 0	65.031 1	107.510 0	52.012 2	66.807 9
全员劳动生产率	18.439 2	22.121 7	26.307 9	26.981 5	29.332 9
总资产周转率	0.554 0	0.653 0	0.636 4	0.729 7	0.681 4
工程质量优良率	0.710 1	0.720 6	0.702 9	0.725 6	0.719 9
安全工程项目率	1.000 0	1.000 0	1.000 0	1.000 0	1.000 0
取得并应用的专利数	1.00	1.00	1.00	0.00	3.00
应用新技术等个数	43.00	67.00	82.00	145.00	188.00
分包或合作单位合同额(亿元)	4.380 0	11.260 0	24.600 0	19.040 0	35.580 0
政府框架下合同额(亿元)	13.140 0	33.780 0	36.900 0	28.560 0	17.790 0
可用银行信贷额度资产比	0.097 1	0.118 2	0.258 7	0.353 6	0.553 1
指 标	2001年	2002年	2003年	2004年	2005年
新签合同额(亿元)	157.000 0	200.000 0	256.000 0	343.000 0	406.000 0
投中标率	0.240 5	0.241 6	0.250 0	0.242 3	0.257 2
市场开发费用利用率	83.988 7	95.970 2	110.978 2	121.297 4	123.674 9
全员劳动生产率	41.356 3	54.845 9	72.438 7	100.374 6	100.542 1
总资产周转率	0.865 1	1.040 5	1.157 9	1.422 3	1.316 2
工程质量优良率	0.728 4	0.784 8	0.883 9	0.822 3	0.807 6
安全工程项目率	1.000 0	1.000 0	1.000 0	1.000 0	1.000 0
取得并应用的专利数	4.00	1.00	13.00	8.00	17.00
应用新技术等个数	234.00	312.00	408.00	576.00	724.00
分包或合作单位合同额(亿元)	47.100 0	60.000 0	76.800 0	102.900 0	121.800 0
政府框架下合同额(亿元)	23.550 0	20.000 0	25.600 0	34.300 0	40.600 0
可用银行信贷额度资产比	1.182 5	1.346 3	1.677 9	1.814 9	1.801 5

CH公司无量纲化处理后指标　　表C-3

指　标	1991年	1992年	1993年	1994年	1995年
新签合同额(亿元)	0.000 0	0.049 6	0.011 5	0.033 4	0.040 7
投中标率	0.000 0	0.251 7	0.451 2	0.679 6	0.937 3
市场开发费用利用率	0.984 1	0.713 0	0.090 3	0.069 0	0.059 4
全员劳动生产率	0.000 4	0.000 0	0.044 4	0.083 1	0.088 3
总资产周转率	0.146 7	0.000 0	0.357 4	0.455 1	0.199 6
工程质量优良率	1.000 0	0.682 3	0.419 9	0.766 7	0.808 3
安全工程项目率	1.000 0	1.000 0	1.000 0	1.000 0	1.000 0
取得并应用的专利数	0.083 3	0.083 3	0.166 7	0.083 3	0.000 0
应用新技术等个数	0.000 0	0.022 4	0.015 6	0.056 6	0.033 2
分包或合作单位合同额(亿元)	0.000 0	0.021 1	0.004 9	0.014 2	0.025 3
政府框架下合同额(亿元)	0.000 0	0.323 8	0.074 9	0.218 0	0.183 2
可用银行信贷额度资产比	0.000 0	0.000 0	0.000 0	0.000 0	0.000 0
指　标	1996年	1997年	1998年	1999年	2000年
新签合同额(亿元)	0.048 6	0.053 7	0.063 2	0.100 8	0.193 1
投中标率	1.000 0	0.552 1	0.266 4	0.203 2	0.989 6
市场开发费用利用率	0.042 2	0.000 0	0.039 0	0.146 9	0.273 3
全员劳动生产率	0.082 3	0.113 3	0.133 9	0.156 5	0.177 8
总资产周转率	0.092 7	0.168 4	0.160 3	0.109 4	0.097 2
工程质量优良率	0.694 6	0.717 8	0.589 8	0.307 6	0.000 0
安全工程项目率	1.000 0	1.000 0	1.000 0	1.000 0	1.000 0
取得并应用的专利数	0.083 3	0.083 3	0.166 7	0.083 3	0.416 7
应用新技术等个数	0.049 8	0.065 4	0.053 7	0.306 3	0.465 4
分包或合作单位合同额(亿元)	0.029 8	0.032 7	0.038 1	0.092 5	0.170 8
政府框架下合同额(亿元)	0.223 2	0.249 4	0.297 5	0.233 6	0.501 5
可用银行信贷额度资产比	0.065 4	0.069 4	0.170 2	0.238 6	0.328 5

续上表

指　标	2001年	2002年	2003年	2004年	2005年
新签合同额(亿元)	0.1988	0.3579	0.4597	0.6546	1.0000
投中标率	0.7951	0.3684	0.2761	0.3752	0.3333
市场开发费用利用率	0.3551	0.6905	0.7186	0.7486	1.0000
全员劳动生产率	0.2516	0.2681	0.4163	0.7123	1.0000
总资产周转率	0.2822	0.3222	0.5165	0.8534	1.0000
工程质量优良率	0.1422	0.2569	0.3074	0.5054	0.4893
安全工程项目率	1.0000	1.0000	1.0000	1.0000	1.0000
取得并应用的专利数	0.3333	0.3333	0.8333	1.0000	0.7500
应用新技术等个数	0.5454	0.6527	0.7376	0.8693	1.0000
分包或合作单位合同额(亿元)	0.1757	0.3108	0.4646	0.6577	1.0000
政府框架下合同额(亿元)	0.5181	0.9797	0.4120	0.6241	1.0000
可用银行信贷额度资产比	0.7429	0.8546	0.9844	0.9777	1.0000

RB公司无量纲化处理后指标　　表C-4

指　标	1991年	1992年	1993年	1994年	1995年
新签合同额(亿元)	0.0000	0.0015	0.0015	0.0110	0.0346
投中标率	0.6294	0.8821	0.8950	0.5343	0.6992
市场开发费用利用率	0.0977	0.1353	0.0000	0.0523	0.1950
全员劳动生产率	0.0021	0.0000	0.0707	0.0851	0.1257
总资产周转率	0.2349	0.0444	0.1436	0.0545	0.0000
工程质量优良率	0.0000	0.4062	0.3139	0.4825	0.4170
安全工程项目率	1.0000	1.0000	1.0000	1.0000	1.0000
取得并应用的专利数	0.0000	0.0000	0.0588	0.0000	0.0000
应用新技术等个数	0.0042	0.0056	0.0028	0.0000	0.0113
分包或合作单位合同额(亿元)	0.0000	0.0007	0.0007	0.0055	0.0171
政府框架下合同额(亿元)	0.0000	0.0158	0.0158	0.1161	0.1794
可用银行信贷额度资产比	0.0000	0.0000	0.0000	0.0000	0.0000

续上表

指　　标	1996年	1997年	1998年	1999年	2000年
新签合同额(亿元)	0.0369	0.1231	0.2904	0.2207	0.2793
投中标率	0.4028	0.0000	0.6595	0.7801	1.0000
市场开发费用利用率	0.0823	0.4476	0.8477	0.3250	0.4644
全员劳动生产率	0.1537	0.1917	0.2348	0.2418	0.2660
总资产周转率	0.0442	0.1532	0.1349	0.2376	0.1845
工程质量优良率	0.4866	0.5177	0.4651	0.5321	0.5154
安全工程项目率	1.0000	1.0000	1.0000	1.0000	1.0000
取得并应用的专利数	0.0588	0.0588	0.0588	0.0000	0.1765
应用新技术等个数	0.0408	0.0746	0.0958	0.1845	0.2451
分包或合作单位合同额(亿元)	0.0273	0.0843	0.1948	0.1488	0.2858
政府框架下合同额(亿元)	0.1952	0.8001	0.8916	0.6471	0.3315
可用银行信贷额度资产比	0.0535	0.0652	0.1426	0.1948	0.3047
指　　标	2001年	2002年	2003年	2004年	2005年
新签合同额(亿元)	0.3756	0.4835	0.6239	0.8420	1.0000
投中标率	0.2445	0.2941	0.6615	0.3234	0.9734
市场开发费用利用率	0.6262	0.7390	0.8804	0.9776	1.0000
全员劳动生产率	0.3899	0.5290	0.7103	0.9983	1.0000
总资产周转率	0.3866	0.5797	0.7090	1.0000	0.8832
工程质量优良率	0.5405	0.7073	1.0000	0.8180	0.7746
安全工程项目率	1.0000	1.0000	1.0000	1.0000	1.0000
取得并应用的专利数	0.2353	0.0588	0.7647	0.4706	1.0000
应用新技术等个数	0.3099	0.4197	0.5549	0.7915	1.0000
分包或合作单位合同额(亿元)	0.3812	0.4881	0.6272	0.8434	1.0000
政府框架下合同额(亿元)	0.5003	0.3962	0.5604	0.8154	1.0000
可用银行信贷额度资产比	0.6515	0.7418	0.9245	1.0000	0.9926

参考文献

［1］ Ansoff H I. Corporate Strategy：An Analytic Approach to Business Policy for Growth and Expansion ［M］. New York：McGrow-Hill，1965.

［2］ Argyris C，Schon D A. Organizational Learning：A Theory of Action Perspective ［M］. MA：Addison-Wesley，1978.

［3］ Barney J B. Firm resource and sustained competitive advantage ［J］. Journal of Management，1991，Vol. 17，No. 1，99-120.

［4］ Best M. The New Competition ［M］. Massachusetts：Harvard University Press，1990.

［5］ Busenitz Barney. Biases and heuristics in strategic decision making：Differences between entrepreneurs and managers in large organizations ［J］. Journal of Business Venturing，1997(1)：9.

［6］ Chatterjee S，Wernerfelt B. The link between resources and type of diversification：Theory and evidence ［J］. Strategic Management Journal，1991(12)：33-48.

［7］ Christensen J F. Innovative assets and inter-asset linkages：A resource-based approach to innovation ［J］. Economics of Innovation & New Technology，1996(4)：193-209.

［8］ Coase R. The nature of the firm ［J］. Economical，1937，Ⅳ：368-405.

［9］ Daniel E M，Wilson HN. The role of dynamic capabilities in e-business transformation ［J］. European Journal of Information Systems，2003(12)：282.

［10］ Demsetz H. The theory of the firm revisited ［J］. Economics and Organization, 1988(4): 141-162.

[11] Dierickx I, K Cool. Asset stock accumulation and sustainability of competitive advantage [J]. Management Science, Vol. 35 (12), 1504-1511.

[12] Drucker, Peter. The Post-Capitalism [M]. NY: Harper & Row Publishers, 1993.

[13] Edmondson A. The View through a Different Lens: Investigating Organizational learning at the Group level of Analysis [C]. Proceedings of the third International Conference on Organizational Learning, Lancaster, New York, 1999.

[14] Eisenhardt K M, Martin J A. Dynamic capabilities: What are they in strategic [J]. Management Journal, 2000, 21 (10/11):1105.

[15] Foss N. Networks, capabilities, and competitive advantage [J]. Scand Journal Management, 1999(15): 1-15.

[16] Foss N. Resources, Strategy: Problems, Open issues, and Ways Ahead [M]. Oxford: Oxford University Press. 1997.

[17] Gherardi S, Niconili. The Organizational Learning of Safety in Communities of Practice [J]. Journal of Management, 2000 (1):7-18.

[18] Grant R M. Toward a knowledge-based theory of the firm strategic [J]. Management Journal, 1996(17):109-122.

[19] Grant R M. The resource-based theory of competitive advantage: Implications for strategy formulation [J]. California Management Review, 1991, Spring: 114-135.

[20] Grossman S, Hart O. The costs and benefits of ownership: A theory of vertical and lateral integration [J]. Political Econo-

my, 1986 vol. 94:691-719.

[21] Hayek F A. The use of knowledge in society [J] . American Economic Review, 1945(9).

[22] Helfat C E, Peteraf M A. The dynamic resource-based view: Capability lifecycles [J]. Strategic Management Journal, 2003 (24): 997-1010.

[23] Hitt M A, Ireland R D, Hoskisson R E. Strategic Management: Competitiveness and Globalization [M]. West Plublishing, 1995.

[24] J Almeida, D Peralta-Salas, M Romera. Can two chaotic systems give rise to order? [J] . Physica D, 2005:124-132.

[25] Kirzner I M. Perception Opportunity and Profit [M] . Chicago: University of Chicago Press, 1979.

[26] Kogut B, U Zander. Knowledge of the firm, combinative capabilities, and the replication of technology [J] . Organization Science, 1992, vol (3):383-397.

[27] Leibowitz S, S Margolis. Path Dependence, Lockin and History[J]. Joumal of Law, Economics & Organization, 1999.

[28] Leonard Barton. Core capabilities and core rigidities: a paradox in managing new product development [J]. Strategic Management Journal, 1992(13): 111-125.

[29] Levitt B, March J G. Organizational learning [J] . Annum Review of Sociology, 1988(14).

[30] Loeser B O. How to set up a corporation network in the production industry [J] . Industrial Marketing Management, 1999, 28(5):453-460.

[31] McDonald R P. Factor Analysis and Related Methods [M].

Hillsdale, N J: Lawrence Erlbaum, 1985.

[32] Moller K, Halinen A. Business relationships and networks: Managerial challenge of network era [J]. Industrial Marketing Management, 1999, 28(5):413-438.

[33] Nelson R R, Winter S G. An Evolutionary Theory of Economic Change [M]. Harvard University Press, 1982.

[34] Newbert S L. New firm formation: A dynamic capability perspective [J]. Journal of Small Business Management, 2005,43(1):55.

[35] Nielsen A P. Knowledge development and the development of core competencies [C], Proceedings of the 7th International Forum on Technology Management, Koyto, Japan, 3-7 November 1997, 221-226.

[36] Nonaka, Takauchi. The Knowledge-Creating Company: How Japanese Companies Create the Dynamics of Innovation [M], Oxford University Press, 1995.

[37] Nunnally J C. Psychometric Theory [M]. New York: McGraw-Hill, 1967.

[38] Oliver, Williamson. The Economic Institutions of Capitalism [M]. New York: Free Press, 1985.

[39] Peng M W, Heath P. The growth of the firm in planned economies in transition: institutions, organizations and strategic choice [J], Academy of Management Review, 1996, 21(2): 492-528.

[40] Penrose E T. The Theory of Growth of the Firm [M]. New York: John Wiley, 1959.

[41] Polanyi M. Personal Knowledge: The Tacit Dimension [M].

London: Routledge&Kegan, Paul, 1966.

[42] Prahalad C K, Hamel G. The core competence of the corporation [J]. Harvard Business Review, 1990. May-June, 79-91.

[43] Quinn J T, Doorley , P Paquette. Technology in services: rethinking strategic focus [J]. Sloan Management Review, 1990, winter, 79-87.

[44] Richard Makadok. Toward a synthesis of the resource-based and dynamic-capability views of rent creation [J]. Strategic Management Journal, 2001(22).

[45] Richardson G B. The organization of industry [J]. The Economic Journal, 1972, September: 883-896.

[46] Rumelt R P. Diversification strategy and profitability [J]. Strategic Management Journal, 1982(3): 359-369.

[47] Rumelt R P. Strategy economic theory and entrepreneurship [A]. In Teece D J, ed. The competitive challenge [C]. Cambridge Mass: Ballinger books, 1987, 136-149.

[48] Schumpeter. Business Cycles (vol. 1) [M]. New York: McGrawHill, 1939, 43-44.

[49] Schumpeter. The instability of capitalism[J]. Economic Journal, 1928, vol. 38. Reprinted in Schumpeter, Essays on EconomicTopics[M]. ed, by R. V. Clemence, Port Washington. NY: Kennikat Press, 1951. 70.

[50] Teece D J, Pisano G, Shuen A. Dynamic capabilities and strategic management [J]. Strategic Management Journal, 1997, Vol. 18:7, 509-533.

[51] Teece D J, Pisano G. The dynamic capabilities of firm: An introduction [J]. Industrial and Corporate Change, 1994(3):

537-555.

[52] Teece Pisano, Shuen. Dynamic capabilities and strategic management [J]. Strategic Management Journal, 1997, 18(7): 509-533.

[53] Tsang E W K. Organizational learning and the learning organization: a dichotomy between descriptive and prescriptive research [J]. Human relations, 1997, 50(1):73-89.

[54] Verdin P J, Williamson. Core Competence, Competitive Advantage and Industry Structure [J]. Mimeo, INSEAD, 1992, November.

[55] Wang C L, Ahmed P K. Organizational learning:A critical review [J]. The Learning Organization, 2003, 10(1):8-17(15).

[56] Wernerfelt B A. resource-based view of the firm [J]. Strategic Management Journal, 1984, Vol. 5, 171-180.

[57] Wheeler B C. A dynamic capabilities theory for assessing net-enablement [J], Information Systems Research, 2002, 13(2):125.

[58] William G , Ouchi. Efficient cultures: Exploring the relationship between culture and organizational performance [J]. Administrative Science Quarterly, 1981(28): 468.

[59] Winter S G. Understanding dynamic capabilities [J]. Strategic Management Journal, 2003, 24(10):991.

[60] Zott C. Dynamic capabilities and the emergence of intra industry differential firm performance: Insights from a simulation study [J]. Strategic Management Journal, 2003(24):97.

[61] 艾丽容，徐杰. 论建筑企业的企业文化建设[J]. 武汉船舶职业技术学院学报，2005,4(5):42.

[62] 彼得·圣吉. 第五项修炼:学习型组织的艺术与实务[M]. 郭进隆译,上海:三联出版社,2001.

[63] 陈晓红,彭佳,吴小瑾. 基于突变级数法的中小企业成长性评价模型研究 [J]. 财经研究,2004,30(11):5-15.

[64] 程丽霞,孟繁颖. 企业成长理论的渊源与发展[J]. 江汉论坛,2006(2):53-56.

[65] 戴明. 建筑企业项目管理:问题与对策[J]. 长江建设,2001(4):15.

[66] 刁兆峰. 企业持续成长的机制与评价研究[D]. 华中科技大学博士论文,2003.

[67] 丁慧平,何琳. 基于价值创造的企业能力形成及演进机理[C]. 管理国际会议,2007.

[68] 董俊武,黄江圳,陈震红. 动态能力演化的知识模型与一个中国企业的案例分析[J]. 管理世界,2004(4):117.

[69] 方世建,季婷婷. 决策过程中的企业家机会与风险分析[J]. 科学学与科学技术管理,2006(3):114-118.

[70] 冯彦杰. 企业系统持续发展模式:秩序与混沌的边缘[J],系统辩证学学报,2002,10(2):49-52.

[71] 傅家骥. 技术创新学[M]. 北京:清华大学出版社,1998.

[72] 傅森成. 建筑施工企业项目管理问题探讨[J]. 建筑技术,2005(3):232.

[73] 郭蕊,张雁,吴欣. 企业可持续成长能力的关键纬度及分析模型[J]. 科学学与科学技术管理,2005(11):137-141.

[74] 郭治安,等. 协同学入门[M]. 成都:四川人民出版社,1988.

[75] 哈肯. 协同学[M]. 郭治安译,北京:原子能出版社,1984.

[76] 韩经伦,王永贵. 基于资源观的竞争优势构架透视[J],外国经济与管理,2000(9):7-11.

[77] 韩太祥. 企业成长理论综述[J], 经济学动态, 2002(5):82.
[78] 何波, 何跃, 陈瑜. 企业组织结构创新的现状及发展趋势研究[J]. 西南民族大学学报(人文社科版),2004(11):194.
[79] 候杰泰, 温忠麟, 成子娟. 结构方程模型及其应用[M]. 北京: 教育科学出版社, 2004.
[80] 胡伟新. 营销——建筑企业的灵魂——从建筑行业营销特点谈营销的重要性[J]. 质量与市场, 2000(2):27.
[81] 黄尚勇. 企业资源利用方式的战略转变[J], 成都大学学报(自然科学版),2004,23(4):56-59.
[82] 姜璐, 于连宇. 初等突变理论在社会科学中的应用[J]. 系统工程理论与实践, 2002, 22(10):113.
[83] 蒋学伟. 持续竞争优势[M]. 上海: 复旦大学出版社, 2002.
[84] 寇淑芳. 企业组织能力与企业可持续发展[J]. 河南大学学报(社会科学版),2006(5):78.
[85] 李柏洲,李海超. 层次分析法在高技术企业成长力评价中的应用[J]. 高科技与产业化, 2004(9):17-19.
[86] 李后强, 黄登仕, 方曙. 社会现象中的混沌[M]. 吉林: 东北师范大学出版社. 1999.
[87] 李启明, 谭永涛, 申立银. 中国建筑企业竞争力参数模型[J]. 建筑经济, 2002(3):8-11.
[88] 李兴旺. 动态能力理论的操作化研究:识别、架构于形成机制[M]. 北京:经济科学出版社,2006.
[89] 林润辉. 网络组织与企业高成长[M]. 天津: 南开大学出版社, 2004.
[90] 刘洪, 张竺. 混沌理论与企业管理结合的研究[J]. 自然辩证法研究, 1998, 14(11):27-28.
[91] 刘式达, 梁福明,等. 自然科学中的混沌和分形[M]. 北京: 北

京大学出版社,2003.

[92] 刘淑敏，芮明杰. 企业成长可持续性的内在逻辑——一个理论分析框架[J]，软科学，2005，19(6)：9-10.

[93] 刘婷，薛求知. 企业成长理论与战略理论的耦合性分析[J]. 生产力研究，2005(12):5.

[94] 刘学军. 企业可持续成长能力及其机制要素框架探讨[J]. 科技广场，2006(3):110-111.

[95] 路程. 应用系统动力学原理、突破组织成长上限[J]. 山西科技，2005(5):31.

[96] 吕景波，谭家琦. 企业资产及其微观基础[J]. 兰州商学院学报，2003，19(4):9-16.

[97] 吕文学，我国大型建筑企业竞争力及其提升途径研究[D]. 天津大学博士学位论文,2004.

[98] 罗彪，梁樑. 组织学习理论与实施模型[J]. 研究与发展管理，2003，15(4):12.

[99] 马璐，胡江娴. 企业成长性分析与评价[J]. 商业研究，2005，(7):49-52.

[100] 马歇尔. 经济学原理(上卷)[M]. 朱志泰译，北京：商务印书馆，1965.

[101] 迈克尔·波特. 竞争战略[M]. 陈小悦译，北京：华夏出版社，1997.

[102] 梅姝娥，仲伟俊. 企业核心能力形成过程中信息系统技术的应用[J]，管理科学学报，2000，3(3).

[103] 慕继丰，冯宗宪，陈方丽. 企业网络的运行机理与企业的网络管理能力[J]. 外国经济与管理，2001，23(10):21-25.

[104] 纳尔逊，温特. 经济变迁的演化理论[M]. 北京：商务印书馆，1997.

[105] 戚永红，宝贡敏．知识管理：概念、框架与问题[J]．经济管理，2003(12)：4-10.

[106] 区莹．创新型建筑企业人力资源管理研究[J]．经济与管理，2006，20(9)：53.

[107] 饶扬德．企业资源整合过程与能力分析[J]．工业技术经济，2006，25(9)：72-74.

[108] 任志涛．建筑业工程建设项目管理存在的问题和对策探讨[J]．建筑市场与招投标，2000(5)：22.

[109] 芮明杰．国有企业战略性改组[M]．上海：上海财经大学出版社，2002.

[110] 斯蒂芬·罗宾斯，玛丽·库尔特．管理学(7版)[M]．孙健敏等译．北京：中国人民大学出版社，2004.

[111] 孙国强．建筑企业组织结构创新的思考[J]．水运工程，2001(8)：83.

[112] 孙建华．论如何正确分析和评价企业的成长能力[J]．创新科技，2004(9)：62-64.

[113] 汤学俊．组织学习与企业可持续成长能力培育[J]．世界经济与政治论坛，2005(3)：100-105.

[114] 汤学俊，刘思峰．企业成长上限与企业可持续成长[J]．集团经济研究，2004(11)：97-99.

[115] 滕克．基于突变理论的上市公司业绩综合评价[J]，广东职业财经学院学报，2005，4(3)：34-38.

[116] 万伦来，达庆利．企业核心能力的识别方法研究[J]．管理工程学报，2003，Vol.17，No.2.

[117] 王国顺，等．企业理论——能力理论[M]．北京：中国经济出版社，2006年.

[118] 王孟钧，韦玮．建筑企业战略环境分析[J]．铁道工程企业管

理,2004(6):23.

[119] 王乾厚. 企业家能力与核心竞争力[J]. 商丘师范学院学报, 2006, 22(1):119.

[120] 王毅. 我国企业核心能力实证研究[J]. 管理科学学报, 2002, 5(2).

[121] 魏江,刘锦. 基于协同技术学习的组织技术能力提升机理研究[J]. 管理工程学报, 2005(1):118-122.

[122] 温风荣,徐学东,吕式孝. 入世后大型建筑企业竞争战略的研究[J]. 山东农业大学学报(自然科学版), 2005(3):437-440.

[123] 吴继研. 资源整合:企业做大、做强[J]. 厂长经理之友, 2002(3):38-39.

[124] 吴思华. 策略九说[M]. 上海: 复旦大学出版社, 2002.

[125] 吴正刚, 韩玉启, 周业铮, 孟庆良. 复杂环境下企业能力演化机理研究[J]. 科学学与科学技术管理, 2004, 25(9):121.

[126] 夏清华. 从资源到能力:竞争优势战略的一个理论综述[J]. 管理世界, 2002(4):109-114.

[127] 邢艳芳, 徐新生,刘景录. 建筑企业竞争力的综合评价[J]. 山东建材, 2000(6):25-27.

[128] 邢以群, 田园. 企业演化过程及影响因素探析[J]. 浙江大学学报(人文社会科学版), 2005, 35(4):85-86.

[129] 熊彼特. 经济发展理论[M]. 哈佛经济丛书,1934,46.

[130] 徐金发, 许强, 王勇. 企业的网络能力剖析[J]. 外国经济与管理, 2001,23 (11):21-25.

[131] 徐全军. 企业成长的理论阐释[J]. 环渤海经济瞭望, 2005(8):51-54.

[132] 徐锐,李垣. 基于动态能力的企业竞争优势培育[J]. 情报杂志, 2006,25(3):90.

[133] 亚当·斯密. 国民财富的性质和原因的研究,上卷(中译本)[M]. 北京:商务印书馆,1981.

[134] 杨杜. 企业成长论 [M]. 北京:中国人民大学出版社,1996.

[135] 姚明海,齐冬莲,赵光宙. 基于李雅普诺夫指数的离散混沌系统的控制研究[J]. 控制与决策,2002,17(2):171-174.

[136] 叶蜀君,李晓音. 突变理论在并购企业信用评价中的应用研究[C]. 张秋生主编,并购论坛(2005). 北京:中国经济出版社,2005,352-354.

[137] 叶学锋,魏江. 关于资源类型和获取方式的探讨[J]. 科学学与科学技术管理,2001(9):39-41,83.

[138] 袁安府,潘惠,汪涛. 企业家能力提高的途径:企业家学习研究[J]. 自然辩证法通讯,2001,23(1):49.

[139] 曾肇河. 建筑公司战略管理[M]. 北京:中国建筑工业出版社,2005.

[140] 张金春,王杰. 企业系统混沌管理的涵义、特点及方法[J]. 系统辩证学学报,2003,11(3):38.

[141] 张茉楠,李汉铃. 基于资源禀赋的企业家机会识别之框架分析[J]. 管理世界,2005(7):158-159.

[142] 张茉楠,李汉铃. 认知资源观视阈下的企业家机会识别探究[J]. 现代管理科学. 2004(10):17-19.

[143] 张兆芹. 个体学习、组织学习与学习型组织之辨析[J]. 比较教育研究,2006,27(8):45-46.

[144] 周晖,彭星闾. 企业生命模型初探[J]. 中国软科学,2000(10):110-115.

[145] 周建军,王韬. 高科技企业成长性评价体系初探[J]. 科技管理研究,2002,22(4):14-17.

[146] 周丽. 项目管理中存在的问题与对策[J]. 山西建筑,2004

(6):97-98.

[147] 周三多. 管理学——原理与方法(4 版)[M]. 上海: 复旦大学出版社, 2005.

[148] 周盛世. 建筑企业文化建设的深层次思考[J]. 企业经济(江西),2004(4):126.

[149] 朱焘. 也谈企业价值观[J]. 企业管理,2005(4):84-85.

[150] 朱和平,王韬,颜节礼. 中小型高科技企业成长性评价研究[J]. 证券市场导报, 2004(5):64-68.

致　谢

庚寅清明，细雨濛濛中，我回到江南故里，在父母的墓前奉上一束鲜花，追思父母的谆谆教诲，缅怀父母的养育之恩，这是我一生取之不尽的宝贵财富。

掩卷而思，在北京交通大学攻读博士学位时的情景历历在目。三年多的时光中，导师丁慧平教授在我博士论文的选题、研究和写作过程中给予悉心指导和耐心帮助，使我克服了研究和写作过程中遇到的许多困难。同时在丁教授的指导下，参加了多个科研课题。通过在这些课题中的研究与学习，我深切感受到了导师严谨的治学风范，这使得我在学术、科研能力方面都得到了较大的提高。值此本书完成之际表达我对导师深深的敬意和由衷的谢意。

在博士论文写作、课题合作研究和学术交流中，同师门的李泉年博士，丁杰、罗斌、贾淑娟硕士，给予我很多启迪和帮助，最可贵的是结下了真诚、深厚的师门之谊。

在书稿完善过程中，北京建筑工程学院经管学院的万冬君老师帮助搜集整理案例素材；我的同事中国交通建设股份有限公司董事会办公室王金芝女士帮助打印书稿。在此，一并表示衷心地感谢。

最后，我要对始终支持和鼓励我的夫人向丹和女儿傅彤表示衷心感谢，是她们无私的大力支持，才使我能顺利完成博士学业和本书的写作。

傅俊元

二〇〇九年四月